A política externa brasileira

FUNDAÇÃO EDITORA DA UNESP

Presidente do Conselho Curador
Mário Sérgio Vasconcelos

Diretor-Presidente
Jézio Hernani Bomfim Gutierre

Editor-Executivo
Tulio Y. Kawata

Superintendente Administrativo e Financeiro
William de Souza Agostinho

Conselho Editorial Acadêmico
Carlos Magno Castelo Branco Fortaleza
Henrique Nunes de Oliveira
Jean Marcel Carvalho França
João Francisco Galera Monico
João Luís Cardoso Tápias Ceccantini
José Leonardo do Nascimento
Lourenço Chacon Jurado Filho
Paula da Cruz Landim
Rogério Rosenfeld
Rosa Maria Feiteiro Cavalari

Editores-Assistentes
Anderson Nobara
Leandro Rodrigues

PROGRAMA SAN TIAGO DANTAS DE PÓS-GRADUAÇÃO
EM RELAÇÕES INTERNACIONAIS
Universidade Estadual Paulista – UNESP
Universidade Estadual de Campinas – UNICAMP
Pontifícia Universidade Católica de São Paulo – PUC-SP

TULLO VIGEVANI
E GABRIEL CEPALUNI

A política externa brasileira

a busca da autonomia, de Sarney a Lula

2ª edição

Prefácio de
Philippe C. Schmitter

© 2009 by Lexington Books
First published in the United States by Lexington Books
An imprint of the Rowman & Littlefield Publishing Group
Lanham, Maryland USA
Reprinted by permission. All rights reserved.

Publicado primeiro nos Estados Unidos pela Lexington Books
Uma impressão da The Rowman & Littlefield Publishing Group
Lanham, Maryland EUA
Reimpresso por permissão. Todos os direitos reservados.

Título original: *Brazilian Foreign Policy in Changing Times: the Quest for Autonomy from Sarney to Lula*

© 2011 da tradução brasileira
Direitos de publicação reservados à:
Fundação Editora da UNESP (FEU)
Praça da Sé, 108
01001-900 – São Paulo – SP
Tel.: (0xx11) 3242-7171
Fax: (0xx11) 3242-7172
www.editoraunesp.com.br
www.livrariaunesp.com.br
feu@editora.unesp.br

Programa San Tiago Dantas de
Pós-Graduação em Relações
Internacionais
Praça da Sé, 108 – 3º andar
01001-900 – São Paulo – SP
Tel.: (0xx11) 3101-0027
www.unesp.br/santiagodantassp
www.pucsp.br/santiagodantassp
www.ifch.br/unicamp.br/pos
relinter@reitoria.unesp.br

CIP-Brasil. Catalogação na publicação
Sindicato Nacional dos Editores de Livros, RJ

V791p

Vigevani, Tullo
  A política externa brasileira: a busca da autonomia, de Sarney a Lula / Tullo Vigevani, Gabriel Cepaluni; prefácio Philippe C. Schmitter. – 2.ed. – São Paulo: Editora Unesp, 2016.

  Tradução de: *Brazilian Foreign Policy in Changing Times: the Quest for Autonomy from Sarney to Lula*
  ISBN 978-85-393-0657-2

  1. Relações internacionais. 2. Política internacional. I. Cepaluni, Gabriel. II. Título.

16-37384

CDD: 662.6
CDU: 662.7

Esta publicação contou com apoio da Fundação de Amparo à Pesquisa do Estado de São Paulo (Fapesp).

Editora afiliada:

Agradecimentos

Como sabemos, um livro quase sempre é resultado de um trabalho de longa maturação, inclusive neste caso, em que discutimos questões atinentes a ciência política, relações internacionais e história contemporânea. Nosso objetivo específico é atingir um público amplo, constituído de pesquisadores e professores que estudam a América Latina, de estudantes e interessados em relações internacionais em geral.

O interesse na política exterior do Brasil desde 1985 se prende à capacidade que ela vem demonstrando em buscar fortalecer seu papel no mundo e, segundo seus formuladores, dando sustentação aos objetivos do desenvolvimento. Como discutimos neste livro, essa capacidade resulta de um amplo esforço nacional, interno, mas a ação externa, nos campos diplomático, econômico, cultural e de valores, em parte conseguiu materializar os objetivos visados. Retomando um sentimento difuso, acreditamos que as relações com muitos países, inclusive com os Estados Unidos, fortaleceram-se em um quadro de maturidade. No caso específico dos Estados Unidos, a política externa brasileira relacionou-se relativamente bem com diferentes governos, fossem eles mais unilateralistas, como os de Ronald Reagan e George W. Bush, ou mais multilateralistas, como o de Bill Clinton e, provavelmente, o governo Barack Obama.

Este livro resulta de pesquisas e reflexões de muitos anos, que produziram outros livros, *papers*, artigos e capítulos, vários deles discutidos em eventos internacionais, no quadro de conferências de importantes instituições, como IPSA, ISA e outras. Agradecemos aqui a colaboração de alguns de nossos alunos de graduação, de mestrado e de doutorado. Agradecemos também aos interlocutores de diversas partes que interagiram e colaboraram com críticas e sugestões, como Moniz Bandeira, Mauricio Font, Marco Aurélio Garcia, Giancarlo Gardini, Celso Lafer, Andrew Hurrell, Maria Regina Soares de Lima, Andrés Malamud, Marcelo Medeiros, Miriam Saraiva, Alcides Costa e Vaz, Sebastião Velasco e Cruz, entre outros. Entre os diplomatas brasileiros, foi da maior importância a interlocução que pudemos ter com

Paulo Roberto de Almeida, Carlos Henrique Cardim, Gelson Fonseca Jr. e Samuel Pinheiro Guimarães. Somos especialmente gratos a Philippe C. Schmitter pelo prefácio.

Alguns dos capítulos que compõem este livro constituem versões amplamente modificadas de trabalhos anteriores. Assim, o Capítulo 4 tem origem no artigo "Brazilian foreign policy in the Cardoso era", publicado originalmente em *Latin American Perspectives* (v.34, n.5, 2007), com tradução de Timothy Thompson, e no Brasil em *Tempo social* (v.15, n.2, 2003), em colaboração com Marcelo Fernandes de Oliveira. O Capítulo 5 originou-se de artigo elaborado pelos autores deste livro, "Lula's foreign policy and the quest for autonomy through diversification", publicado em *Third World Quarterly* (v.28, n.7, 2007), e no Brasil em *Contexto Internacional* (v.29, n.2, 2007). Finalmente, o Capítulo 6 teve uma versão preliminar, de autoria de Tullo Vigevani, Gustavo de Mauro Faverão, Haroldo Ramanzini Jr. e Rodrigo Alves Correia, publicada na *Revista Brasileira de Política Internacional* (v.51, n.1, 2008).

Foram várias as pessoas que nos apoiaram na viabilização deste livro. Cabe destacar especialmente Livia Yuri Enomoto, cujo trabalho na coleta de dados, na revisão dos capítulos e em inúmeras questões técnicas – como a elaboração de tabelas, impressões, gravações etc. – foi fundamental; esse trabalho, como bem sabemos, é essencial. Do mesmo modo, cabe um agradecimento especial ao tradutor da versão publicada pela Lexington Books, Leandro Moura, pela enorme dedicação, paciência e pelas sugestões no que se refere à forma e ao conteúdo do livro. Joseph Parry, o *publisher* da Lexington, já desde 2007, quando da Conferência da ISA em Chicago, mostrou-se especial incentivador da publicação. Sem sua acolhida, e naturalmente também da Lexington, este livro não teria sido possível. Um obrigado também a Marleida T. Borges, secretária executiva do Centro de Estudos de Cultura Contemporânea (Cedec), em particular pela edição em português desta publicação e pelo apoio que nos prestou.

Finalmente, cabe agradecer aos inúmeros colegas das universidades e dos programas nos quais participamos ou com quem colaboramos (Unesp, Unicamp, PUC-SP, USP, Georgetown University, Cedec, entre outros) e às agências de financiamento (CNPq, Fapesp e Capes) o apoio que vêm concedendo às nossas pesquisas ao longo dos anos.

Tullo Vigevani
Gabriel Cepaluni

Sumário

Prefácio 1
Introdução 5

1 Definindo autonomia 15
2 Pressões para mudança: a política externa de José Sarney 25
3 Turbulências: a política externa de Collor e Itamar Franco 49
4 Política externa brasileira na era Fernando Henrique Cardoso: a busca de autonomia pela participação 69
5 Política externa de Lula: a busca de autonomia pela diversificação 99
6 Os dilemas da integração regional para o Brasil: autonomia e diversificação de parceiros 121
7 Relações Brasil–Venezuela 141

Conclusão 149
Apêndices 155
   Apêndice 1 – Presidentes e ministros das relações exteriores do Brasil 1985-2010 155
   Apêndice 2 – Ministério das relações exteriores – Versão resumida do organograma, baseado no Decreto 5.979, de 6 de dezembro de 2006 157
   Apêndice 3 – Cronologia 159

Referências Bibliográficas 169

Prefácio

Uma das mais persistentes deficiências na literatura sobre política externa é seu foco quase exclusivo nos "Estados centrais" da Europa e da América do Norte, com um eventual olhar de soslaio para a China e a Índia. Presume-se que a razão desse fenômeno é que os Estados periféricos não possuem de fato políticas externas. Sua capacidade de reflexão e ação independentes nesse campo é de tal forma limitada por um sistema internacional dominado pelos atores "centrais", que o esforço para analisar suas políticas externas simplesmente não compensa. Se for possível compreender o que os atores centrais estão planejando (e por quê), também será possível compreender as ações dos atores periféricos que se alinham a eles.

Eis aqui um livro que quebra esses paradigmas. Seu tema central é a "autonomia" – exatamente aquilo que não se espera que os países periféricos tenham em suas políticas externas. O Brasil é reconhecidamente um membro proeminente do mundo periférico, até mesmo um gigante se comparado aos seus vizinhos do Cone Sul e, mais recentemente, um notável e altamente destacado membro do Bric (Brasil, Rússia, Índia e China).

Tullo Vigevani e Gabriel Cepaluni acompanham a "busca de autonomia" do Brasil de meados dos anos 1980, quando o regime tornou-se democrático, até os dias de hoje, passando por cinco presidências consecutivas. Eles demonstram que essa busca tem sido uma prioridade estratégica, mas que sua expressão tática tem variado consideravelmente. Os autores delineiam três táticas ideais típicas: ganho de autonomia pelo *distanciamento* do Brasil em relação aos Estados dominantes, com ênfase na soberania; pela *participação* referente a esses Estados, por meio de arranjos institucionais; e, finalmente, pela *diversificação* de seus contatos com uma variada gama de Estados e arenas. Essas táticas são apresentadas em sequência, insinuando, em um certo sentido, um processo evolutivo de tentativa e erro, e a escolha da tática mais apta; entretanto, os autores não concretizam, nem mesmo especificam essa noção. Não obstante, a conceituação inovadora dos autores sobre o avanço do Brasil na conquista de maior autonomia sugere, sim, um "modelo", que pode ser aplicado na formulação das políticas externas de outros Estados periféricos que tenham ambições similares às do país.

Existem, no entanto, certas tensões transversais levadas em consideração no trabalho desenvolvido, que parecem (para mim) ser mais claramente brasileiras. A primeira delas envolve os obstáculos e as oportunidades impostos pela dinâmica dos poderes externos *versus* poderes internos. Estar na periferia implica, por definição, que o primeiro é mais forte que o segundo. A preponderância dos Estados centrais (e mais especificamente dos Estados Unidos) deveria ser um fator mais importante na continuidade ou na mudança da política externa do que os esforços dos grupos de interesse domésticos – embora, no relato dos autores, o desenvolvimento econômico focado inicialmente no mercado interno e, posteriormente, na integração regional, certamente expandiu o papel das corporações e associações nacionais, especialmente ao pressionar por maior participação internacional e regional. Eles argumentam, de forma implícita, que a democratização, como tal, teve papel relativamente secundário nessa transformação política.

A segunda tensão é ainda mais especificamente brasileira e se refere ao singular papel historicamente desempenhado pelo Ministério das Relações Exteriores do país, frequentemente chamado de Itamaraty, em referência ao antigo palácio que o sediava no Rio de Janeiro. Nenhum outro Estado "periférico do Terceiro Mundo" possui um serviço diplomático tão bem treinado e autônomo como o Brasil. Qualquer que seja o regime ou o governo no poder, o Itamaraty sempre garantiu um alto grau de continuidade em sua política externa. Com o retorno ao Poder Executivo de presidentes eleitos pelo voto popular, sobretudo dos que se julgavam capazes de conduzir suas próprias relações externas, o lócus da formulação de políticas (*policy-making*) tendeu a se deslocar de modo pendular. A partir do relato dos autores, não fica claro se a evolução das táticas adotadas nessa área deve ser creditada mais ao Itamaraty ou aos dois últimos presidentes do Brasil: Fernando Henrique Cardoso e Luiz Inácio Lula da Silva.

Em sua conclusão, Vigevani e Cepaluni deixam um Brasil bem diferente daquele com que se depararam no início do livro. O país é agora um importante ator "semiperiférico" na escala global e um ator potencialmente "dominante" na América do Sul. Paradoxalmente, o país tem sido mais bem-sucedido na primeira do que na última posição. O Mercosul – arranjo institucional de integração regional no qual o país é o maior participante – está reduzido a um nível muito baixo de desenvolvimento institucional e a um nível menor ainda de cumprimento de suas tantas promessas – e muito desse fracasso pode ser atribuído ao Brasil. Aparentemente, o dilema do país centra-se no fato de que, quanto mais ganha autonomia no cenário mundial, mais relutante ele se mostra em ceder parte dessa autonomia no âmbito regional.

Philippe C. Schmitter
Professor Emérito de Ciências Políticas e Sociais
do European University Institute
5 de agosto de 2009

Introdução

Este livro analisa as mudanças e continuidades na política externa brasileira de meados da década de 1980 até 2009. Para examinar o tema, o conceito de autonomia será nossa principal categoria analítica. Nesse sentido, a produção intelectual latino-americana sobre relações internacionais é fundamental para este trabalho.

No governo José Sarney (1985-1990) – primeiro governo civil após o regime militar (1964-1984) –, iniciou-se a transição democrática brasileira, o que gerou pressões pela reforma das instituições do país e culminou com a adoção de uma nova Constituição em 1988. Nesse período, o Brasil atravessava uma grave crise econômica e social: inflação, baixas taxas de crescimento e deterioração da qualidade de vida eram marcas latentes dos momentos difíceis pelos quais o país passava. Por sua vez, os Estados Unidos, na administração Ronald Reagan (1981-1989), posicionavam-se de maneira dura com relação aos seus antigos parceiros comerciais, pois enfrentavam forte competição econômica do Japão e da Alemanha e também de novos países industrializados, como o Brasil. Paralelamente às pressões bilaterais contra o país na questão da informática e das patentes, os Estados Unidos iniciavam esforços para incorporar "novos temas", entre eles propriedade intelectual, investimentos e serviços, no âmbito do General Agreement on Tariffs and Trade (GATT).

A combinação de pressões domésticas e internacionais, somada à exaustão do modelo econômico de substituição de importações, encorajava uma gradual alteração da política externa brasileira. Com a democratização do país, novos atores, como sindicatos, empresariado e opinião pública, passaram a ter mais interesse e a externar sua opinião sobre temas de política externa. No plano doméstico, o modelo de substituição de importações, com sua ênfase no papel do Estado, e os ajustes macroeconômicos heterodoxos para conter a inflação e manter o crescimento do Produto Nacional Bruto (PNB), eram insuficientes para resolver os problemas econômicos e sociais do país. Além disso, a moratória da dívida externa de 1987, o fracasso dos planos econômicos e as sucessivas quedas de ministros da Economia evidenciavam a exaustão do modelo até então adotado. A instabilidade econômica do país, atribuída por alguns ao modelo de substituição de importações, era duramente criticada por instituições financeiras, como o Fundo Monetário Internacional (FMI) e o Banco Mundial.

Os constrangimentos internacionais fizeram-se sentir. Uma das mais importantes iniciativas internacionais tomadas pelo governo Sarney foi a busca de coordenar suas ações com a Argentina. Esse período representou um momento inovador nas relações regionais. A articulação com aquele país obteve grande significado, ainda que em uma perspectiva, ao menos inicial, de desenvolvimento dos mercados internos de ambos os países. Tensões históricas foram superadas, abrindo-se assim um período de parcial integração, que perdura até os dias de hoje.

A mudança de orientação econômica começou a ser discutida no país. Os constrangimentos então existentes dificultavam a manutenção do modelo de substituição de importações que caracterizava o Brasil desde a década de 1930, na administração do presidente Getúlio Vargas. Por sua vez, os defensores do modelo econômico brasileiro tinham dificuldade para defender sua continuidade.

Embora a adoção do regime democrático por parte do Brasil não tenha provocado mudanças de impacto na política externa do país, o presidente Sarney realizou importantes ajustes no fim de seu mandato. O governo foi levado a ceder parcialmente às pressões dos Estados Unidos no âmbito bilateral – nas questões das patentes e da informática – e no âmbito multilateral, com a entrada dos "novos temas" na pauta da Rodada Uruguai do GATT. Na verdade, no geral essas pressões acabaram sendo endossadas pelos países ricos. A administração Sarney também teve de negociar o pagamento da dívida externa de forma mais flexível perante os credores internacionais, colocando em prática algumas das políticas defendidas pelo FMI e pelo Banco Mundial. Dessa forma, o presidente Sarney entregou um país muito diferente ao seu sucessor. Em 1988, o Brasil contava não apenas com uma nova Constituição, mas também com uma nova política externa, que se desenhava com aspectos diferentes dos que haviam prevalecido no período militar. O país buscava inserir-se no debate de alguns dos grandes temas internacionais, acreditando ser esse o caminho capaz de fortalecer a soberania nacional. Assim, progressivamente, foi abdicando da ideia de desenvolvimento guiado por práticas protecionistas que havia caracterizado o Estado corporativo – o que neste livro denominamos "autonomia pela distância".

Em suas promessas de campanha em 1989, Fernando Collor de Mello (no cargo de 1990 a 1992) defendia reformas neoliberais drásticas que, segundo ele, modernizariam o país e o colocariam em uma posição de destaque no cenário internacional. Em um primeiro momento, com Francisco Rezek ocupando o cargo de ministro das Relações Exteriores (de janeiro de 1990 a abril de 1992), Collor iniciou uma política de aproximação com os Estados Unidos, mas não conseguiu o apoio norte-americano da forma que almejava. Nas negociações da dívida externa, por exemplo, a posição daquele país se manteve inflexível e intransigente. Acusações de corrupção a pessoas ligadas ao governo e a falta de habilidade em lidar com a crise econômica contribuíram para a instabilidade política no governo Collor.

Na reforma ministerial de 1992, com Celso Lafer no Ministério das Relações Exteriores (MRE) (de abril a outubro de 1992), começou a se desenhar uma nova estratégia de política externa brasileira. O Ministério, que havia perdido importância na formulação dessa política, até então tentando minimizar as ações mais extremadas de Collor, volta a ocupar um lugar estratégico. Lafer procurou preservar a tradição da diplomacia brasileira, ao mesmo tempo que tratava de fazer os ajustes necessários para que o país pudesse se adaptar aos novos obstáculos e às oportunidades decorrentes não apenas do fim da Guerra Fria, mas também do aceleramento do processo por muitos denominado globalização.

A leitura de mundo de Lafer e do grupo que o acompanhou direcionou-se no sentido daquilo que posteriormente foi chamado de "autonomia pela participação". De acordo com os formuladores dessa ideia, para o país desfrutar de um maior espaço de manobra no cenário internacional e para preservar sua soberania, ele não deveria se distanciar dos novos temas e regimes internacionais. Pelo contrário, deveria tentar influenciar a agenda internacional com seus valores e sua tradição diplomática. Uma ação exemplar dessa nova concepção de política externa foi posta em prática na Conferência das Nações Unidas para o Meio Ambiente e o Desenvolvimento (a Eco-92 ou Rio-92). Nela, ainda que temporariamente, o país não foi visto como destruidor da Amazônia, mas como ator na defesa do meio ambiente. Como mostra Hurrell (1991), havia um crescente número de países nos quais a opinião pública, governos, empresários, organizações sociais e intelectuais vinham criticando o desmatamento da Amazônia, o que provocou uma mudança na política brasileira com relação ao meio ambiente no governo Sarney e principalmente na administração Collor.

De acordo com o embaixador brasileiro Gelson Fonseca Jr.:

> A atitude que adotamos na Rio-92 é exemplificativa do que chamei de autonomia pela via da participação. Na reunião, contribuímos, desde os primeiros momentos, para ampliar o próprio escopo da conferência, ligando à temática ambientalista a do desenvolvimento e endossando o conceito de desenvolvimento sustentável. O equilíbrio das resoluções e dos acordos adotados deve muito ao empenho brasileiro para que se garantisse consenso, que impasses fossem superados. A mesma atitude positiva pode ser observada em matéria de direitos humanos, quando a participação brasileira na Conferência de Viena foi decisiva para que a reunião terminasse em sucesso. (Fonseca Jr., 1998, p.369)

Com o *impeachment* de Collor, as mudanças iniciadas por Lafer foram parcialmente continuadas na administração do novo presidente. Com a posse de Itamar Franco (1992-1994), até então vice-presidente, houve certo arrefecimento do discurso liberal, mas as medidas tomadas por Collor no geral não foram revertidas. Era inevitável que o país buscasse uma maior inserção internacional. Mas as altas taxas de inflação, a questão da dívida externa e a imagem negativa do país diante dos centros hegemônicos persistiam. No que se refere à política externa, Itamar Franco delegou sua formulação e implementação ao MRE, inicialmente comandado por Fernando Henrique Cardoso (outubro de 1992 a maio de 1993). Em seu breve período como ministro, Fernando Henrique Cardoso iniciou um aprofundamento conceitual da ideia de autonomia pela participação, iniciada com o ministro Lafer. Para ele, o país teria de ultrapassar a etapa do nacionalismo autoritário e do desenvolvimento voltado para dentro e empenhar-se na busca de uma inserção competitiva no mundo. O Brasil não deveria descartar a possibilidade de parcerias nas mais diversas partes do planeta, mas o foco de sua política externa era claro: estabelecer boas relações com os Estados Unidos e com os países centrais e utilizar o Mercado Comum do Sul (Mercosul) como instrumento de inserção internacional.

Com a entrada de Celso Amorim no MRE (maio de 1993 a dezembro de 1994), enquanto Fernando Henrique Cardoso ocupava o posto de ministro da Fazenda, adotou-se uma política externa sem rótulos para não gerar expectativas específicas. Contudo, retomaram-se alguns aspectos da tradição da Política Externa Independente (PEI), cujos formuladores nos governos de Jânio Quadros (1961) e de João Goulart (1961-1964) – último presidente civil, eleito antes do golpe militar de abril de 1964 – haviam sido os ministros das Relações Exteriores Affonso Arinos de Mello Franco, San Tiago Dantas e Araújo Castro. Em alguns casos, evidenciavam-se também aspectos do "pragmatismo responsável", desenvolvido pelo ministro Antonio Francisco Azeredo da Silveira no governo militar de Ernesto Geisel (1974-1978). A política externa de Amorim apresentava alguns elementos daquilo que denominamos "autonomia pela diversificação", na qual o país procura fortalecer suas parcerias estratégicas para ter não apenas maior poder de barganha com os países ricos em fóruns multilaterais, mas também para ampliar seu espectro de interesses políticos, econômicos e tecnológicos, entre outros.

O Mercosul foi pensado como uma forma de equilibrar a influência dos Estados Unidos no Cone Sul, mas também como modo de adequar o Brasil a uma fase de maior competição comercial internacional, em um contexto de menor protecionismo. Na Organização das Nações Unidas (ONU), o Brasil passou a ter um posicionamento mais ativo, propondo uma "Agenda para o Desenvolvimento" e defendendo a democratização do Conselho de Segurança, o que viria a permitir um assento permanente ao país. Esse novo posicionamento era possível em razão do histórico de paz do país,[1] de suas novas credenciais democráticas e da então recente estabilização monetária, conquistada com o Plano Real em junho de 1994 e que tirou a negociação da dívida externa do topo da agenda internacional brasileira. Como ocorrera com Lafer e Fernando Henrique Cardoso, Amorim teria de esperar alguns anos para alterar de modo mais intenso a política externa brasileira, pois sua curta permanência no Ministério, conhecido como Itamaraty,[2] não foi suficiente para aprofundar as mudanças que ele iniciara.

Nos dois mandatos presidenciais de Fernando Henrique Cardoso (1995-2002), primeiro com Luiz Felipe Lampreia (janeiro de 1995 a janeiro de 2001) e depois com Lafer (janeiro de 2001 a dezembro de 2002) à frente do MRE, o Brasil estabeleceria uma diplomacia guiada pela lógica da autonomia pela participação. Consolidou-se uma política externa condizente com valores político-democráticos e liberalismo econômico, fortalecendo-se uma orientação que não pôde se consolidar com Collor e que foi hesitante com Itamar Franco no que se refere à abertura econômica. Assim, substituiu-se uma política externa que até por volta de 1990 havia sido protecionista e reativa em alguns casos – autonomia pela distância – e que predominou na maior parte da Guerra Fria por uma agenda internacional demandante, alinhada aos cânones liberais e cuja influência parecia expandir-se, guiada pela lógica da autonomia pela participação. Nesse sentido, o Brasil deveria resolver seus problemas domésticos e ter maior controle sobre seu futuro se desejasse contribuir ativamente para a formulação de normas e regimes internacionais.

A administração Fernando Henrique Cardoso, no entanto, não tinha por objetivo se adaptar de maneira passiva, mas redirecionar e remodelar o ambiente internacional conforme os limites de seu poder. Era necessário levar em conta os interesses dos outros Estados e as relações de poder, buscando formas de participação nas grandes negociações e questões internacionais por meio da formulação de regimes internacionais mais favoráveis aos interesses brasileiros. Reitera-se aqui que o Mercosul sempre foi pensado como uma plataforma de competição internacional no plano global. Nesse sentido, buscou-se também maior convergência com os valores e as tendências globais, incluindo, por exemplo, a proteção ao meio ambiente, o desarmamento, a liberalização do comércio e maior participação nas negociações multilaterais nos mais variados temas. Por fim, a democracia política e a liberdade econômica eram os princípios norteadores da lógica da autonomia pela participação.

---

[1] A última e única guerra do Brasil como ator central foi com o Paraguai, de dezembro de 1864 até abril de 1870.

[2] Apelido dado ao MRE e derivado do nome de sua primeira sede no Rio de Janeiro, chamada de Palácio do Itamaraty. Com a mudança para Brasília, a sede do Ministério preservou seu nome, e o apelido continua sendo frequentemente empregado.

Com o fim da administração Bill Clinton (1993-2000), e principalmente após o 11 de setembro de 2001, o viés multilateralista norte-americano se enfraqueceu, e o tema do comércio perdeu força diante dos conflitos originados pelo desencadeamento da guerra ao terrorismo, com ênfase no Oriente Médio e no fundamentalismo. O interesse dos Estados Unidos na América Latina, que já não era grande, diminuiu ainda mais. Consequentemente, já no fim do governo Fernando Henrique Cardoso, começaram a surgir sinais de mudança na política externa brasileira. Tradicionalmente defensora do multilateralismo, essa política coloca o desenvolvimento econômico no topo de sua agenda e as questões de segurança – até porque o país tem uma história de bem poucos conflitos – não estão no centro de suas preocupações. Fernando Henrique Cardoso começou a aumentar o tom da crítica à política externa de George W. Bush e a buscar outros parceiros mais afinados com a agenda do país. O período coincidiu com o rápido crescimento econômico de países em desenvolvimento, como China, Rússia, Índia e África do Sul. Assim, o governo Fernando Henrique Cardoso começava a desenhar uma política externa guiada pela lógica da reafirmação da autonomia.

No primeiro mandato de Luiz Inácio Lula da Silva (2003-2006), a parceria com Índia, África do Sul, Rússia e China ganhou nova ênfase. Com a Índia e a África do Sul, Lula formalizou uma relação que buscava ser estratégica, com a criação do G3 ou do IBAS (Índia, Brasil e África do Sul). Com relação à Rússia e à China, o Brasil buscou aumentar as trocas comerciais, tecnológicas e militares. A administração Lula reconheceu a China como uma economia de mercado, apesar da oposição da mais importante associação de empresários do país, a Federação das Indústrias do Estado de São Paulo (Fiesp). Essa iniciativa, como veremos, obteve grande relevância, e aquele país tornou-se o principal parceiro comercial do Brasil.

No fim de sua administração, Fernando Henrique Cardoso estabeleceu um diálogo – mas não uma parceria institucionalizada – com os países do Sul. Por outro lado, o governo Lula formou alianças estratégicas com países em desenvolvimento com capacidade similar de poder e que também desfrutavam de liderança em suas regiões. Na Rodada Doha, durante a Reunião Ministerial de Cancún, em agosto de 2003, criou-se o Grupo dos 20 (G20), com um papel de destaque desempenhado pelo Brasil. O objetivo era reduzir os subsídios domésticos dos países ricos e aumentar o acesso aos mercados europeus e norte-americanos.[3]

---

[3] O G20 é um grupo de países em desenvolvimento, criado em 20 de agosto de 2003, nos momentos finais da preparação para a V Conferência Ministerial da OMC, realizada em Cancún no período de 10 a 14 de setembro de 2003. Seu foco se concentra na agricultura, o principal tema da Agenda de Desenvolvimento de Doha. Apesar de mais conhecido como G20, o número de membros da coalizão alterou-se desde sua fundação. Em julho de 2008, o grupo tinha 23 membros: cinco da África (Egito, Nigéria, África do Sul, Tanzânia

A busca de aprofundamento de uma identidade internacional entre países em desenvolvimento com posições parcialmente similares na hierarquia de poder e com problemas sociais semelhantes é parte da estratégia da autonomia pela diversificação. Essa estratégia se baseia em uma tentativa de influenciar a agenda de regimes internacionais por meio de coalizões de países em desenvolvimento que visam contrabalançar a agenda das nações desenvolvidas. Nesse sentido, a política externa brasileira mudou muito se comparada à descrição da estratégia dos países em desenvolvimento, feita por Krasner em meados dos anos 1980:

> O desejo de garantir regimes internacionais por meio de uma alocação de recursos mais estatista do que voltada para o mercado tem sido um aspecto permanente da política do Terceiro Mundo no período pós-guerra. Isso reflete a profunda fragilidade nacional da maior parte dos países em desenvolvimento. Essa fragilidade origina-se de sua incapacidade de influenciar unilateralmente ou de se ajustar internamente às pressões dos mercados globais. Os Estados mais industrializados são capazes de influenciar o ambiente internacional e de se adaptar internamente. (Krasner, 1985, p.11)

Atualmente, na Organização Mundial do Comércio (OMC), alguns países em desenvolvimento, como o Brasil, adotam uma agenda setorial mais liberalizante do que grandes países industrializados, como os Estados Unidos e alguns países europeus, em questões como a redução dos subsídios agrícolas. Por outro lado, ainda na Rodada Uruguai, os países em desenvolvimento desistiram de tentar bloquear a entrada de "novos temas", como propriedade intelectual, serviços e investimentos, aceitando sua inclusão no GATT/OMC. No caso do Brasil, a competitividade de alguns de seus produtos explica esse liberalismo, que não foi adotado no governo Lula em outros temas da agenda, como nas questões financeiras, nas quais o país aliou-se aos que defendiam maiores controles públicos dos Estados.

Por último, argumentamos que o plano do Brasil de criar um Mercosul não institucionalizado para preservar sua autonomia e permitir maior inserção internacional combinou-se com a lógica da autonomia pela diversificação. Essa lógica permitiu que o Brasil priorizasse outros parceiros. Em termos relativos, isso se deu em detrimento de seus vizinhos do Cone Sul, fazendo com que o processo de integração se ampliasse, mas sem o aprofundamento esperado de uma união alfandegária e de um mercado comum. A recente ênfase em estabelecer parcerias com países como China, Rússia, Índia e África do Sul, entre outros, encontra respaldo tanto em grupos de interesse e no meio empresarial quanto no governo.

---

e Zimbábue), seis da Ásia (China, Índia, Indonésia, Paquistão, Filipinas e Tailândia) e doze da América Latina (Argentina, Bolívia, Brasil, Chile, Cuba, Equador, Guatemala, México, Paraguai, Peru, Uruguai e Venezuela).

Feitas essas considerações, resta perguntar: quais os principais elementos de continuidade e de mudança da política externa brasileira desde meados da década de 1980 até hoje?

Segundo nosso ponto de vista, a característica-chave do Brasil é a busca da autonomia internacional. Neste livro, partimos do pressuposto de que a autonomia de um país confere a ele condições de construir uma política externa livre de constrangimentos internacionais impostos pelos países mais poderosos. Obviamente, autonomia é um conceito que apresenta certa gradação. Um país pode ir de uma autonomia extrema, que lhe permite conduzir suas ações de maneira unilateral sem depender de nenhum outro, a um alinhamento automático, no qual a política externa do *país A* está totalmente atrelada às ações e aos desejos do *país B*.[4] A ideia de autonomia tem sido empregada como instrumento para o desenvolvimento do Brasil. Ao mesmo tempo, o crescimento econômico também pode trazer maior espaço de manobra no cenário internacional. Portanto, nos planos geral e abstrato, a busca da autonomia e do desenvolvimento é uma constante na política externa brasileira pelo menos desde meados de 1980. Suas raízes podem ser encontradas no passado, até mesmo no período imperial do século XIX, e certamente também em diferentes momentos do século XX. Contudo, neste livro, nossa categoria central de análise é a ideia de autonomia, ao passo que a noção de desenvolvimento ocupará papel secundário em nossa narrativa.

Com relação às mudanças ocorridas, e que constituem nosso objeto, acreditamos que a autonomia possa ser buscada por três maneiras distintas no plano teórico, mas não excludentes na realidade. São elas: a distância, a participação e a diversificação. Aqui, analisamos empiricamente a política externa brasileira de meados da década de 1980 até 2009 e, como veremos, determinados períodos históricos enquadram-se melhor que outros em cada uma das três noções anteriormente mencionadas.

No período Sarney, a ideia de autonomia pela distância, que havia sido significativa nas ações exteriores do Brasil desde a década de 1930, com o presidente Getúlio Vargas, começou a se esgotar como opção estratégica. No fim do governo, a necessidade de mudanças era visível, mas não eram claros quais os rumos que o país deveria tomar. Com a presidência de Collor, o país adotou um discurso cuja pretensão era de se alinhar aos países ricos, particularmente aos Estados Unidos; porém, o fracasso dessa estratégia impossibilitou que o Brasil adotasse um rumo claro para sua política externa. O mesmo pode ser dito no que se refere à administração Itamar Franco, que teve de lidar com crises domésticas e com a instabilidade política presentes desde a transição democrática iniciada por Sarney.

---

[4] Segundo Escudé (1998), um Estado periférico como a Argentina deveria ter uma relação de alinhamento com os Estados Unidos em troca de benefícios que melhorassem o bem-estar social de seus cidadãos.

Mas foi apenas com Fernando Henrique Cardoso que o país passou a adotar uma estratégia de política externa guiada pela lógica da autonomia pela participação, quando então surgiram alternativas para que o país buscasse maior autonomia com as mudanças internacionais geradas pelos atentados de 11 de setembro de 2001 e pelo crescimento econômico de grandes países do Sul. Com a ascensão de Lula à presidência, as relações Sul-Sul ganharam nova dinâmica. O país buscou ampliar e institucionalizar parcerias com mercados não tradicionais na África, na Ásia e no Oriente Médio. A busca dessas parcerias não implicou uma volta ao "terceiro--mundismo" parcial das décadas de 1960 e 1970 – ainda que interrompido no início dos governos militares, durante a gestão de Castello Branco, de 1964 a 1967; pelo contrário, são parcerias construídas tendo em conta a ordem internacional liberal vigente. Elas visam aumentar o poder de barganha brasileiro em negociações multilaterais com países desenvolvidos, com o objetivo de alterar a estrutura hegemônica que predominou desde o fim da Segunda Guerra Mundial. Neste livro, chamamos essa estratégia de autonomia pela participação.

ORGANIZAÇÃO DO LIVRO

No Capítulo 1, definimos o significado de autonomia para os autores latino-americanos da área de relações internacionais. Para isso, estabelecemos um contraponto ao posicionamento *mainstream* que privilegia o debate do ponto de vista da soberania, surgindo como central dessa perspectiva a contraposição anarquia *versus* hierarquia. Nesse capítulo, descrevemos também três diferentes maneiras de buscar a autonomia. No Capítulo 2, analisamos a política externa do governo Sarney e como as pressões domésticas e internacionais forçaram aquele governo a promover mudanças nessa política. No Capítulo 3, mostramos que a instabilidade política nos governos Collor e Itamar Franco impossibilitou que se realizassem mudanças significativas na política externa; no entanto, eles influíram nos desdobramentos posteriores da ação internacional do Brasil. No Capítulo 4, argumentamos que a administração Fernando Henrique Cardoso estabeleceu uma política externa guiada pela lógica da autonomia pela participação. No Capítulo 5, sustentamos que Lula praticou uma política externa norteada pela estratégia da autonomia pela diversificação. No Capítulo 6, sugerimos que a forte ênfase na consolidação de parcerias com grandes países em desenvolvimento, como Índia, África do Sul, China e Rússia, pode enfraquecer o projeto de institucionalização do Mercosul, em um contexto no qual prevalecem os objetivos de universalismo e de ser um *global trader*. No último capítulo, comentamos as relações entre Brasil e Venezuela, dando destaque para os pontos de convergência e divergência entre as propostas dos presidentes Lula e Hugo Chávez.

1
Definindo autonomia

INTRODUÇÃO

Na produção acadêmica latino-americana, autonomia é uma noção que se refere a uma política externa livre dos constrangimentos impostos pelos países poderosos. Portanto, é diferente do entendimento da maior parte dos autores do *mainstream* clássico nas Relações Internacionais, que a define como o reconhecimento jurídico de Estados soberanos considerados "unidades iguais" em uma ordem internacional anárquica.

Conforme Tickner (2003, p.318), embora todas as teorias de relações internacionais tenham se referido explícita ou implicitamente à autonomia do Estado-nação, o conceito normalmente está associado às capacidades domésticas do Estado. Segundo Krasner, autonomia doméstica constituiu um princípio fundamental da soberania de Westphalia:

> [...] um arranjo institucional para a organização da vida política que se baseia em dois princípios: territorialidade e exclusão de atores externos das estruturas de autoridade domésticas (Krasner, 1999, p.20).

No Terceiro Mundo, a autonomia geralmente é pensada de maneira diferente. Das fronteiras nacionais para dentro, ela constitui um símbolo básico do Estado, um meio primário de assegurar formas distintas de desenvolvimento autóctone ou não dependente. Das fronteiras nacionais para fora, é considerada fundamental para a prática das relações internacionais no Terceiro Mundo. Em vez de estar enraizada na noção jurídica de soberania, a autonomia é um conceito político, um instrumento de salvaguarda contra os efeitos mais nocivos do sistema internacional. "O conceito de não alinhamento, formulado nos anos 1950, é apenas um exemplo da relação entre autonomia e liberdade de ação interna/externa" (Tickner, 2003, p.319). Consequentemente, do ponto de vista privilegiado dos países poderosos, a autonomia externa não é uma preocupação relevante.

Krasner (1999) argumenta que a soberania westphaliana sempre foi um mito, pois poucos Estados desfrutam de total autonomia doméstica. Ele cita numerosos exemplos de quando a soberania dos Estados ocidentais, incluindo os Estados Unidos, foi violada. Empiricamente isso pode ser verdade, mas, da perspectiva do Terceiro Mundo, certos Estados são mais autônomos que outros (Neuman, 1998, p.10). Nesse sentido, a ideia de autonomia torna-se mais premente para os Estados que dispõem de menores recursos de poder.

Por esse motivo, Escudé argumenta que devemos examinar a origem do mito da anarquia interestatal na disciplina de relações internacionais. Para ele, a igualdade formal entre os Estados era uma ficção jurídica até a assinatura e ratificação da Carta da ONU. Depois disso, ela não chegou a ser nem mesmo ficção, pois um Conselho de Segurança com apenas cinco membros permanentes com poder de veto estabeleceu o princípio jurídico da *desigualdade* dos Estados na área da segurança. Além disso, o Capítulo 7 da carta da ONU *formalmente* dá poder de intervenção ao Conselho de Segurança. O mesmo princípio pode ser visto em regimes internacionais, como o *Nuclear Non-Proliferation Treaty*, no qual é estabelecido *juridicamente* que alguns Estados têm o direito de possuir armas de destruição em massa, enquanto outros não têm. As questões reguladas por esses regimes são poucas em número, mas extremamente relevantes em substância.

> Os Estados não são formalmente iguais; reconhecidamente, eles são menos iguais ainda se considerarmos situações menos formais... (Escudé, 1998, p.62)

Dessa maneira, é relativamente claro que o mito da anarquia é parte da ideologia da soberania. No espectro teórico inverso, no campo socialista, Rosenberg (1994) também busca desmistificar a ideia da igualdade jurídica, da soberania igual para todos. De acordo com Escudé, essa falácia é central para as teorias realistas das relações internacionais.

> Esta lógica origina-se basicamente de Hans J. Morgenthau e está claramente projetada na suposta anarquia que Waltz e outros neorrealistas afirmam caracterizar a estrutura do sistema interestatal. (Escudé, 1998, p.63)

Em decorrência disso, as grandes potências e os Estados fracos não são "unidades iguais" pertencentes a uma ordem anárquica (Waltz, 1979). Pelo contrário, a diferença que existe entre as grandes potências e os Estados fracos implica que a "estrutura" do sistema interestatal é predominantemente hierárquica, não anárquica (Escudé, 1998, p.65).

Russell e Toklatian (2003, p.1-2) encontraram três significados para o termo autonomia. Em primeiro lugar, ela é um princípio ou direito que frequentemente tem sido transgredido por ações de atores estatais e não estatais. A soberania dos Estados fracos, por exemplo, é preterida em nome de outras questões consideradas mais importantes, por exemplo, a democracia e os direitos humanos (Krasner, 1995-96). Em segundo lugar, o conceito é usado como um dos objetivos do interesse nacional – os outros dois são a sobrevivência e o bem-estar econômico (Wendt, 1999, p.138). De acordo com Wendt, esses interesses, comuns a todos os Estados, não são apenas guias normativos para a ação; eles são forças causais que predispõem os Estados a agirem de determinada maneira (Wendt, 1999, p.234). Por último, a autonomia é vista como uma condição que permite que os Estados se articulem e alcancem metas políticas de maneira independente. Conforme esse significado, que está presente na visão latino-americana sobre o tema (incluindo a nossa), autonomia é um direito que os Estados podem ou não possuir, que se insere em um *continuum* entre dois tipos ideais extremos: dependência total (ou alinhamento) ou completa autonomia.

Portanto, a noção de autonomia é caracterizada pela capacidade de o Estado implementar decisões baseadas em seus próprios objetivos, sem interferência ou restrição exterior, por meio de sua habilidade em controlar processos ou eventos produzidos além de suas fronteiras. A autonomia é sempre uma questão de grau, dependendo dos atributos de poder (tanto duro quanto brando) dos Estados e das condições externas que eles enfrentam.

Neste livro, procuramos avançar no debate sobre a autonomia utilizando o exemplo histórico do Brasil da década de 1980 até os dias de hoje. Conforme nossa interpretação, a política externa brasileira vem sendo marcada pela busca de autonomia, principalmente diante dos Estados Unidos. Nesse sentido, constatamos terem sido praticadas três formas para atingi-la: a distância, a participação e a diversificação. Nas últimas décadas, a autonomia pela distância tem se caracterizado por um desenvolvimento econômico autárquico, baseado em um forte sentimento nacionalista, e pelo distanciamento dos grandes temas internacionais, buscando alianças Sul-Sul. A autonomia pela participação diz respeito a um maior envolvimento internacional e à aceitação das normas liberais e dos principais regimes internacionais, na expectativa de influenciá-los e participar de sua elaboração. Por fim, a autonomia pela diversificação implica aproximação aos países do Sul para obter maior inserção e maior poder no quadro dos regimes internacionais, apostando em soluções multilaterais, em vez de em um mundo unipolar. A autonomia pela diversificação tem como característica a capacidade de buscar parceiros internacionais distintos, sem romper ou provocar rupturas com os países centrais, e tem como objetivo o fortalecimento do país em um mundo multipolar e o maior equilíbrio entre os Estados.

O DESENVOLVIMENTO DO CONCEITO DE AUTONOMIA NA AMÉRICA LATINA

Na América Latina, desde a década de 1970 a ideia de autonomia tem sido pensada como um meio de "libertar" os países da região de sua dependência externa. Jaguaribe (1979, p.91-3) descreve o sistema internacional como uma ordem hierárquica. Embora os países que exercem a autonomia não possam garantir total inviolabilidade de seus territórios nacionais, eles oferecem consideráveis obstáculos para as ações de seus inimigos e desfrutam de margem de manobra suficiente para conduzir suas políticas externas. As nações dependentes, por sua vez, embora formalmente independentes e soberanas, são fortemente constrangidas pelas grandes potências.

A autonomia é uma função das condições estruturais que Jaguaribe (1979, p.96-7) descreve como "viabilidade nacional" e "permissividade internacional". O primeiro conceito refere-se à existência de recursos humanos e sociais adequados à capacidade de inserção internacional e ao grau de coesão sociocultural dentro das fronteiras nacionais. O segundo relaciona-se à capacidade de neutralizar as ameaças externas, e depende de recursos econômicos e militares e de alianças com outros países. Jaguaribe também identifica dois fatores fundamentais para a existência da autonomia na periferia: autonomia tecnológica e empresarial, e relações favoráveis com o centro.

Em suas reflexões sobre a autonomia, Puig (1980, 1984), diferentemente de autores realistas como Morgenthau e Waltz, argumenta que o sistema internacional não é caracterizado pela anarquia, mas por uma hierarquia internacional. Conforme Puig (1980, p.149-55), a obtenção da autonomia passa por quatro estágios: o *status* formal de Estado soberano; os benefícios materiais suficientes para elaborar e pôr em prática um projeto nacional; a aceitação das políticas da potência em suas áreas de interesse estratégico em troca do exercício da autonomia em setores de igual importância para os países latino-americanos, por exemplo, na escolha de seus modelos de desenvolvimento; e a ruptura da dependência com o centro e ações de não obediência. Para Puig, assim como para Jaguaribe, a autonomia requer graus adequados de "viabilidade nacional", um volume considerável de recursos domésticos e um compromisso explícito das elites com um projeto nacional. Os dois autores também compartilham a noção de que a autonomia requer a mobilização de recursos de poder na periferia. Alianças regionais contra o centro, integração política e econômica, e a melhoria das técnicas de negociação constituem as estratégias para alcançar essa meta.

Em uma análise empírica sobre as relações Brasil–Estados Unidos no início dos anos 1980, Moura, Kramer e Wrobel (1985) utilizam o termo autonomia como um sinônimo da política externa brasileira de distanciamento da potência americana. Para eles, já era bem conhecido o processo de distanciamento político ocorrido entre o Brasil e os Estados Unidos a partir da década de 1970. Assim,

> a duração relativamente longa desse relacionamento faz supor que não se trata de dificuldades passageiras, oriundas de políticas específicas de um ou outro governo. (1985, p.35)

Ao contrário, ela sugere uma tendência de longo prazo inscrita nas relações entre os dois países. Os elementos que definem essa discordância localizam-se, de um lado, no desejo brasileiro de ter um papel destacado no cenário internacional a partir dos anos 1970 e, de outro, na insistência norte-americana em manter velhas relações de "mando" com a América Latina. O pano de fundo dessas mudanças eram as grandes transformações ocorridas no sistema internacional a partir dos anos 1960: a recuperação econômica da Europa Ocidental e do Japão; o aumento do papel que o Terceiro Mundo passou a ter em fóruns internacionais, principalmente no GATT e na ONU; e o próprio processo de *détente*, que tendia a afrouxar os laços de dependência dentro do bloco socialista, comandado pela União Soviética, e do bloco capitalista, liderado pelos Estados Unidos.

Avançando no entendimento do conceito, Fonseca Jr. (1998) argumenta que a diplomacia brasileira no período da Guerra Fria se caracterizava pela autonomia pela distância. Já na década de 1980, essa mesma diplomacia ganharia uma nova roupagem, em virtude da democratização brasileira, do fim da Guerra Fria, da aceleração do processo chamado de globalização e da entrada de "novos temas" na agenda internacional (questões ambientais, direitos humanos, reforma do sistema internacional de comércio etc.). Em resumo, a própria ideia de autonomia ganhava novas conotações.

Segundo Fonseca Jr. (1998, p.361), "as expressões do que é autonomia variam histórica e espacialmente, variam segundo interesses e posições de poder". Para o autor, a primeira expressão da autonomia seria a de manter distância em relação às ações e aos valores do Bloco Ocidental. Em seguida, ela significaria uma atitude crítica em relação às superpotências. Assim, no mundo contemporâneo, a autonomia não significa mais "distância" dos temas polêmicos para resguardar o país de alinhamentos indesejáveis; ao contrário, ela se traduz por "participação", por um desejo de influenciar a agenda exterior com valores, por meio da tradição diplomática brasileira.

Na mesma linha de raciocínio, mas com uma abordagem mais teórica, Russell e Tokatlian (2003) argumentam que a aceleração da globalização nas últimas décadas teria modificado sensivelmente o espaço de ação dos países latino-americanos. Esse novo contexto global demanda que a autonomia seja definida de uma forma diferente, havendo necessidade de transição da *autonomia antagônica* (similar à autonomia pela distância) para a *autonomia relacional* (semelhante à autonomia pela participação).

> Este tipo de autonomia deveria ser compreendido como a capacidade e o desejo de um país, juntamente com outros, de tomar suas decisões livremente e de enfrentar situações e processos que se originem tanto interna como externamente às suas fronteiras. Dessa perspectiva, tanto a defesa como a expansão da autonomia desfrutada hoje pelos países latino-americanos não pode mais depender de políticas nacionais ou sub-regionais isoladas, autossuficientes ou de oposição. Tais políticas são agora impossíveis ou improváveis, bem como indesejáveis. (Russell e Tokatlian, 2003, p.13)

A *autonomia relacional* se traduz por uma crescente interação, negociação e participação na elaboração das normas e regras internacionais. A autonomia não é mais definida

> pela capacidade de um país de se isolar e de controlar processos e eventos externos, mas por seu poder de participar e de efetivamente influenciar as questões mundiais, sobretudo em todos os tipos de organizações e de regimes internacionais. (Russell e Tokatlian, 2003, p.16)

Para Russell e Tokatlian (2003, p.19), a *autonomia relacional* deve ser alcançada por meio de compromissos e negociações com grande participação da opinião pública, fortalecendo o aspecto democrático desse tipo de desenvolvimento de política externa. O abandono parcial de elementos de soberania (marca da *antagonistic autonomy*) é feito para que se desenvolvam instituições e normas para a promoção do bem comum. Percebemos, nessa perspectiva, a ideia da inserção propositiva na lógica dos regimes internacionais prevalecentes.

A AUTONOMIA PELA DIVERSIFICAÇÃO

Nesta seção, procuramos refinar e avançar o debate sobre o conceito de autonomia. Uma crítica comum no Brasil a respeito dos trabalhos sobre "autonomia" deriva do fato de serem produzidos por diplomatas ou pelo fato de suas ideias terem se inserido no vocabulário político, como no caso da noção de "autonomia pela participação", formulada pelo embaixador Gelson Fonseca Jr. Acredita-se que o debate sobre autonomia está contaminado por autores autointeressados, cujas análises serviriam para justificar suas próprias ideologias, seus interesses políticos ou mesmo suas lógicas burocráticas.

Contudo, as reflexões sobre a autonomia também foram objeto de estudo de uma série de pesquisadores eminentemente acadêmicos, como Gerson Moura, Russell e Tokatlian, influenciando a produção anglo-saxã, principalmente nas décadas de 1980 e 1990, como demonstram os trabalhos de Adler (1987), Evans (1995) e Hurrell (1986). Por outro lado, não acreditamos que o engajamento em um debate politicamente relevante seja demeritório, desde que tenhamos cuidado em não nos apropriarmos dessas análises de forma acrítica, precaução que também deveria ser tomada na discussão de temas eminentemente "científicos". Assim, diferentemente de alguns trabalhos de ciência política, aqui privilegiamos os aspectos políticos e históricos em detrimento da dimensão científica da disciplina, entendida como a que se utiliza em demasia de métodos quantitativos.

Definimos autonomia como a condição que permite que os Estados formulem e implementem sua política externa independentemente do constrangimento imposto por Estados mais poderosos. Esse termo se insere em um *continuum* com dois tipos polares ideais: dependência total (ou alinhamento) e completa autonomia. Obviamente, entre os dois conceitos extremos existe uma gradação de políticas externas que combinam autonomia com dependência, embora, no caso brasileiro, a vertente autonomista seja mais marcante.

Neste livro, encontramos três meios pelos quais um país pode buscar a autonomia: a distância, a participação e a diversificação. Naturalmente, seria possível encontrar no processo histórico outras dimensões, assim como prever outros desenvolvimentos. Essas três diferentes maneiras de obter a autonomia, que serão discutidas aqui, na realidade podem ser combinadas – e são mais facilmente identificadas em certos períodos históricos que em outros (Weber, 1991). Neste trabalho, a mudança nas formas de atingir a autonomia caracteriza momentos de transição,[1] embora sua busca seja um conceito perene da política externa brasileira recente, com a possível exceção de algumas políticas de aparente alinhamento com os Estados Unidos no governo Collor. Essas exceções tampouco são uma novidade na história brasileira: alguns autores consideram de forma semelhante o período que se seguiu à Segunda Guerra Mundial, até 1950, e o período que se seguiu ao golpe militar de 1964, até 1967. Em outras palavras, um determinado país pode ter uma política externa mais ou menos autonomista, mas como em geral a autonomia é uma das metas brasileiras, as mudanças na ação externa do país não se caracterizam por rupturas com relação ao passado. Ao contrário, trata-se mais de ajustes e mudanças programáticas, mais ou menos profundas, para que o país chegue mais perto de obter seus objetivos,

---

[1] Em outras palavras, esses conceitos estariam em uma zona cinzenta, que explica a transição e a mudança política (Goertz, 2006).

como autonomia externa e desenvolvimento econômico. Consequentemente, definimos:

1. Autonomia pela distância: uma política de contestação das normas e dos princípios de importantes instituições internacionais (FMI, Banco Mundial, GATT, entre outras); uma diplomacia que se contrapõe à agenda liberalizante das grandes potências, particularmente os Estados Unidos; a crença no desenvolvimento autárquico, guiado pela expansão do mercado interno e pelo protecionismo econômico; a resistência a regimes internacionais interpretados como congelamento do poder mundial, em favor do *status quo*;
2. Autonomia pela participação: a adesão aos regimes internacionais, inclusive os de cunho liberal (como a OMC), sem perder a capacidade de gestão da política externa. Nesse caso, o objetivo seria influenciar a própria formulação dos princípios e das regras que regem o sistema internacional. Considera-se que os objetivos nacionais seriam atingidos de forma mais efetiva por esse caminho;
3. Autonomia pela diversificação: a adesão do país aos princípios e às normas internacionais por meio de alianças Sul-Sul, inclusive regionais, e de acordos com parceiros não tradicionais, como China, Ásia-Pacífico, África, Europa Oriental, Oriente Médio etc., com o objetivo de reduzir as assimetrias e aumentar a capacidade de barganha internacional do país em suas relações com países mais poderosos, como os Estados Unidos e a União Europeia. Uma característica importante é a capacidade de negociar com estes últimos sem rupturas, com a perspectiva de romper o unilateralismo e buscar a multipolaridade e um maior equilíbrio.

Conforme Velasco e Cruz (2007, p.20), na década de 1990, os países do Terceiro Mundo aceitaram medidas penosas para estabilizar suas economias por meio da "opção pelo mercado". A era da intervenção estatal para fortalecer a economia e guiá-la conforme concepções bem definidas de interesse nacional parecia ultrapassada naquele período. Os imperativos passavam a ser outros: cortar gastos, eliminar subsídios, privatizar, abrir a economia e criar ambientes favoráveis aos investidores externos, na esperança de ganhar acesso ao capital e aos mercados globais. Assim, se a estratégia autonomista é uma constante na política externa brasileira, os diferentes métodos para buscá-la – a distância, a participação e a diversificação – são estratégias que o país adotou para se adaptar às mudanças internacionais e domésticas sem promover fortes rupturas com a tradição diplomática.

A abordagem sobre as três autonomias feita neste livro, ainda que elaborada a partir da história da política externa brasileira recente, pode servir de inspiração para análises de políticas externas de outros países em desenvolvimento, ainda que não possam ser transplantadas de maneira mecânica para realidades totalmente distintas. Nossa análise também pode contribuir para a compreensão da ação diplomática de países do Terceiro Mundo, mantendo a tradição acadêmica latino-americana, podendo apresentar, assim, caráter normativo.

Não pretendemos construir aqui uma teoria sobre a autonomia, mas apenas uma análise fundada na observação histórica. Esta análise não pretende ser "dona da verdade", nem, de forma alguma, determinista; trata-se apenas de uma interpretação plausível do mundo, vista a partir da experiência do Brasil. Nossa perspectiva não é válida para todos os tempos e espaços; ela foi construída a partir de análises produzidas por outros autores (Ayoob, 2002, p.28) e pretende discutir a política externa brasileira – que permanece pouco conhecida internacionalmente – extraindo dela lições que possam ser úteis para a análise de outras experiências que venham a ser desenvolvidas por outros pesquisadores.

CONSIDERAÇÕES FINAIS

Neste capítulo, procuramos explicitar o panorama teórico que será utilizado neste livro. Assim, definimos autonomia basicamente como a capacidade de um país praticar uma política externa livre de constrangimentos exteriores provocados por países poderosos, como os Estados Unidos. Entendemos que o conceito de autonomia pode ser visto como uma extremidade de um espectro que vai da dependência à autonomia.

Acreditamos haver três maneiras de obter a autonomia: a distância, a participação e a diversificação. A autonomia pela dis-tância é caracterizada pelo isolamento do país em relação aos países hegemônicos ou dominantes, visando preservar sua própria soberania, e por uma política externa marcada pela oposição à agenda dos países desenvolvidos e de grande parte dos regimes internacionais. A autonomia pela participação refere-se à aceitação dos valores propagados pelas principais potências internacionais e pela participação em instituições internacionais guiadas por princípios liberais. Por fim, a autonomia pela diversificação caracteriza-se pela participação em instituições liberais por meio de alianças Sul-Sul para se contrapor à agenda de certos países desenvolvidos, em especial os Estados Unidos. A especificidade da autonomia pela participação reside na capacidade de evitar o retorno a fenômenos autárquicos e que a contraposição se transforme em ruptura.

A distância, a participação e a diversificação são instrumentos que podem ser combinados e estar mais ou menos presentes em uma mesma política externa. Em outras palavras, determinado período histórico pode apresentar políticas características da autonomia pela distância e também da autonomia pela participação, principalmente em momentos de transição de uma categoria a outra. Esses instrumentos são ferramentas analíticas importantes, que servem para simplificar fenômenos sociais complexos. Normalmente, ao analisarmos a política externa brasileira do ponto de vista histórico, um dos três conceitos acaba ganhando mais visibilidade que os outros.

Cada um desses conceitos está enraizado na tradição diplomática brasileira. Contudo, essas estratégias não são necessariamente bem-sucedidas a ponto de trazerem resultados claros para, por exemplo, o intercâmbio comercial, a atração de investimentos diretos para o país, a influência nos organismos internacionais, a consolidação dos esforços de integração regional, o prestígio político ou a influência nos temas de paz e de guerra. Estratégias ou discursos nem sempre se transformam em prática política, que, por sua vez, não necessariamente acarreta resultados concretos. Além disso, mesmo quando as estratégias são de fato implementadas, elas precisam de algum tempo para impactar diretamente a política externa do país; também precisam ter relação com o poder real de um Estado, com suas capacidades materiais e simbólicas. Estratégias, planos políticos e discursos normalmente antecedem mudanças concretas e quantificáveis na política externa.

2
PRESSÕES PARA MUDANÇA: A POLÍTICA EXTERNA DE JOSÉ SARNEY

INTRODUÇÃO

Uma pergunta interessante, ainda que pouco explorada pelos estudiosos de relações internacionais, é a seguinte: trocas de regime – por exemplo, de uma ditadura militar para uma democracia civil – provocariam uma mudança imediata na política externa? No caso brasileiro, argumenta-se que "a política externa do governo José Sarney aponta para traços predominantemente de continuidade em relação ao regime anterior" (Pereira, 2003, p.91). Nesse sentido, a mudança no regime político do país não trouxe nenhum tipo de ruptura em sua política externa.

Acreditamos que era previsível que não ocorreriam mudanças drásticas na política externa brasileira logo após o término do regime militar. Como a transição democrática do país foi gradual, mudanças significativas na política externa também ocorreram no mesmo ritmo. Por outro lado, as pressões por mudanças eram tamanhas que, ainda que o presidente Sarney tenha tentado manter sua política externa dentro da lógica da autonomia pela distância, no fim de seu mandato era bastante claro que o país tomava novos rumos em sua política externa. No fim dos anos 1980, o fortalecimento dos valores liberais parecia expandir-se dos países desenvolvidos para os países da periferia. Como sabemos, a reação destes últimos foi diferenciada.

Na primeira seção, descrevemos o cenário doméstico no governo Sarney. Posteriormente, analisamos as mudanças que estavam ocorrendo no sistema internacional naquele período. Por último, discutimos quatro situações utilizadas como instrumentos de pressão contra o Brasil para que o país mudasse sua política externa: 1) a declaração da moratória brasileira; 2) o contencioso das patentes farmacêuticas com os Estados Unidos; 3) o conflito Brasil–Estados Unidos na área da informática; e 4) o posicionamento brasileiro na Rodada Uruguai do GATT.

A TRANSIÇÃO DEMOCRÁTICA E AS MUDANÇAS NO CENÁRIO EXTERNO

Em meados dos anos 1980, o Brasil iniciava sua transição democrática, encerrando um período de mais de duas décadas de governos militares, instalados com o golpe de 1964. O mundo acompanhava as transformações políticas na União Soviética, que conduziriam ao desmantelamento de seu sistema de socialismo burocrático e ao fim da Guerra Fria. O Brasil transformava-se em uma democracia, mas também enfrentava uma crise econômica doméstica gerada pelo esgotamento de um modelo fundado nos anos 1930, de caráter relativamente autárquico, com papel de destaque para o Estado e baseado na substituição de importações.

Várias políticas oriundas do período militar estavam obsoletas, apesar de difíceis de serem alteradas. Conforme Seixas Corrêa, assessor internacional do presidente Sarney de 1987 a 1990, não era possível romper drasticamente com o passado: "Tornava-se necessário conduzir as correções de rumo com uma mescla adequada de ousadia e equilíbrio" (Seixas Corrêa, 1996, p.364).

Após as manifestações de descontentamento popular promovidas pela campanha das "Diretas Já" em 1984, a maior parte dos grupos dirigentes, políticos e econômicos, avaliou que o governo deveria buscar um consenso mínimo entre os atores sociais brasileiros para evitar uma ruptura institucional. Criaram-se algumas áreas de convergência que permitiram avanços político-institucionais: promoção da liberdade de imprensa; adesão e adequação às regras formais de proteção dos direitos humanos; pluralismo político-partidário, com eleições diretas em todos os níveis; elaboração de uma nova Constituição (que viria a ser chamada de "Constituição Cidadã"), a ser promulgada em 1988; negociação da dívida externa; e integração política e econômica com os países do Cone Sul.

A Nova República teria dois grandes movimentos de consolidação de sua legitimidade. O primeiro, de natureza política, foi materializado pela profunda reforma legislativa, que se tornaria irreversível com a emenda constitucional que convocou a Assembleia Constituinte, eleita em novembro de 1986. Esse movimento de consolidação da transição democrática culminaria com a promulgação da Constituição, em 5 de outubro de 1988. As eleições presidenciais ocorreram em 1989, com a transmissão do cargo em março de 1990. O segundo movimento seria constituído pelos vigorosos esforços de ajuste econômico. O Plano Cruzado, de março de 1986, foi formulado com o objetivo de conter as mais altas taxas de inflação da história do país até então. Seu impacto foi significativo e contribuiu para que o presidente Sarney fosse convidado a escrever um artigo na revista *Foreign Affairs*, apresentando o plano e seus objetivos de inserção internacional do Brasil.

Em seu artigo, Sarney comenta as expectativas da posse presidencial após vinte anos de ditadura militar no Brasil. Tais expectativas eram cercadas pela preocupação com a crise econômica e política, marcada por uma alta taxa de inflação, pela dívida externa e pelo aumento da violência social. Sua posse foi precedida da internação hospitalar e do posterior falecimento de Tancredo Neves, em abril de 1985, que deveria ter sido o primeiro presidente civil brasileiro após o golpe militar de 1964. O próprio Sarney reconhecia a falta de confiança nele depositada, por ter construído sua carreira filiado à Aliança Renovadora Nacional (Arena), partido oficial do regime militar que governou o Brasil de 1964 a 1985 (Sarney, 1986a, p.105-6).

Ele assume o poder em um país que duvidava de sua legitimidade e, simultaneamente, enfrentava a explosão de três graves crises: a político-institucional, a econômica e a social.

Em primeiro lugar, continuava funcionando um aparato jurídico-institucional construído durante os vinte anos de administração de governos militares.

> Tudo precisa de reformas: a organização político-partidária, o sistema eleitoral, as leis trabalhistas, as leis de liberdade de opinião e expressão, até mesmo a Constituição (Sarney, 1986a, p.107).

Em segundo lugar, ao lado da questão da dívida externa e do corte de investimentos e de empréstimos, a taxa de inflação era a maior da história; a recessão já durava três anos; os índices de desemprego eram altos, e enfrentava-se uma crise de produção de alimentos sem precedentes, pois o setor havia sido negligenciado em favor da exportação de produtos de alto conteúdo energético (Sarney, 1986a, p.108).

Finalmente, a situação crônica de miséria na qual viviam trinta milhões de brasileiros foi agravada pelos efeitos da recessão e da má distribuição de renda: 12% de desemprego, considerável declínio no valor real dos salários, aumento da mortalidade infantil, fome e desnutrição, milhões de crianças abandonadas e um índice alarmante de criminalidade (Sarney, 1986a, p.108).

A principal medida da administração para lidar com essas três crises foi privilegiar o crescimento econômico do país, com o aumento dos salários e do emprego. Assim, o presidente rejeitou a opinião dos que defendiam uma política monetarista, com rígidos controles, que levaria a uma recessão doméstica e que, de acordo com seus defensores, possibilitaria ao Brasil arcar com seus compromissos financeiros internacionais.

No entanto, Sarney começou a propor a substituição da estratégia baseada no crescimento econômico autárquico – uma das marcas da autonomia pela distância – por um desenvolvimento guiado pelo mercado, mais tendente à autonomia pela participação. Alguns órgãos do Estado, ligados à economia e ao comércio exterior, deram início à elaboração de estudos sobre a relação custo/benefício das políticas tradicionais, com as tendências menos protecionistas ganhando força. O ambiente internacional tinha seu peso, mas também eram evidentes as mudanças nas atitudes de uma parte das elites brasileiras:

> Junto com as velhas ideias de evitar o controle estatal e vender ativos do setor público, colocar a economia brasileira em mãos privadas demanda uma ampla restrição do intervencionismo e a regulação da presença do Estado na economia. Esta é uma nova postura; o desenvolvimento econômico deve agora ser guiado por um setor privado bem-estruturado, livre do paternalismo do Estado. Assim está enterrado, junto com seu autoritarismo, o papel do governo como árbitro da economia. (Sarney, 1986a, p.111)

Para enfrentar as altas taxas de inflação que assolavam o país, em 28 de fevereiro de 1986 Sarney anunciou, em cadeia nacional de rádio e televisão, o lançamento do Plano Cruzado (ou Plano de Estabilização Econômica). O plano, colocado em prática pelo ministro da Fazenda Dilson Funaro, consistia em uma série de medidas destinadas a reduzir a inflação. Entre elas, a completa eliminação da indexação (que previa o reajuste automático dos salários quando a inflação aumentava) e a adoção de uma nova moeda nacional. Além disso, os preços das *commodities*, dos serviços públicos e os pagamentos de hipotecas e aluguéis foram congelados.

Por fim, em seu artigo publicado na *Foreign Affairs*, o presidente fez uma dura crítica aos Estados Unidos, que vinham pressionando o Brasil em assuntos comerciais e não apoiaram o país em sua transição democrática, deixando evidente a distância que separava as propostas políticas dos dois países.

América Latina

Na década de 1980, o Brasil vivia a chamada "década perdida" em termos de crescimento econômico (ver Figura 2.1), tendo de administrar sua transição democrática em meio a carências e dificuldades econômicas, incapaz de executar uma política consistente com relação a um dos maiores problemas da época: a dívida externa (ver Tabela 2.1 e Figura 2.2).

Ao lado desses problemas, o contencioso Estados Unidos–Brasil no setor da informática e na questão das patentes farmacêuticas, e o início das negociações da Rodada Uruguai no GATT, pressionavam o governo Sarney a mudar sua política externa, particularmente nas questões econômicas.

A política externa brasileira

Figura 2.1 Produto Interno Bruto (PIB) no Brasil – 1985-2006.

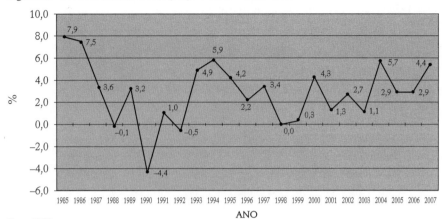

Fonte: IBGE.

Tabela 2.1 Dívida externa da América Latina – 1982-1993.

		Argentina	Bolívia	Brasil	Chile	Colômbia	Equador	México	Peru	Uruguai	Venezuela
1982	US$ em milhões	43.634	3.328	92.961	17.315	10.306	7.705	86.081	10.712	2.647	32.158
	% do PIB	79	101,4	34,6	68,7	16,8	64,2	52	37,8	27,9	32,9
1983	US$ em milhões	45.919	4.069	98.341	17.928	11.412	7.595	92.974	11.343	3.292	38.303
	% do PIB	75,3	141,9	48,3	87,6	25,1	70,9	63,8	52,4	60,8	38,8
1984	US$ em milhões	48.858	4.317	105.419	19.737	12.039	8.305	94.830	12.157	3.271	36.886
	% do PIB	65,8	167,6	47,1	100,6	28,6	82,6	52,9	52,9	64,2	48,4
1985	US$ em milhões	50.946	4.805	106.121	20.384	14.245	8.702	96.867	12.884	3.919	35.334
	% do PIB	78,8	169,3	45,2	126,1	37,8	71	52,4	73,1	85,7	41,9
1986	US$ em milhões	52.450	5.575	113.705	21.144	15.362	9.334	100.889	14.888	3.906	34.340
	% do PIB	66,9	151,4	42,2	125,9	37,9	83,9	78,2	60,2	61,6	47,3
1987	US$ em milhões	58.458	5.836	123.837	21.489	17.008	10.474	109.469	17.491	4.299	34.569
	% do PIB	74,6	141,7	41,4	110,1	40,2	101,8	73	64,9	53,5	61,3
1988	US$ em milhões	58.741	4.902	115.712	19.582	16.994	10.746	99.213	18.245	3.821	34.738
	% do PIB	62,4	115,2	33,7	81,4	36,6	111	57,2	101,7	45,2	54,1
1989	US$ em milhões	65.257	4.136	111.373	18.032	16.878	11.317	93.838	18.583	5.246	32.377
	% do PIB	118	92,3	23,6	61,4	35,5	118,5	44,5	64,8	62,1	68,9
1990	US$ em milhões	62.234	4.278	116.417	19.227	17.231	12.109	106.026	20.069	5.850	33.170
	% do PIB	58	96,6	23,6	50,6	34,2	114,9	41,2	57,4	66,7	52,1
1991	US$ em milhões	65.397	4.076	117.350	17.947	17.337	12.468	115.362	20.719	6.149	34.122
	% do PIB	45,4	83,1	27,7	34	28,3	106	34,9	37,8	60,6	44,8
1992	US$ em milhões	67.770	4.220	121.063	19.134	17.197	12.280	113.423	20.293	6.659	37.774
	% do PIB	40,6	79,5	25,5	25,4	20,9	94,9	29,3	35,8	54,6	47,4
1993	US$ em milhões	74.473	4.212	132.749	20.637	17.173	14.110	118.028	20.328	7.259	37.464
	% do PIB	40,3	76,1	25,1	26,4	19,5	104,1	28,7	32,4	57	47,9

Fonte: Banco Mundial.

29

Figura 2.2 Dívida externa brasileira como porcentagem do Produto Interno Bruto (PIB) – 1982-1993.

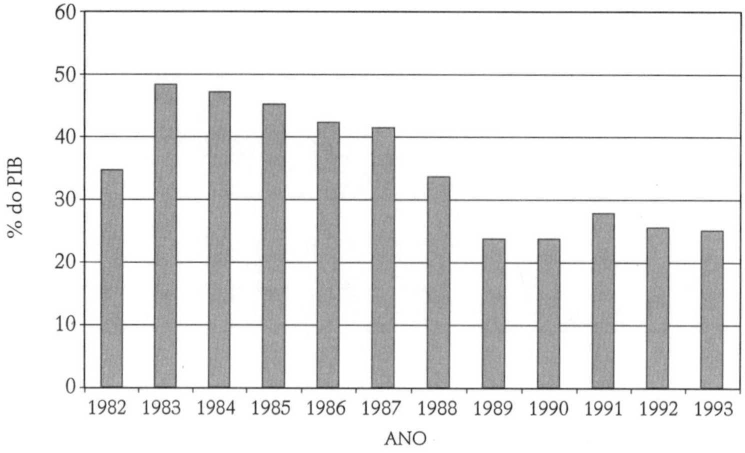

Fonte: Banco Mundial.

Apesar das resistências, essas mudanças começaram a ocorrer no fim de seu mandato.

A administração Sarney nascera em decorrência de um processo de transformação política e institucional orientado pela redemocratização brasileira. A área de direitos humanos foi talvez a que primeiro assinalou um novo curso para a política externa. Logo nos primeiros meses do governo civil, ainda em 1985, o Brasil aderiu ao Pacto de São José (a Convenção Interamericana de Direitos Humanos), aos pactos de Direitos Humanos das Nações Unidas e à Convenção contra a Tortura da ONU, voltando a se integrar ao sistema internacional de proteção dos direitos humanos.

A recuperação da imagem de país democrático forneceu a base conceitual para que o Brasil pudesse participar mais ativamente da agenda internacional. Nesse sentido, o reatamento com Cuba foi uma das primeiras medidas da diplomacia do governo Sarney. Além disso, o Brasil aceitou participar do Grupo de Apoio a Contadora, ao lado da Argentina, do Uruguai e do Peru. Com o objetivo de colaborar com os esforços dos quatro países de Contadora (México, Colômbia, Venezuela e Panamá) no processo de pacificação da América Central, o Grupo de Apoio representaria o envolvimento de mais quatro importantes diplomacias da América do Sul na busca de soluções para os problemas que ameaçavam a paz e a segurança da região.

A redemocratização brasileira foi decisiva para alterar o padrão de desconfiança mútua que cercava o relacionamento dos dois países mais poderosos da região. As relações Brasil–Argentina vinham melhorando gradativamente desde 1979, quando foi firmado o Tratado Tripartite, incluindo o Paraguai, para a utilização das águas do rio Paraná com fins hidroelétricos. Os encontros dos presidentes Raúl Alfonsín e Sarney, em novembro de 1985, quando assinaram a Declaração de Iguaçu e depois o Programa de Integração e Cooperação Econômica (Pice), de julho de 1986, abriram uma fase de entendimentos de grande alcance, que modificou de forma estratégica as relações entre os dois países. O Tratado, que em 1988 estabeleceu o Mercado Comum Brasil–Argentina (precursor do Tratado de Assunção, de março de 1991, que criou o Mercosul), foi resultado de um longo processo que contou com o empenho pessoal dos dois presidentes. Ambos se comprometeram, logo no início, a cooperar justamente na área em que as suspeitas recíprocas eram mais fortes: a indústria nuclear, com consequências benéficas para as relações no campo militar. Isso evitou que o domínio do ciclo completo do combustível nuclear, logrado inicialmente pela Argentina e no ano seguinte pelo Brasil, desse margem a percepções equivocadas. Os dois países – a começar pela visita do presidente Sarney às instalações nucleares secretas argentinas de Pilcaniyeu – abriram reciprocamente seus programas nucleares.

Os quatro casos a seguir ilustram as pressões internacionais sofridas pelo Brasil durante o governo Sarney. Todos eles ocupavam o topo das prioridades da agenda exterior, mas, em virtude da pressão internacional, o país teve de alterar sua política externa, afastando-se da estratégia de autonomia pela distância e adaptando-se gradualmente à lógica da autonomia pela participação.

DÍVIDA EXTERNA BRASILEIRA E MORATÓRIA

Em 1985, o PIB brasileiro crescia 7,9% (ver Figura 2.1) e o excedente comercial permitia que o país pagasse os juros da dívida externa. Contudo, o último governo militar brasileiro, comandado pelo presidente João Baptista de Oliveira Figueiredo, falhou em atender ao critério de desempenho acordado com o FMI entre o fim de 1984 e o início de 1985, postergando as negociações para o novo regime civil.

No Consenso de Cartagena, em 1984, as nações latino-americanas concordaram que deveriam persuadir os governos dos países desenvolvidos sobre a necessidade de aceitar a responsabilidade conjunta dos credores e dos devedores com relação aos problemas da dívida na região, ambos buscando soluções e compartilhando os sacrifícios.

Em setembro de 1985, no encontro anual do FMI/Banco Mundial, em Seul (Coreia do Sul), o secretário do Tesouro (dos Estados Unidos) James Baker lançou o primeiro grande plano para resolver o problema da dívida externa dos países em desenvolvimento. A proposta sugeria que os países credores, as agências multilaterais de crédito e os bancos privados provessem capital novo aos países endividados para que estes crescessem e retomassem os pagamentos da dívida. No entanto, os objetivos da proposta contradiziam os meios disponíveis para executá-la, pois ela defendia a "redução da dívida com seu aumento" (Veiga, 1993, p.53). O governo americano, embora tivesse obtido um acordo formal entre os diferentes atores para viabilizar o Plano Baker, não havia se comprometido, de fato, a entrar com recursos significativos, a não ser na forma de pequenos empréstimos ou antecipação de sua contribuição anual ao FMI. Os bancos privados – que supostamente entrariam com a maior parte dos recursos – não tinham intenção de emprestar dinheiro novo. Portanto, a forma como o Plano Baker foi concebido serviu apenas para arrefecer os ânimos dos países latino-americanos, que em 1985 ameaçavam suspender os pagamentos de juros. Na reunião anual do FMI e do Banco Mundial em Seul, na qual o Plano Baker foi anunciado, James Baker propôs ao então ministro da Fazenda Dilson Funaro que, se o Brasil cedesse em sua política para o setor de informática, os Estados Unidos concederiam vantagens com relação à dívida externa (Veiga, 1993, p.55-7).

Entre as iniciativas de Dilson Funaro, descartou-se qualquer possibilidade de uma negociação internacional que envolvesse a aceitação de condicionalidades por parte do FMI. Em janeiro de 1986, a negociação da dívida externa foi paralisada até novembro do mesmo ano, quando os legisladores da Assembleia Constituinte seriam eleitos. Mas, em julho de 1986, foi assinado um acordo que reestruturou a amortização da dívida de 6 bilhões de dólares referente ao ano de 1985 e que postergou até 1987 o pagamento de 9 bilhões de dólares referente a 1986 (Lehman e McCoy, 1992, p.613).

Em 1985, o país apresentou uma inflação anual de 235,13% (ver Tabela 3.1 no Capítulo 3). Consequentemente, o ministro Funaro lançou o Plano Cruzado, em 28 de fevereiro, para combater o componente inercial da inflação,[1] sem levar a economia à recessão. Inicialmente, o plano teve ótimos resultados, porém logo a inflação voltou a crescer.

Em 21 de novembro de 1986, foi anunciado o Plano Cruzado II, determinando aumento nos preços do setor público e aumento seletivo nos preços no setor privado, fechamento de 15 empresas estatais, elevação nas taxas de juros e desvalorizações da moeda. Em razão da descrença generalizada

---

[1] Inflação inercial refere-se à ideia de memória inflacionária, na qual o índice atual é a inflação passada mais a expectativa futura. A inflação se mantém no mesmo patamar sem aceleração inflacionária e decorre de mecanismos de indexação. Esses mecanismos podem ser formais e informais. Formais: regras específicas e legais de aumento, como aluguéis, mensalidades escolares etc. Informais: quando os agentes aumentam o preço porque os outros também o fizeram. No Brasil, na época da inflação elevada (nas décadas de 1970 e 1980), os contratos de diversos tipos continham cláusulas de correção que eram autoaplicáveis. Isso gerou na população um comportamento inflacionário: transferia-se para o mês seguinte a taxa de inflação do mês anterior mesmo que não houvesse pressões de demanda ou de custo.

causada pelo primeiro plano, as expectativas positivas da população sobre o novo plano não eram altas.

Em janeiro de 1987, a crise doméstica obrigou Sarney a negociar com o Clube de Paris[2] a reprogramação da dívida externa, sem comprometimento com programas ou com o monitoramento do FMI. Tendo se recusado a negociar durante o ano de 1986, o Clube de Paris concordou em reagendar mais de 4 bilhões de dólares em pagamentos em janeiro de 1987, após o FMI mandar uma carta para os governos credores apoiando as políticas econômicas brasileiras estabelecidas pelo Plano Cruzado II, mesmo sem um acordo formal com o Fundo.

Em 20 de fevereiro de 1987, o Brasil declarou moratória temporária para o pagamento de juros da dívida externa de médio e longo prazos para os bancos credores. A moratória foi decidida em resposta à deterioração do excedente comercial, ao esgotamento das reservas internacionais e à necessidade de adiar ajustes econômicos impopulares e recessivos. No plano doméstico, líderes trabalhistas influentes – como o então líder do Partido dos Trabalhadores (PT), Luiz Inácio Lula da Silva, o presidente do Partido Democrático Trabalhista (PDT), Leonel Brizola, e confederações trabalhistas, como a Central Única dos Trabalhadores (CUT) e a Central Geral dos Trabalhadores (CGT), e mesmo o Partido do Movimento Democrático Brasileiro (PMDB), maior partido da época – eram simpáticos à moratória, o que favorecia a decisão do presidente Sarney (Lehman e McCoy, 1992, p.617).

Em abril de 1987, em meio à grave crise econômica e em resposta às pressões políticas decorrentes, Luiz Carlos Bresser-Pereira, do PMDB, foi nomeado o novo ministro da Fazenda. Seu objetivo era atingir uma taxa de crescimento anual de 6% e negociar a dívida externa de maneira convencional, com a participação do FMI. Mas o envolvimento do Fundo nessa questão sofreu forte oposição de empresários da Fiesp e de líderes trabalhistas, pois temia-se uma grave recessão econômica.

Em virtude da falta de possibilidade de barganha, Bresser-Pereira não conseguiu chegar a um novo acordo internacional. Como represália, os bancos impuseram cortes severos nas linhas de crédito, prejudicando o balanço de pagamentos e forçando o país a reduzir consideravelmente suas reservas.

Pouco depois, Bresser-Pereira sugeriu uma

> conversão parcial e negociada da dívida atual em novos títulos, com o mesmo valor mais a taxas de juros fixadas abaixo das taxas de mercado, ou com um desconto mais juros a taxas do mercado (Bresser-Pereira, 1989, p.6).

---

[2] O Clube de Paris é uma instituição informal de credores dos países desenvolvidos, cuja missão é negociar com os países devedores que estejam enfrentando dificuldades financeiras.

Contudo, os bancos rejeitaram a proposta. Em outubro de 1987, Bresser-Pereira tinha outro plano: obter novos créditos de 10,4 bilhões para financiar os juros da dívida. Mais uma vez, os bancos não mostraram entusiasmo com a proposta do ministro. A contraproposta dos bancos era o pagamento prévio, pelo país, de 500 milhões de dólares para que as negociações fossem reiniciadas. Os bancos conseguiram afinal o que pediram e, mais tarde, o pagamento de um bilhão de dólares. O impasse entre o Brasil e os bancos finalmente se encerrou em novembro de 1987, com a assinatura de medidas de curto prazo que serviriam como interregno no acordo da dívida.

Entretanto, os bancos continuavam pressionando o país a pagar os juros da dívida e a aceitar as políticas do FMI. Os bancos e o Brasil concordaram em receber a "consultoria" do FMI, mas Bresser-Pereira reiteradamente se recusava a relacionar as negociações à adoção de políticas da instituição.

Em conversa privada com Sarney, o ministro afirmou que, se não houvesse a possibilidade de alcançar um acordo definitivo até janeiro de 1988, seria mais aconselhável negociar individualmente com os bancos. Entretanto, em dezembro de 1987, com a oposição doméstica a Bresser-Pereira e a inflação fora do controle, o ministro renunciou ao cargo, argumentando que o governo não estava "pronto para lutar seriamente contra o déficit público, exigindo sacrifícios reais de trabalhadores e de empresas" (Bresser-Pereira, 1989, p.7).

Em fevereiro de 1988, o novo ministro da Fazenda, Maílson da Nóbrega, conseguiu firmar um acordo provisório com os bancos. Estes emprestariam 5,8 bilhões de dólares para refinanciar os antigos juros da dívida, restaurar os créditos de curto prazo e reescalonar a dívida de longo e médio prazos no valor de 61 bilhões de dólares. O Brasil se comprometeu a pagar os juros atrasados e a promover algumas reformas domésticas.

Em maio de 1988, uma missão do FMI chegou ao Brasil para trabalhar com base em um novo empréstimo do Fundo e para concluir um acordo com os bancos privados, que continuavam a exigir a aprovação do FMI antes de assinar qualquer acordo. No início de junho, o FMI concordou em conceder ao Brasil um empréstimo de 1,5 bilhão de dólares. Em 23 de junho de 1988, o comitê consultivo do banco assinou um acordo da dívida, reescalonando os 62 bilhões de dólares e fornecendo 5,2 bilhões para novos créditos. Em julho, foi assinada uma carta de intenção com o FMI e, em setembro, os bancos aprovaram o acordo.

No fim de agosto de 1988, a Assembleia Constituinte decidiu que o Congresso aprovaria o acordo da dívida externa. Percebendo a existência de uma oposição doméstica ao acordo, Nóbrega se apressou em assiná-lo em 22 de setembro, antes que a nova Constituição fosse promulgada, em 5 de outubro, evitando, assim, submetê-lo a uma ratificação formal do Congresso (Lehman e McCoy, 1992, p.634).

No entanto, o cumprimento do acordo internacional foi complicado, pois o governo não conseguiu manter a austeridade econômica. O congelamento dos salários implementado por Nóbrega em abril e maio de 1988 foi julgado inconstitucional. A redução do orçamento federal não foi aprovada pelo Congresso em outubro de 1988, e as negociações de um pacto social anti-inflação entre os sindicatos e o setor privado entraram em colapso no mesmo mês.

Em 10 de março de 1989, o governo do presidente George Bush anunciava mais um plano para a crise da dívida externa: o Plano Brady. O aspecto mais relevante do plano era o endosso ao princípio da redução da dívida, desde que os países devedores adotassem programas econômicos monetaristas, portanto, com consequências recessivas (Veiga, 1993, p.57-62).

Em meados de 1989, os bancos credores se recusaram a desembolsar 600 milhões de dólares até o governo estabelecer um novo acordo com o FMI. Em resposta, o país suspendeu o pagamento dos juros, como uma forma de moratória "branca". Em julho de 1989, o Brasil suspendeu os pagamentos dos juros de 812 milhões de dólares para os credores do Clube de Paris. Assim, como veremos no próximo capítulo, a questão da dívida permaneceu como tópico importante da agenda brasileira na administração Collor.

O CONTENCIOSO DAS PATENTES FARMACÊUTICAS

No dia 14 de setembro de 1987, Gerald Mossinghoff, então presidente da Pharmaceutical Manufacturers Association (PMA) [atualmente Pharmaceutical Research and Manufacturers of America (PhRMA)], declarou que o Brasil havia sido escolhido como alvo das ações do setor farmacêutico e do Office of the United States Trade Representative (USTR), por seu *status* de líder econômico e diplomático dos países em desenvolvimento (Lyrio, 1994, p.43). A declaração pareceu confirmar a crença do USTR e do governo norte-americano de que, alterando a posição brasileira em relação à propriedade intelectual, seria mais fácil modificar a política de outros países, utilizando as medidas contra o Brasil como um exemplo para outras nações em desenvolvimento com legislações de patentes consideradas flexíveis. Essas últimas eram vistas como não adequadas aos padrões que se buscava universalizar por meio de negociações multilaterais e bilaterais, lideradas sobretudo pelos Estados Unidos (Lyrio, 1994; Tachinardi, 1993). Por isso, essa pressão serviria para convencer o Brasil e outros países da necessidade de um regime internacional [o Trade Related Aspects of Intellectual Property Rights (TRIPS)] mais rígido para a propriedade intelectual no âmbito do GATT.

O USTR, que passara a adotar um posicionamento rígido em relação a antigos parceiros comerciais, pressionava o Brasil para que alterasse seu

Código de Propriedade Industrial (Lei n.5.772/71). Na década de 1980, o USTR e a Lei de Comércio norte-americana (Trade Act de 1974) sofreram várias mudanças.

Como resultado da ação de algumas associações norte-americanas, como a PMA, por exemplo, o Trade and Tariff Act de 1984 vinculou explicitamente a proteção à propriedade intelectual ao comércio. A emenda de 1984 adicionou três novas características à legislação comercial norte-americana: a) concedeu autoridade ao USTR para iniciar casos por conta própria; b) determinou expressamente a falha na proteção à propriedade intelectual como passível de ação no âmbito da Seção 301; e c) incluiu a proteção à propriedade intelectual como um novo critério para manter e/ou estender os benefícios que certos países gozavam no Sistema Geral de Preferências (SGP) dos Estados Unidos (Sell, 1995, p.172).

Em 1984, oito associações, representando mais de 1.500 companhias, juntaram-se para formar a Aliança Internacional pela Propriedade Intelectual (International Intellectual Property Alliance – IIPA), que lutava por regras mais duras para proteger os direitos dos detentores de patentes pelo mundo afora. Essa associação pressionou o governo dos Estados Unidos a revisar o conteúdo da Lei Comercial nos anos de 1984 e 1988. A IIPA e a PMA lutaram para que os Estados Unidos incluíssem o respeito à propriedade intelectual como pré-requisito para que os países em desenvolvimento gozassem dos benefícios oferecidos pelo SGP (Sell, 2002, p.174-5).

As definições da Rodada Uruguai do GATT, iniciada em 1986, foram uma das empreitadas comerciais mais ambiciosas que os Estados Unidos já haviam liderado. Com cerca de cem membros no GATT, em diferentes estágios de desenvolvimento e que seguiam as mais diversas filosofias políticas, parecia irrealista pensar que seriam estabelecidos amplos acordos comerciais nos setores de serviços, investimentos e propriedade intelectual.

No Trade Act de 1988, o USTR deixava claros seus objetivos. No que se refere à propriedade intelectual, os Estados Unidos pretendiam criar um novo regime internacional no âmbito do GATT que fosse mais rígido que os acordos anteriores. Dessa forma, o governo norte-americano pretendia criar uma instituição internacional de propriedade intelectual que penalizasse todos os países-membros que não obedecessem às regras e às normas acordadas (United States, 2002b, p.1102-3).

No caso das patentes farmacêuticas, o USTR soube absorver as reivindicações da PMA, pressionando o governo brasileiro a alterar sua legislação de propriedade intelectual. Em 11 de junho de 1987, ela apresentou uma petição ao USTR reclamando da falta de proteção às patentes farmacêuticas no Brasil. Nesse documento, a PMA declarava que o USTR deveria acionar a Seção 301, pois os atos, as práticas e as políticas brasileiras não eram razoáveis e restringiam o comércio dos Estados Unidos. De acordo com a petição, as companhias associadas à PMA tinham sofrido prejuízos não inferiores a US$160 milhões no período de 1979 a 1986 como resultado do fracasso brasileiro em estabelecer a proteção de patentes para as descobertas farmacêuticas (PMA, 1987, p.168).

Segundo a associação, existia um grande número de países que não protegiam adequadamente as patentes para produtos farmacêuticos. Mas o Brasil era um caso único: não protegia patentes nem de produtos nem de processos farmacêuticos:

> Além do Brasil, há vários outros países que se recusam a fornecer proteção efetiva às patentes de produtos farmacêuticos. Esses países dão justificativas não convincentes para a evidente deslealdade de uma política baseada na apropriação de direitos de propriedade de outros países. O Brasil é praticamente um caso único entre esses países porque a lei brasileira nega a proteção de patentes tanto de produtos quanto de processos. (PMA, 1987, p.173)

Nessa petição, além de se queixar do Brasil, a PMA apoiava a iniciativa americana de criar um regime mais rígido para a proteção à propriedade intelectual, argumentando que muitos países em desenvolvimento tinham concordado em negociar "um novo código internacional destinado a assegurar que os direitos de propriedade intelectual sejam protegidos" (PMA, 1987, p.171).

Em junho de 1988, o governo Sarney manifestou-se disposto a adotar patentes para processos farmacêuticos, postergando sua adoção para produtos. A medida não agradou aos Estados Unidos, que também pressionavam pela rápida aprovação de patentes para produtos, porque, se elas ficassem restritas aos processos, "as empresas nacionais poderiam chegar ao mesmo produto por meio da engenharia reversa" (Tachinardi, 1993, p.110).

Durante o governo Sarney, acreditava-se que seria melhor protelar o avanço das negociações, sugerindo novas medidas somente em casos inevitáveis, pois existia a percepção de que qualquer modificação na legislação nacional implicaria prejuízo para o país (Albuquerque, 2000). Essa estratégia atrasou algumas medidas consideradas contrárias ao interesse nacional no setor das patentes farmacêuticas, mas acabou resultando em sanções comerciais contra o Brasil no âmbito da Seção 301. Tais sanções foram aplicadas a partir de 24 de outubro de 1988 pelo presidente Reagan e afetaram os setores de papéis, produtos químicos e eletroeletrônicos. Foi um dos períodos de maior atrito entre o Brasil e os Estados Unidos na década de 1980 (Presidential Documents, 1988).

A medida americana era desproporcional aos prejuízos causados pelo setor farmacêutico, pois a indústria de medicamentos brasileira detinha não mais que 15 a 20% do mercado nacional (Tachinardi, 1993; Lyrio, 1994; Novaes de Almeida, 1994). Nesse sentido, as retaliações contra o Brasil tinham o objetivo de mostrar a outros países que os Estados Unidos estavam dispostos a entrar em conflito até mesmo com grandes parceiros comerciais, pois tratava-se de se criar um regime internacional com normas e regras mais rígidas para a propriedade intelectual. Contudo, um grande número de países tinha ressalvas às ações unilaterais daquele país. Muitas nações em desenvolvimento, como a Índia e o Egito, manifestaram-se contrárias à unilateralidade das retaliações aplicadas contra o Brasil no âmbito da Seção 301; posteriormente, a Comunidade Europeia também passou a apoiar a causa brasileira. Tanto os países da Comunidade quanto o Japão estavam em uma posição cômoda nesse conflito: se o resultado fosse favorável ao Brasil, seria um golpe para as ações unilaterais do USTR; caso contrário, seriam maiores as possibilidades de se criar um regime internacional mais rígido para a regulamentação dos direitos de propriedade intelectual (Lyrio, 1994, p.53).

Em dezembro de 1988, com o apoio crescente da comunidade internacional, o governo brasileiro solicitou um painel para examinar as sanções norte-americanas. Contudo, para a abertura de um painel no GATT era necessário o consenso de todos os seus membros. Por isso, o exame da queixa brasileira não pôde ser feito, pois os Estados Unidos tinham tomado a decisão de vetar a solicitação do Brasil. Em fevereiro de 1989, mesmo com o aumento das manifestações em favor do pedido brasileiro (cinquenta países), os Estados Unidos, já no governo George Bush, rejeitaram isoladamente a abertura de um painel.

Com o prolongamento do contencioso, os Estados Unidos convocaram uma ampla discussão sobre os direitos de propriedade intelectual, que naquele momento estava praticamente paralisada pelo impasse nas negociações do grupo de TRIPS (Lyrio, 1994, p.53).

Assim, a criação de uma instituição internacional para a propriedade intelectual (o TRIPS) atendia aos objetivos de longo prazo das indústrias farmacêuticas, mas tinha como principal meta a recuperação da competitividade econômica norte-americana. Desse modo, os Estados Unidos perseguiam seus próprios objetivos, mas também eles necessitavam do consentimento explícito de outros países-membros. No que diz respeito ao Brasil, as pressões norte-americanas forçaram o país a adotar uma legislação de propriedade intelectual mais flexível e a iniciar uma mudança de seu posicionamento na Rodada Uruguai do GATT.

O CONTENCIOSO DA INFORMÁTICA

Em 7 de setembro de 1985, no aniversário da Independência do Brasil, o presidente Ronald Reagan dedicou ao país parte de sua fala semanal no rádio:

Estou instruindo o representante comercial dos Estados Unidos a iniciar processo [...] contra a lei brasileira que restringiu as exportações norte-americanas de computadores e produtos similares, prejudicando algumas firmas norte-americanas que lá operam (Reagan, 1985).

Iniciado de acordo com a Seção 301 do Trade Act de 1974, o caso dos computadores foi apresentado como parte de uma estratégia visando

aumentar os esforços norte-americanos para abrir mercados no exterior e criar empregos para os norte-americanos por meio do aumento das exportações (Reagan, 1985).

Tal estratégia havia sido consolidada pelo Trade and Tariff Act, aprovado pelo Congresso em 1984. A primeira reclamação do presidente Reagan contra o Brasil foi de que o país "restringia as exportações norte-americanas de computadores e produtos similares" (Reagan, 1985). Na época em que o anúncio oficial do caso foi feito, as exportações norte-americanas não haviam sido eliminadas, nem mesmo haviam diminuído. O problema era que cresciam mais lentamente que o mercado brasileiro.

A Seção 301 do Trade Act of 1974 determinava que o USTR devia tomar providências se "um ato, política ou prática de um país estrangeiro for não razoável ou discriminatório e onerar ou restringir o comércio dos Estados Unidos [...]" (United States, 2002a). Essas ações não são somente reações a práticas comerciais consideradas ilegais, mas também não razoáveis ("*unreasonable*"):

um ato, política ou prática é não razoável se esse ato, política ou prática, embora não necessariamente violando ou incompatível com os direitos legais internacionais dos Estados Unidos, seja, por outro, lado desleal e injusto (United States, 2002a).

As companhias que tinham mais a perder no Brasil eram as que já haviam feito pesados investimentos no país, como a IBM e a Burroughs; elas eram as mais vulneráveis às mudanças na legislação norte-americana porque já haviam se adaptado às políticas restritivas brasileiras.

O fato de os Estados Unidos não terem recorrido ao GATT até um ano depois de iniciado o caso sugere que o governo norte-americano concordava com o ponto de vista de que o Brasil ganharia se os dois países se confrontassem conforme as regras da instituição. Segundo Ralph Buck, então funcionário do State Department e cônsul no Brasil para assuntos econômicos: "Não há possibilidade de negociar assunto como este (informática) no âmbito do GATT. [...] É preferível negociar bilateralmente" (Buck, 1991). O embaixador brasileiro no GATT, Rubens Ricupero, espelhava bem a percepção brasileira da questão, mostrando que as sucessões de contenciosos e retaliações contra o Brasil "nada mais são do que um recado claro de que o governo brasileiro deve mudar sua posição negociadora no GATT" (*Gazeta Mercantil*, 1988).

Os casos de setembro de 1985,[3] incluindo a disputa na área da informática, sugerem uma combinação de políticas que poderiam ser distintamente consideradas características de uma hegemonia em declínio. Os países escolhidos como alvo da Seção 301 não só eram vistos como violadores do regime de livre comércio, mas também como rivais bem-sucedidos, ou rivais em potencial, suspeitos de adotar práticas neomercantilistas para melhorar sua posição na hierarquia das nações com relação aos *fair players*, como os Estados Unidos (Evans, 1989, p.221).

De acordo com Adler, havia uma "escola de pensamento pragmática antidependência, predominante entre os brasileiros responsáveis pela política de informática", que buscava reduzir a dependência do país por meio da autonomia tecnológica, que seria obtida pelo

> controle da tecnologia e do investimento estrangeiros, do desenvolvimento de uma capacidade doméstica de inovação, e da intervenção estatal direta visando vincular a indústria doméstica à infraestrutura científica e tecnológica (Adler, 1986, p.675).

Do ponto de vista brasileiro, assim como expresso pelo presidente Sarney, parecia que os Estados Unidos estavam tentando

> congelar os países no estágio atual de desenvolvimento científico e tecnológico em que se encontram [...], atribuindo a eles a produção de manufaturados simples, que exigem pouco conhecimento tecnológico (Sarney, 1986b).

De acordo com o disposto na Seção 301, o USTR tinha um ano para fazer qualquer recomendação ao presidente, e este podia agir como lhe aprouvesse para remediar a situação. Quase todas as demandas analisadas ao amparo da Seção 301 foram solucionadas por negociações antes do prazo fatal, mas a disputa sobre a informática transformou-se em um caso diferente em razão da situação interna do Brasil e do significado exemplar que ele encerrava. Durante os seis meses seguintes ao anúncio do caso, a reação brasileira foi mínima. O escritório de advocacia de Washington que representava a Associação Brasileira das Indústrias de Computadores (Abicomp) deu entrada em uma ação no USTR, mas o governo brasileiro não respondeu.

---

[3] O contencioso da informática não foi o único iniciado em setembro de 1985. Nessa mesma época, Reagan anunciou uma investigação contra a Coreia, em virtude da restrição à entrada de empresas norte-americanas de seguros, e outra contra o Japão, por impedir a exportação de tabaco norte-americano. Também foram aceleradas as investigações, já em andamento, contra os subsídios às frutas enlatadas da Comunidade Econômica Europeia (CEE) e contra as restrições japonesas à importação de produtos de couro.

Finalmente, foi realizado um encontro especial em Caracas, em fevereiro de 1986, quando uma delegação norte-americana chefiada pelo representante do agente comercial dos Estados Unidos, Mike Smith, encontrou-se com uma delegação brasileira liderada pelo subsecretário da Secretaria Especial de Informática (SEI), comandante José Ezil.

A delegação brasileira estava essencialmente disposta a ouvir as queixas norte-americanas, mas não tinha autorização para negociar mais nada. Em ambos os lados, a responsabilidade pelo caso estava concentrada em agências que o encaravam como um conflito entre princípios econômicos, mais do que como uma questão diplomática a ser negociada. Segundo entrevista com Luiz Gonzaga Belluzzo, então secretário de Política Econômica do Ministério da Fazenda (1985-1987), "nós é que nunca conseguimos fazer uma pauta. Nós sempre negociamos separado". Ainda segundo Belluzzo,

> nós não podíamos discutir a reserva de mercado, nem a propriedade intelectual, nem qualquer outra coisa, nem, digamos, as retaliações em relação às exportações brasileiras, sem incluirmos a questão da dívida externa, por exemplo. [...] Sarney não queria resolver nada. (Belluzzo, 1991)

Nos Estados Unidos, o USTR era a agência-líder, juntamente com o Departamento de Comércio. No Brasil, embora oficialmente sob a jurisdição do MRE, na prática o caso estava nas mãos da SEI, que havia sido criada em 1979 especificamente para implementar a política de informática e tinha profundo interesse na preservação da política vigente.

No início de abril de 1986, o secretário de Estado dos Estados Unidos, George Shultz, iniciou um diálogo direto com o MRE. Em carta ao ministro Abreu Sodré, Shultz declarava que os Estados Unidos não estavam interessados em alterar a lei brasileira (que parecia ser o principal alvo do discurso de Reagan no rádio, em 7 de setembro de 1985), mas em uma implementação mais flexível (Evans, 1989, p.227).

A correspondência Shultz/Sodré foi seguida de uma visita do subsecretário de Estado John Whitehead ao Brasil, no fim de maio. A visita, de tom conciliatório, preparou o cenário para um encontro em Paris entre as duas delegações, a ser realizado em 2 de julho daquele ano. Clayton Yeutter (do USTR) comandava a delegação norte-americana e Paulo de Tarso Flecha de Lima, secretário-geral do MRE, liderava a brasileira. O encontro de Paris foi o primeiro de uma série de encontros confidenciais que transformaram uma disputa comercial em assunto de Estado.

No início de setembro de 1986, o presidente Sarney visitou Washington como dirigente vitorioso de um Brasil recém-democratizado, levando o *The New York Times* a publicar um editorial sob o título "Admire o Brasil, depois negocie".

Mais sintomática ainda foi a controvérsia sobre os *softwares*. Para as corporações transnacionais norte-americanas que operavam no Brasil, a falta de proteção adequada ao *software* era o mais ameaçador na situação brasileira. Nesse sentido, era um pesadelo para multinacionais como a IBM, a Digital Equipment Corporation (DEC) e a Data General que a propriedade intelectual de seus programas pudesse estar sendo apropriada por empresas brasileiras.

No final, os promotores da disputa não foram capazes de gerar uma ruptura aberta, a despeito da contínua tensão e frustração nos dois lados. Sarney conseguiu aprovar uma proposta aceitável sobre os *softwares*, que incluía a proteção ao direito autoral, por intermédio do Conselho Nacional de Informática e Automação (Conin) (National Council of Informatics and Automation). Quando expirou o prazo de um ano para deliberação, o presidente Reagan anunciou que, embora as políticas brasileiras prejudicassem o comércio dos Estados Unidos, ele adiaria sua conclusão para o fim de 1986.

Em meados de outubro, a *joint venture* IBM-Gerdau[4] foi oficialmente aprovada pela SEI como uma "empresa nacional" qualificada a assinar contratos com o governo brasileiro. No início de novembro, a Secretaria começou a implementar "reformas administrativas" destinadas a agilizar o processamento das solicitações das empresas, cujas preocupações incluíam ainda planos para a criação de um grupo *ad hoc* Estados Unidos–Brasil para rever as reclamações individuais das empresas norte-americanas.

No início de dezembro de 1986, a proposta de Sarney sobre os *softwares* foi enviada ao Congresso. No fim daquele ano, o Brasil parecia muito mais frágil politicamente e menos ameaçador como um caso de "industrialização afirmativa". O desabastecimento que se seguiu ao congelamento de preços forçou o país a importar carne e outros alimentos, fazendo que o superávit da balança comercial com os Estados Unidos caísse pela metade. Assim, suas reservas cambiais deterioraram-se rapidamente e sua capacidade de pagar o serviço da dívida externa tornou-se altamente duvidosa (ver seção anterior).

Em 30 de novembro de 1986, a Casa Branca anunciou que estava suspendendo a investigação do contencioso da informática – exceto no que se referia a *software* e a investimentos –, e adiando uma ação mais concreta para julho de 1987. Antes do fim da prorrogação de seis meses, a Câmara dos Deputados aprovou uma lei de proteção aos *softwares* que, para o governo dos Estados Unidos, "[tratava] adequadamente os interesses norte-americanos no que se referia à proteção dos direitos autorais dos *softwares*".[5] Quando expirou o prazo para as decisões que deveriam resultar da investigação, o presidente Reagan suspendeu a parte que tratava de propriedade intelectual e solicitou ao USTR que prosseguisse na questão dos investimentos, mas sem estabelecer prazo.

---

[4] Gerdau é uma empresa multinacional de origem brasileira que investe principalmente no setor de siderurgia.
[5] Declaração de Marlin Fitzwater, porta-voz do presidente norte-americano para os assuntos de informática entre Brasil e Estados Unidos, 30 de junho de 1987.

Nas fases iniciais do contencioso, empresas sem investimentos no Brasil tinham sido apenas marginalmente envolvidas no processo. A partir de 1987, à medida que o conflito se prolongava e o compromisso do governo de não desistir se tornava mais claro, o clima se tornou propício para que novos atores entrassem no jogo (Evans, 1989, p.231). Em outubro de 1987, a SEI recusou a solicitação de seis companhias brasileiras para licenciar o MS-DOS da Microsoft, sob o argumento de que já haviam sido desenvolvidos similares nacionais. O interesse da Microsoft reativou as preocupações sobre a questão do *software*, que naquela época havia se tornado o núcleo principal do caso. Ao mesmo tempo, a Apple, uma das poucas empresas multinacionais importantes que estavam excluídas do mercado brasileiro, preocupou-se com a possibilidade de que a SEI aprovasse um novo clone do Macintosh, o MAC 512, como produto legitimamente nacional.

Como resposta parcial aos interesses dessas novas empresas multinacionais que entraram no contencioso, o governo norte-americano decidiu, em meados de novembro de 1987, impor tarifas punitivas sobre 105 milhões de dólares de exportações brasileiras aos Estados Unidos.

O Conin descobriu uma fórmula para contemplar os interesses norte-americanos sem contradizer diretamente a SEI e determinou que o MS-DOS 3.3 (mas não o 3.1 ou o 3.2) não tinha similar nacional e, portanto, podia ser licenciado. Enquanto isso, a SEI decidiu que não podia autorizar o MAC 512, a menos que o fabricante brasileiro provasse o desenvolvimento independente de mais sistemas de *software* (Evans, 1989, p.232).

No fim de 1988, três anos após o pronunciamento do presidente Reagan, e apesar de não terem conseguido derrubar a lei da informática brasileira, os Estados Unidos obtiveram diversas concessões no setor. Esse era um exemplo de que seria possível alcançar futuros êxitos, conforme prescrito pelo Trade and Tariff Act de 1984. Em entrevista concedida em 19 de junho de 1987, Sarney havia indicado quais seriam as novas orientações do governo: "a política de reserva de mercado do Brasil para computadores tem sido excessiva e impediu o país de ter uma economia moderna" (*Gazeta Mercantil*, 1987), confirmando que estavam sendo implementadas novas medidas para o setor. Em 6 de outubro de 1989, o governo dos Estados Unidos decidiu pelo encerramento da investigação contra o Brasil com base na Seção 301 do Trade Act de 1974.

O BRASIL E O GATT[6]

No contexto do lançamento da Rodada Uruguai, em 1986, e pelo menos até início dos anos 1990, os Estados Unidos negociaram com o Brasil sob

---

[6] Esta seção foi beneficiada por pesquisa feita por Feliciano Guimarães.

ameaça de retaliações contra sua política de reserva de mercado no setor de informática e contra a falta de proteção às patentes para medicamentos.

O período entre as tentativas de lançamento da Rodada Uruguai, a partir de 1982, e as primeiras reuniões subsequentes à Reunião Ministerial de Punta del Este, em 1986, é ilustrativo do posicionamento dos países ricos e do Brasil. Do lado dos países desenvolvidos, o período entre a Reunião Ministerial de 1982 e o Mid-Term Review de 1988 foi caracterizado pela proposta de novos temas e pelo questionamento do tratamento especial e diferenciado, no qual os países pobres teriam privilégios especiais em razão de seu estágio de desenvolvimento. Do lado brasileiro, o período foi caracterizado pelo questionamento da viabilidade e legitimidade dos chamados novos temas e pela tentativa de manutenção do tratamento especial e diferenciado.

Dos meses que antecederam ao Mid-Term Review de 1988, em Montreal, até a Reunião Ministerial de Bruxelas, em 1990, os posicionamentos adotados pelos países desenvolvidos e pelo Brasil começaram a convergir. De Bruxelas a Marrakesh, em 1994, o embate maior foi entre a União Europeia (UE) e os Estados Unidos. Entre as grandes potências e os países periféricos, a intensidade das querelas já havia diminuído. No caso brasileiro, entre 1987 e 1988, o país deixou de questionar os novos temas e começou a negociá-los por meio de propostas mais específicas.

Nessa fase, o Brasil sofreu fortes críticas com relação ao seu modelo de desenvolvimento. Uma declaração de Reagan durante a visita que Sarney fez a Washington, em 1986, evidenciou essas pressões. Segundo o presidente norte-americano,

> nenhuma nação pode esperar continuar a exportar livremente para as outras se os seus próprios mercados domésticos estão fechados a concorrências externas (*Gazeta Mercantil*, 1986).

Em meio à grave crise da dívida externa, uma eventual diminuição dos fluxos de exportação significaria perda de recursos para saldar a dívida.

No âmbito da Rodada Uruguai, as pressões contra o Brasil às vésperas do Mid-Term Review de 1988 foram registradas nos depoimentos prestados à imprensa pelo embaixador brasileiro no GATT naquele período:

> O representante brasileiro, embaixador Rubens Ricupero, afirmou que, conforme constava do relatório de meados de dezembro, as negociações até aquele momento haviam falhado em atender às expectativas do Terceiro Mundo de "resultados equilibrados". Ricupero também expressou preocupação com as violações do acordo de paralisação (previsto pelos Acordos Gerais da Rodada Uruguai do GATT) e citou como exemplo claro disso o anúncio dos Estados Unidos sobre sua intenção de impor medidas restritivas unilaterais sobre algumas exportações brasileiras, alegando

uma suposta insuficiência na proteção das patentes da indústria farmacêutica no Brasil. As ações norte-americanas representavam não apenas uma clara violação da regra da paralisação, mas também uma medida para pressionar o Brasil a alterar seu posicionamento no grupo negociador do TRIPS. (*Suns On-line*, 1988)

As fortes pressões norte-americanas sobre o país ficaram ainda mais claras em um *paper* enviado em agosto de 1988 pelo governo brasileiro ao secretariado do GATT sobre a questão das patentes. Nesse comunicado, enfatizavam-se o desrespeito por parte dos Estados Unidos às normas do GATT e o medo das consequências para as exportações brasileiras:

> Em 2 de julho de 1988, o governo dos Estados Unidos da América anunciou sua intenção de impor restrições comerciais a diversos itens de exportação brasileiros pelo suposto dano à indústria farmacêutica norte-americana resultante da legislação brasileira sobre patentes [...] Essa ação unilateral e discriminatória constitui um evidente desrespeito às cláusulas dos Acordos Gerais. A intenção declarada da ação do governo norte-americano é forçar a modificação de uma legislação brasileira que existe há muito tempo. Essa legislação está em total acordo com as devidas convenções internacionais sobre os direitos de propriedade intelectual [...] A implementação das medidas anunciadas acarretará uma séria ruptura no comércio bilateral. O simples anúncio dessa medida já está causando sérios danos aos interesses das exportações brasileiras. (GATT, 1988)

Essas declarações parecem indicar que a missão brasileira em Genebra reagia negativamente diante das ameaças norte-americanas com relação ao posicionamento brasileiro. De fato, esse posicionamento começava a se inclinar no sentido da aceitação de novos acordos, notadamente de propriedade intelectual. Naquele contexto, dificilmente o Brasil conseguiria deixar de negociar acordos relativos à propriedade intelectual e a serviços. As ameaças norte-americanas afetaram a posição do Brasil no tocante aos regimes em formação. O país modificou sua política externa voltando-se a uma maior aceitação das normas internacionais de cunho liberal, conforme a lógica da autonomia pela participação. Finalmente, a partir de 1988, o país parecia alterar de forma definitiva sua estratégia. Não cabia mais defender o tratamento especial e diferenciado e deixar de negociar serviços e propriedade intelectual; assim, era preciso atenuar as eventuais obrigações dos acordos a fim de resguardar a capacidade nacional de legislar e impedir o avanço da harmonização internacional de políticas públicas segundo regras sobre as quais o Estado não teria controle.

Em documento reservado de 1992, a delegação brasileira em Genebra, ciente da necessidade de negociar em meio à coerção externa, atenuava as novas obrigações internacionais:

[...] os textos relativos a propriedade intelectual, subsídios, salvaguardas, medidas de investimentos relacionados ao comércio e outros, embora de maneira geral, aceitáveis, poderiam sofrer emendas tópicas (propostas pelo Brasil) de modo a resguardar de maneira mais completa nossos interesses comerciais e/ou atenuar as obrigações que tenhamos que assumir por força dos acordos negociados e que, em alguns casos, implicam a revisão de legislação interna relevante. (Del Du Brésil–Génève, 1991, p.2)

Os diplomatas Ricupero e Didonet, no *Boletim de Diplomacia Econômica* de 1995, apresentaram justificativas que vão ao encontro do argumento que levantamos a respeito da mudança de posicionamento brasileiro na Rodada. O boletim mostra claramente os dilemas e as angústias pelos quais o país passava quando pressionado pelos Estados Unidos. Nesse sentido, a defesa da antiga noção de autonomia pela distância tornou-se mais complicada. O país teria, assim, de participar e, ao mesmo tempo, capacitar-se para barganhar mais efetivamente no plano internacional.

O caráter unilateral da abertura comercial brasileira foi muitas vezes objeto de críticas no sentido de que o país não teria sabido negociar nada em troca. [...] Deve-se observar que a abertura comercial decorria de um interesse próprio e imediato, e não de uma concessão a interesses externos. [...] É preciso não subestimar igualmente a pressão que, a partir da melhoria do balanço de pagamentos, começou a ser exercida sobre o Brasil pelos parceiros industrializados. [...] O Brasil só escapou de um contencioso grave com os EUA devido à decisão adotada em março de 1990 de eliminar barreiras não tarifárias. [...]. Não era verdade, pois, que o Brasil poderia continuar impunemente a aplicar o arsenal da proteção. Ao contrário, se não tivesse ocorrido a liberalização, é provável que os conflitos comerciais viessem a afetar significativamente o desempenho comercial brasileiro. (Ricupero e Didonet, 1995, p.118)

No nosso entender, a mudança de estratégia foi a maneira encontrada pelo país para manter sua autonomia na condução da política externa, ao mesmo tempo que aumentava sua participação internacional. Os dirigentes do Estado passaram a acreditar que a maior adesão aos regimes internacionais prevalecentes poderia oferecer a possibilidade de influenciar decisões.

CONSIDERAÇÕES FINAIS

Neste capítulo, constatamos que o Brasil sofreu fortes pressões internacionais por parte do governo e de empresas norte-americanas. Essas pressões, somadas às mudanças que vinham ocorrendo no sistema internacional, resultantes da aceleração do processo de globalização, do fim da Guerra Fria e da transição democrática pela qual os países estavam passando, provocaram alterações profundas no rumo da política externa brasileira no fim do governo Sarney. Do nosso ponto de vista, essas mudanças impossibilitaram que o Brasil continuasse adotando uma política externa orientada pela noção de autonomia pela distância, como vinha sendo até então praticada, com algumas oscilações, desde o governo de Getúlio Vargas, na década de 1930.

Algumas mudanças eram impulsionadas pela dinâmica doméstica, que influenciava a política externa brasileira. Mais condizentes com a imagem de um país democrático, temas como direitos humanos e proteção ao meio ambiente viriam a ocupar papel relevante nessa política. A busca de melhores relações com os vizinhos latino-americanos foi parcialmente impulsionada pela diminuição da tensão existente entre governos militares, que haviam enfatizado aspectos conflituosos de suas políticas externas ao serem substituídos por regimes democráticos na região. Como mostraremos no Capítulo 6, a busca de maior integração regional também tinha como meta melhorar a capacidade de barganha e de inserção de países que passariam a atuar no cenário externo de forma coordenada e aumentar o intercâmbio comercial entre as nações da região. A aproximação com a Argentina foi, nesse período do governo Sarney, a vitória mais importante, porque marcou uma nova e duradoura diretriz na relação entre os dois países.

Outras mudanças na política externa brasileira tiveram origem nas pressões internacionais, particularmente dos Estados Unidos. Assim, neste capítulo procuramos demonstrar que os quatro casos analisados – negociação da dívida externa, contenciosos da informática e das patentes farmacêuticas, e as negociações da Rodada Uruguai do GATT – são exemplos ilustrativos de um contexto no qual o Brasil teve de alterar suas políticas externa e doméstica em razão das pressões internacionais no momento em que o país passava por uma grave crise econômica e atravessava um período de transição de regime. Nesse sentido, pressões domésticas e internacionais impossibilitaram que o país mantivesse uma posição de distância e resistência e que se afastasse das negociações nas quais a liderança dos países centrais era mais forte.

Os quatro casos aqui analisados fornecem evidências de que, no fim do governo Sarney, a estratégia guiada pela lógica da autonomia pela distância começava a dar lugar à autonomia pela participação.

No primeiro caso, as duras negociações entre o Brasil, de um lado, e os Estados Unidos, os bancos credores privados e as instituições financeiras internacionais, de outro, fizeram que o Brasil gradualmente passasse a adotar políticas econômicas menos desenvolvimentistas e autárquicas e mais liberais. A adoção dessas políticas decorreu não só das pressões externas, mas também da necessidade de superar o modelo econômico de substituição de importações. No caso das patentes, as pressões dos Estados Unidos fizeram que o Brasil cogitasse alterar sua lei de propriedade intelectual, considerada desleal pelo governo norte-americano. No que se refere à informática, o Brasil se viu obrigado a alterar sua lei protecionista e a abrir gradualmente seu mercado à indústria de computadores e ao setor de serviços dos Estados Unidos e de outros países. Por último, essas pressões e a ameaça de excluir o Brasil do Sistema Geral de Preferências norte-americano induziram o país a aceitar a introdução de "novos temas", como propriedade intelectual, serviços e investimentos, nas negociações multilaterais de comércio do GATT. Essa alteração não espontânea na estratégia brasileira levaria o país a deixar de tentar bloquear a agenda dos Estados Unidos e a adotar uma posição mais flexível, em um esforço de inserir-se na lógica prevalecente no debate internacional, buscando, assim, poder influenciar a agenda e as decisões da futura OMC.

3
TURBULÊNCIAS: A POLÍTICA EXTERNA DE COLLOR E ITAMAR FRANCO

INTRODUÇÃO

O governo de Fernando Collor de Mello (março de 1990 a dezembro de 1992) representou um período importante da história recente do Brasil. Não só em razão do processo de *impeachment*, que deixou marcas indeléveis na vida política brasileira, mas também pelo fato de Collor ter iniciado mudanças na política externa do país que tiveram continuidade – ainda que matizadas e/ou parcialmente alteradas – nos governos Itamar Franco, Fernando Henrique Cardoso e mesmo Lula. Entre as modificações mais importantes, destacamos a maior abertura do mercado interno ao comércio internacional e a defesa aberta do livre comércio no plano internacional – algumas das características da autonomia pela participação.

Embora a política externa de Collor muitas vezes tenha sido interpretada como mero "alinhamento automático" com os Estados Unidos (Batista, 1993), está longe de ser consensual a ideia de que tenha sido abandonado o tradicional paradigma autonomista da diplomacia brasileira (Cruz Jr., Cavalcante e Pedone, 1993; Hirst e Pinheiro, 1995; Campos Mello, 2000).

De acordo com Hélio Jaguaribe (1996, p.31-2), secretário da Ciência e Tecnologia da administração Collor, o governo orientou-se por duas fases distintas em sua política externa. Inicialmente, a administração afastou-se do paradigma da política externa consolidado a partir de Geisel, buscando alinhar-se às posições e aos valores dos países desenvolvidos. Com a reforma ministerial de abril de 1992, quando Celso Lafer assumiu o MRE, ocorreu um estreitamento das relações do "Brasil com os países do Cone

Sul", o que caracterizaria a retomada "das diretrizes traçadas por San Tiago Dantas para uma Política Externa Independente".[1]

Do mesmo modo, também não há consenso sobre qual foi o legado de Collor. Conforme Canani (2004, p.41), "o governo Itamar Franco tem sido caracterizado como simples continuação, com hesitações, do governo Collor, destacando-se a instabilidade do presidente como principal causa das dificuldades que se prolongam sobretudo até a criação do Plano Real". Contudo,

> ao se concentrar na figura de Itamar, a análise política perde de vista traços fundamentais do governo e deixa de considerar a complexidade da conjuntura política brasileira na primeira metade dos anos 1990.

Do nosso ponto de vista, os governos Collor e Itamar Franco não conseguiram implementar uma política externa clara e coerente porque enfrentaram um período de instabilidades econômica e política muito forte; além disso, ambos os governos foram caracterizados pela brevidade de seus mandatos e pelas mudanças de seus ministros das Relações Exteriores. No plano doméstico, as pressões geradas pela volta à democracia, pelo esgotamento do modelo econômico de substituição das importações e pela crise financeira foram as principais causas da instabilidade. No cenário internacional, o fim da Guerra Fria, a aceleração da chamada globalização econômica e a mudança de posicionamento dos Estados Unidos em relação a seus parceiros comerciais foram causas de mudança. É nesse contexto que os ministros das Relações Exteriores Celso Lafer, na administração Collor, e Fernando Henrique Cardoso e Celso Amorim, no governo Itamar Franco, viriam novamente a ocupar posições de destaque no cenário político do país, utilizando sua experiência para desenvolver visões mais definidas sobre os rumos da política externa brasileira (ver capítulos subsequentes).

Este capítulo é organizado da seguinte maneira: 1) revisão dos principais pontos da política externa de Collor; 2) exame do papel do MRE no período; 3) análise da reformulação conceitual da política externa brasileira a partir de 1992; 4) descrição dos principais motivos que levaram ao *impeachment* do presidente; 5) análise de quais eram as condições domésticas e internacionais no período da posse de Itamar Franco; e 6) em que medida Itamar Franco continuou as mudanças na política externa iniciadas por Collor.

---

[1] Sobre a política externa independente, ver a Introdução deste livro e o capítulo dedicado à política externa de Lula.

A POLÍTICA EXTERNA DE COLLOR

A "modernização", a "inserção competitiva da economia internacional" e a busca por uma vaga no Primeiro Mundo, conferindo à política externa papel central nas transformações almejadas para o país, eram metas estabelecidas por Collor desde sua campanha eleitoral de 1989.

Para o então secretário de política exterior do MRE, Marcos Castrioto de Azambuja, "a inserção crescente e competitiva" do Brasil na economia internacional é um "componente básico do processo de reformas estruturais da economia brasileira". Essas reformas conduziriam à modernização da indústria brasileira, ao "saneamento" das finanças públicas, à diminuição do papel do Estado, à desregulamentação, ao estímulo à livre iniciativa e à ampliação da capacitação tecnológica (Azambuja, 1990, p.1-2).

Conforme Hirst e Pinheiro (1995, p.6), a política externa do governo Collor foi direcionada para três metas fundamentais: a atualização da agenda internacional do país de acordo com os novos temas e práticas internacionais, como propriedade intelectual, meio ambiente, direitos humanos e tecnologias sensíveis; a construção de uma agenda positiva com os Estados Unidos; e a descaracterização do perfil terceiro-mundista do Brasil. As relações com o Cone Sul foram mantidas, ganhando destaque a assinatura do Tratado de Assunção, em março de 1991, que criou o Mercosul, com participação de Paraguai, Uruguai e Argentina. As características do Mercosul foram se adaptando às políticas comerciais e gerais, evidenciando-se alguns traços do que se chamava de regionalismo aberto.

No que se refere aos países em desenvolvimento, as novas orientações não chegaram a envolver um antiterceiro-mundismo explícito. O Brasil não se retirou do Grupo dos 77[2] ou do então recém-criado Grupo dos 15,[3] nem abandonou oficialmente sua condição de observador do Movimento dos não Alinhados. Pelo contrário: na primeira reunião de cúpula do Grupo dos

---

[2] O Grupo dos 77 (G77) foi criado em 15 de junho de 1964 por 77 países em desenvolvimento, signatários da Joint Declaration of the Seventy-Seven Countries, elaborada no fim da primeira sessão da United Nations Conference on Trade and Development (Unctad), em Genebra. O G77 é a maior coalizão de países em desenvolvimento nas Nações Unidas, promovendo meios para que esses países se articulem, fomentem seus interesses coletivos e aumentem sua capacidade de barganha em questões relacionadas à economia internacional e à promoção de cooperação Sul-Sul para incentivar o desenvolvimento.

[3] O Grupo dos 15 (G15) foi criado em setembro de 1989, após o término da Nona Reunião de Cúpula dos Países não Alinhados, em Belgrado. O G15 foi fundado por 15 países em desenvolvimento e foi criado na crença de que havia um grande potencial para maior cooperação entre os países em desenvolvimento, especialmente nas áreas de investimento, comércio e tecnologia. Ao atuar como catalisador de uma maior cooperação Sul-Sul, o G15 busca facilitar os esforços nacionais de progresso econômico e desenvolvimento; ele também visa dar maior credibilidade aos países em desenvolvimento em diálogos Sul-Sul.

15, em junho de 1990, o ministro das Relações Exteriores Francisco Rezek propôs que fosse formulada uma posição comum sobre o tema da dívida externa. Na ocasião, foi observado o contraste entre as posições brasileira e argentina; esta se opôs à ideia de criação de um "clube de endividados" e propôs que o Grupo dos 15 considerasse os temas do meio ambiente e da gravidade da crise ecológica global (Campos Mello, 2000, p.84-5). Ao mesmo tempo, o discurso diplomático do governo Collor deixava claro que, com exceção dos vizinhos do Cone Sul, as novas prioridades eram relacionadas às relações com os países desenvolvidos. Conforme Rezek,

> as relações internacionais são baseadas no princípio da troca, e a verdade é que a maioria dos países mais pobres tem pouco a nos oferecer. (*Jornal do Brasil*, 1990)

Essa postura, nas palavras de Collor, não visava somente "conseguir uma vaga no Primeiro Mundo – conceito que, aliás, perdeu muito de sua força com a diluição do Segundo Mundo e com a diversificação do Terceiro". Trata-se

> de sustentar que não podemos ficar de fora de discussões que nos dizem respeito, direta ou indiretamente. Temos que *participar* [grifo nosso] até mesmo para que as questões de nosso interesse façam parte da agenda e sejam tratadas de forma equilibrada (*apud* Azambuja, 1990, p.18).

Segundo Azambuja, então secretário de política exterior do MRE, expressando ideias que posteriormente seriam identificadas com a noção de autonomia pela participação,

> a uma maior abertura do Brasil ao mundo corresponde também uma preocupação maior com um cenário internacional onde convivem novas oportunidades e incertezas. [...] Em um mundo interdependente, que atravessa transformações inéditas e profundas, nenhum país está imune aos riscos presentes no cenário internacional, nem pode furtar-se a aproveitar as amplas oportunidades de cooperação que ele oferece. (Azambuja, 1990, p.18-9)

Na política comercial, o programa de liberalização contemplava a eliminação da maioria das barreiras não tarifárias e das proibições no sistema de licenças para importação, a reformulação do sistema de incentivos à exportação e a introdução de um programa de redução tarifária que deveria, até outubro de 1993, reduzir as tarifas médias de 32% (com tarifa máxima de 105%) para 14,2% (com tarifa máxima de 35%) (Abreu, 1997). A liberalização também diminuiu os requerimentos burocráticos que incidiam sobre importações e exportações, e aboliu os controles estatais no comércio de trigo, café e açúcar. A lista de importações e exportações sujeitas a aprovação prévia do governo foi drasticamente reduzida, e a proteção não tarifária aos produtos eletrônicos também foi abolida.

Ao mesmo tempo, no plano da política comercial multilateral, na fase final das negociações da Rodada Uruguai do GATT em 1990, um novo posicionamento do país foi claramente manifestado, embora a reorientação de sua posição fosse perceptível desde 1988.

Em 1989, segundo Abreu (2001), a posição do G10 já dava sinais de falta de coesão, principalmente em decorrência da "(...) polarização das negociações sobre têxteis e TRIPS" (p.94). No que diz respeito ao TRIPS, a discussão sobre o tema da propriedade intelectual concentrava-se no órgão apropriado para sua negociação: no GATT ou na Organização Mundial de Propriedade Intelectual (Ompi). Os países em desenvolvimento, especialmente o Brasil e a Índia, inicialmente resistiam à proposta norte-americana de inserir no GATT um regime internacional de propriedade intelectual. Contudo, "à medida que a oposição indiana diminuía, a postura dos países desenvolvidos ia prevalecendo (...)" (Abreu, 2001, p.94).

Shukla (2002) argumenta que a Índia e o Brasil acabaram aceitando a ampliação do GATT, conforme a concepção norte-americana, pois os Estados Unidos estavam utilizando medidas unilaterais contra seus "adversários" comerciais. Primeiro, em 1988, o governo norte-americano aplicou sanções contra o Brasil no caso das patentes farmacêuticas; depois, em maio de 1989, a Índia também foi objeto de retaliações. Além disso, a situação política interna dos dois países era preocupante, o que reduzia sua capacidade de se posicionarem mais firmemente no plano internacional. Como resultado, a coalizão Índia–Brasil enfraqueceu-se, gerando tal falta de coordenação e de consultas mútuas que restaram poucos rastros de confiança entre os dois países. Assim, a posição dos países em desenvolvimento se debilitava, ao passo que os países industrializados viam oportunidades de obter vantagens nas negociações (Shukla, 2002, p.265).

Com relação às tecnologias sensíveis, as novas orientações se expressaram de forma mais nítida. A cerimônia de fechamento dos campos de provas nucleares da Serra do Cachimbo, realizada poucos dias antes da participação do presidente na Assembleia Geral da ONU, em setembro de 1990, marcou uma declaração unilateral de renúncia ao direito de realizar explosões nucleares, mesmo com fins pacíficos.

Também foram marcos da política externa do governo Collor a assinatura do acordo de criação da Agência Brasileiro-Argentina de Contabilidade e Controle de Materiais Nucleares (Abacc); a assinatura do Acordo Quadripartite de Salvaguardas Nucleares entre o Brasil, a Argentina, a Abacc e a Agência Internacional de Energia Atômica (AIEA); a proposta de revisão do Tratado para a Proscrição das Armas Nucleares na América Latina e no Caribe (Tratado de Tlatelolco), iniciativa conjunta do Brasil, do Chile e da Argentina que abriria caminho para que esses países finalmente ratificassem o acordo que fora concluído na Cidade do México, em 14 de fevereiro de 1967; uma legislação específica relativa ao controle de exportação de armas de tecnologia sensível; e o compromisso assumido com os Estados Unidos de começar a considerar a possibilidade de aderir ao Regime de Controle de Tecnologia de Mísseis (MTCR) (Hirst e Pinheiro, 1995, p.6-7).

Contudo, em menos de um ano de mandato, a capacidade de ação do governo Collor viu-se constrangida pelas condições políticas e econômicas domésticas, como a dificuldade de lidar com a inflação e as acusações de corrupção. Esse contexto inviabilizou as rápidas transformações almejadas pelo governo e que, em seu entender, contribuiriam para a melhora da política externa do país.

As expectativas iniciais de que as negociações da dívida externa produziriam rapidamente um resultado positivo foram frustradas no fim de 1990, com o fracasso do plano de estabilização monetária. Em consequência das dificuldades crescentes na superação dos desequilíbrios macroeconômicos, o primeiro acordo sobre a dívida externa, realizado em abril de 1991, não sinalizou, de forma satisfatória, uma maior credibilidade aos setores financeiros internacionais sobre a capacidade e a determinação do Brasil em cumprir seus compromissos financeiros. A negociação da dívida externa brasileira, que chegou a ser a maior do mundo entre os países em desenvolvimento, tinha no governo Collor uma equipe de negociação dura e "autônoma" (Veiga, 1993).

Em abril de 1991, em virtude de sua legislação na área de propriedade intelectual, o Brasil foi incluído na lista de investigação do USTR. Expressando sua frustração, o ministro Rezek declarou que "a contrapartida não veio na intensidade e no ritmo desejados por um país que quer trabalhar depressa", enquanto o presidente constatava, retornando de uma visita a Washington, em junho de 1991, que "não há apoio para nada" (*Jornal do Brasil*, 1991).

O segundo ano do governo Collor foi marcado por uma progressiva redução da retórica de cooperação com os países ricos. Na Assembleia Geral da ONU de setembro de 1991, Collor destacou o desequilíbrio crescente entre países desenvolvidos e em desenvolvimento, a permanência da dívida externa, os entraves à transferência de tecnologia e o protecionismo das nações industrializadas (MRE, 1996). Ao mesmo tempo, em um contexto de crescentes dificuldades políticas e econômicas no cenário doméstico, o presidente envolvia-se cada vez menos na coordenação dos assuntos internacionais, abrindo espaço para uma atuação mais autônoma do MRE. Com a reforma ministerial de abril de 1992 e a posse de Celso Lafer no Ministério, instaurou-se uma segunda fase na política externa do governo.

Ao lado da estratégia adotada na negociação da dívida externa, a posição brasileira no conflito do Golfo Pérsico foi apontada como uma das principais razões para a reversão das expectativas positivas dos Estados

Tabela 3.1 Inflação no Brasil – 1985-1995.

	JAN	FEV	MAR	ABR	MAIO	JUN	JUL	AGO	SET	OUT	NOV	DEZ	ACUMULADO
1985	12,64	10,16	12,71	7,22	7,78	7,84	8,92	14,00	9,13	9,05	14,95	13,20	235,13%
1986	17,79	14,98	5,52	-0,58	0,32	0,53	0,63	1,33	1,09	1,39	2,46	7,56	65,04%
1987	12,04	14,11	15,00	20,08	27,58	25,87	9,33	4,50	8,02	11,15	14,46	15,89	415,87%
1988	19,14	17,65	18,16	20,33	19,51	20,83	21,54	22,89	25,76	27,58	27,97	28,89	1.037,53%
1989	36,56	11,80	4,23	5,17	12,76	26,76	37,88	36,48	38,92	39,70	44,27	49,39	1.782,85%
1990	71,90	71,68	81,32	11,33	9,07	9,02	12,98	12,93	11,72	14,16	17,45	16,46	1.476,71%
1991	19,93	21,11	7,25	8,74	6,52	9,86	12,83	15,49	16,19	25,85	25,76	22,14	480,17%
1992	26,84	24,79	20,70	18,54	22,45	21,42	21,69	25,54	27,37	24,94	24,22	23,70	1.157,84%
1993	28,73	26,51	27,81	28,22	32,27	30,72	31,96	33,53	36,99	35,14	36,96	36,22	2.708,39%
1994	42,19	42,41	44,83	42,46	40,95	46,58	5,47	3,34	1,55	2,55	2,47	0,57	909,67%
1995	1,36	1,15	1,81	2,30	0,40	2,62	2,24	1,29	-1,08	0,23	1,33	0,27	14,77%

Fonte: IGP/FGV.

Unidos acerca do governo Collor. Diferentemente da vizinha Argentina, o Brasil não enviou tropas ao Golfo Pérsico, embora tenha apoiado os Estados Unidos no Conselho de Segurança da ONU. Mais uma vez, cabe distinguir os objetivos do projeto de política externa do governo Collor e as dificuldades envolvidas em sua implementação. No início da década de 1980, o Brasil tinha boas relações comerciais e militares com o Iraque, pois exportava armamentos para Bagdá e militares brasileiros colaboravam individualmente com o governo de Saddam Hussein. Além disso, restrições econômicas domésticas, como a dificuldade de reduzir a inflação – no ano de 1992 ela registrou cerca de 1.150% e, em 1993, mais de 2.700% (ver Tabela 3.1) – e a consequente recessão econômica, impediam que o governo Collor praticasse uma política externa de alinhamento automático com os Estados Unidos.

O PAPEL DO MRE NA ADMINISTRAÇÃO COLLOR

O embaixador Paulo Nogueira Batista, um dos principais críticos da administração Collor, acreditava que o MRE não tinha participação ativa na formulação da política externa do período, mas que, no espaço de manobra que lhe cabia na execução da política, teve uma "atuação minimizadora do custo de algumas posturas presidenciais". A esse respeito, cita dois exemplos da "engenhosidade do Itamaraty": o Acordo Quadripartite de Salvaguardas Nucleares entre o Brasil, a Argentina, a Abacc e a AIEA; e o Acordo 4+1 entre os quatro membros do Mercosul e os Estados Unidos (Batista, 1993, p.122).

No primeiro caso, o Ministério teria formulado o instrumento de "adesão indireta" ao Tratado de não Proliferação Nuclear. No segundo, seria de autoria do Ministério a coordenação de uma resposta conjunta dos países do Mercosul à Iniciativa para as Américas, proposta pelo presidente Bush com o intuito de assegurar o fortalecimento do Mercosul, que poderia vir a ser ameaçado por negociações bilaterais de quaisquer de seus membros com os Estados Unidos.

A continuidade da integração do Cone Sul acabou sendo uma forma de evitar a centralidade excessiva das relações com os Estados Unidos na agenda do Brasil. No contexto das negociações da Área de Livre Comércio das Américas (Alca), a integração sub-regional visava atenuar as políticas exclusivamente voltadas para os países desenvolvidos, especialmente para os Estados Unidos, introduzindo alguma dimensão Sul-Sul.

O objetivo de garantir ao MRE o papel de principal *decision-maker* da política externa brasileira também refletiria a necessidade de sobrevivência burocrática da instituição. Segundo o embaixador Celso Amorim, em 1990 havia a percepção de que algumas das competências do Ministério, especialmente na área da liberalização comercial, estavam sendo transferidas para o recém-criado Ministério da Economia, fortalecido pela fusão dos ministérios da Fazenda, do Planejamento e da Indústria e Comércio (Amorim, 1997, p.3). O interesse do Ministério em liderar a integração do Cone Sul foi uma reação à criação do Ministério da Integração, em 1991.

Assim, para não perder espaço para outros ministérios ou agências governamentais, a corporação diplomática rapidamente criou, com a autorização do ministro Rezek, o Departamento de Integração Latino-Americana, posteriormente elevado à categoria de Subsecretaria-Geral de Assuntos de Integração, Econômicos e de Comércio Exterior.

Dessa forma, o MRE interferiu no projeto de política externa da administração Collor para introduzir elementos de autonomia no eixo central da agenda da política externa brasileira: sua relação com os Estados Unidos. Essa atuação também foi motivada por percepções relativas à necessidade de sobrevivência burocrática do Ministério no contexto político-institucional do início da administração Collor.

REPENSANDO AS DIRETRIZES DA POLÍTICA EXTERNA

Com a reforma ministerial de abril de 1992 e a posse de Celso Lafer no MRE, instaurou-se uma fase da política externa brasileira marcada pela proximidade entre o ministro e a corporação diplomática.

Em avaliação posterior de sua gestão, Lafer destacaria que a "autoridade do Itamaraty" é necessária para uma política externa eficaz.

> Por esse motivo, o que cabe a cada chanceler fazer, para preservar a autoridade do Itamaraty e, assim, poder executar a política externa, é agregar algo de qualidade ao fio de uma tradição (Lafer, 1993a, p.45).

O ministério formado em abril de 1992, segundo suas figuras mais destacadas, procurou preservar o Estado diante da tempestade em curso. A questão central não era a diretriz de cada setor do governo, mas a própria preservação da administração mediante o precipitar dos acontecimentos que culminaram com o *impeachment*, em dezembro de 1992.

Muitos dos discursos de Lafer na época referem-se a duas diretrizes conceituais na renovação da política externa brasileira: a "adaptação criativa" e a "visão de futuro". Exemplos de visão de futuro seriam a Agenda 21, concluída na Rio-92 (Eco-92), voltada para a cooperação e reinserindo o direito ao desenvolvimento na pauta internacional, bem como a defesa da democratização do Conselho de Segurança da ONU. A Eco-92, especialmente, foi um importante símbolo de que o país estaria buscando maior participação internacional, sem perda de autonomia (Fonseca Jr., 1998). O encontro representou uma alteração no paradigma anterior, muito criticado pela comunidade internacional, de desmatamento para a promoção do desenvolvimento econômico (Hurrell, 1991). Trata-se da crítica ao discurso da preservação da soberania nacional em um tema cada vez mais internacional, mas no qual as relações de poder não deixam de se manifestar. São exemplos de adaptação criativa as convenções sobre mudança climática e biodiversidade, assim como a adesão do Brasil ao Acordo Quadripartite de Salvaguardas Nucleares, à Convenção sobre Armas Químicas e ao Tratado de Tlatelolco.

Nesse quadro de referência da política externa, duas ideias estiveram presentes nos pronunciamentos oficiais da diplomacia à época: a autodenominação do Brasil como *global trader* e a concepção do Mercosul como plataforma de inserção competitiva no plano mundial. A expressão *global trader* sintetizava a ideia de que, diferentemente do México ou do Canadá, o Brasil tinha interesses comerciais globais e, portanto, não deveria se alinhar automaticamente a nenhum país. A concepção do Mercosul como plataforma de inserção no plano mundial constituiu um segundo eixo estruturante do novo quadro de referência formulado em 1992. Nele, procurava-se compatibilizar a nova prioridade concedida ao Mercosul com o lema do governo Collor sobre a inserção competitiva do Brasil na economia internacional, buscando-se adequar a prioridade das relações com os países centrais, então os grandes parceiros econômicos do país, aos elementos de continuidade, centrados na busca da autonomia. Como o próprio ministro Celso Lafer argumenta, a ideia de que o Brasil era um *global trader* não significa que o país deveria diversificar ao máximo seus parceiros comerciais, e sim que tinha interesses em várias partes do globo:

> Trabalhei com a noção de parcerias operacionais. Era um pouco a ideia de que o Brasil era um país de interesses gerais, um *global trader* no campo econômico, que precisava construir parcerias internacionais. Pensei em parcerias com os Estados Unidos, com a Comunidade Europeia e com Japão. Depois vinha a América Latina, que não é uma parceria mas é a nossa circunstância. (Lafer, 1993a, p.7)

Cabe observar um aspecto específico acerca das percepções vigentes à época quanto às relações com a Comunidade Europeia. Embora tivesse sido firmado o Acordo de Cooperação Interinstitucional entre a Comunidade Europeia e o Mercosul em maio de 1992, e estivesse sendo concluída a negociação do Acordo-Quadro de Cooperação Brasil–Comunidade Europeia, assinado em junho de 1992, o chanceler deixava claro, ao citar a possível "parceria estratégica" com a Europa, que, "em poucas palavras, de lá não virão, neste momento, grandes recursos e grandes soluções" (MRE, 1993a, p.67).

Conforme Campos Mello (2000, p.115),

> a gestão de Celso Lafer construiu um novo quadro de referência para a política externa brasileira [...]. Do paradigma oposto, foram mantidas as diretrizes no sentido da adesão às normas e regimes internacionais,

tendo sido parcialmente matizada a centralidade excessiva dos Estados Unidos na agenda da política externa brasileira, que se mostrou inadequada já ao longo do governo Collor, que, como vimos, tentou promovê-la, sem sucesso. Além disso, a gestão de Celso Lafer, ainda que em um quadro de aguda crise, permitiu que o Ministério reconquistasse seu papel na condução da política externa brasileira.

O CENÁRIO DOMÉSTICO

Collor emergiu no cenário nacional em 1989; antes disso, era um político pouco conhecido. Ele concorreu na primeira campanha presidencial do Brasil desde 1960. O rápido crescimento de sua popularidade refletia a insatisfação de amplos segmentos da população com as forças políticas estabelecidas no país. A década de 1980 começou com uma recessão e, depois de um rápido crescimento (1985-1986), terminou com uma crise de hiperinflação. O governo parecia incapaz de colocar o Brasil de volta à sua trajetória histórica de rápido crescimento econômico. Entre 1965 e 1980, o PNB do país apresentou uma média de crescimento anual de 9%, caindo para cerca de 2,7% nos anos 1980.

O retorno à democracia criou expectativas que não foram cumpridas. Nas negociações da transição do regime militar para o civil, as elites do país continuaram influentes e procuraram evitar mudanças políticas e sociais profundas. A combinação de desencantamento e um persistente sentimento de crise forneceu um solo fértil para a emergência de um "salvador" (O'Donnell, 1992, p.12). Collor explorou essa oportunidade: jovem e dinâmico, ele prometia modernidade econômica, maior justiça social e um governo eficiente e honesto.

Na sua campanha, Collor não venceu com um grande partido de massas. O partido que ele formou em 1989, o Partido da Reconstrução Nacional (PRN), serviu como veículo eleitoral, tendo pouco peso político e força organizacional. Contudo, ao longo da campanha presidencial, um crescente número de políticos conservadores e de empresários[4] passou a apoiá-lo diante do então oponente da esquerda, Lula, do Partido dos Trabalhadores (PT).

---

[4] É notória, por exemplo, a edição do debate presidencial entre Lula e Collor, pela Rede Globo de Televisão, desfavorável ao candidato do PT.

A adoção de um programa liberal impulsionou as metas políticas de Collor, que pretendia implementar um plano para modernizar a economia, abrindo o país para o mercado internacional e forçando os produtores domésticos a competir com empresas estrangeiras. O projeto criou polêmica entre os empresários, que tinham opiniões divergentes. As empresas tecnologicamente mais avançadas, capazes de competir internacionalmente, favoreceram a redução das barreiras comerciais impostas pelo neoliberalismo. Entretanto, setores que emergiam e cresciam graças à proteção e aos subsídios estatais, as denominadas indústrias nascentes, temiam que, com a perda da proteção, a competição internacional pudesse prejudicar seus negócios ou levá-los à falência. Consequentemente, o projeto liberal do governo dividiu opiniões no setor empresarial (Weyland, 1993, p.11; Weyland, 1999).

Utilizando sua política de modernização como instrumento, Collor tentou enfraquecer as associações empresariais e os sindicatos de trabalhadores, atacando a estrutura corporativista que ainda os caracterizava (Schmitter, 1979). Em particular, ele tentou abolir a contribuição sindical compulsória, que empresas e trabalhadores pagavam para as organizações reconhecidas pelo Estado.

O presidente tentou utilizar essas mesmas reformas para diminuir a influência e a capacidade do setor público. Embora a imposição de uma política de cunho neoliberal fortalecesse os poderes presidenciais, a devolução ao mercado de algumas funções do Estado provocava o enfraquecimento da administração pública. A privatização das empresas diminuía a capacidade de ação do Estado e desafiava posições consolidadas. A reforma política proposta por Collor irritou setores da alta burocracia e provocou forte ressentimento no setor público como um todo.

A participação dos militares na formulação de políticas foi reduzida em várias áreas, e Collor exercitou seu poder até mesmo em questões que tinham impacto direto nas Forças Armadas, como a redução relativa de salários. O presidente também dissolveu o Serviço Nacional de Informações (SNI), serviço de inteligência estatal dominado pelos militares, utilizado não só para ameaçar e investigar pessoas de tendências esquerdistas, mas também atos de corrupção dentro do próprio governo (Weyland, 1993, p.12; Conca, 1992, p.160).

Apesar de seus esforços para concentrar poder, Collor foi malsucedido em controlar efetivamente as ações de muitos de seus aliados políticos, e vários deles – como o ministro da Saúde, Alceni Guerra, e o ministro do Trabalho e Segurança Social, Antônio Magri –, foram acusados de envolvimento em atividades ilícitas. Esses escândalos foram tão comprometedores que Collor teve de reformar seu gabinete no início de 1992. Além disso, o próprio presidente parecia estar envolvido em um esquema de extorsão organizado pelo seu ex-tesoureiro de campanha, Paulo César Farias. Em um país com alto nível de intervenção estatal na economia, como era o Brasil daquele período, o governo utilizava recursos do Estado como moeda política para atrair aliados (Geddes e Ribeiro Neto, 1999). Visto que o Executivo utilizou seu poder para adotar medidas políticas recessivas, as empresas dependentes de contratos públicos passaram a competir mais acirradamente pelos cada vez mais escassos projetos governamentais, dispostas a pagar um alto preço para obter contratos.

O fracasso do plano de estabilização econômica de Collor colaborou para o enfraquecimento de sua relação com as elites do país, que o tinham apoiado, particularmente com os setores mais conservadores da política e do empresariado. A política econômica provocou uma forte recessão, que teve impacto negativo em todos os estratos da sociedade e não reduziu a inflação, registrada entre 18,54 e 27,37% ao mês em 1992 (ver Tabela 3.1).

Os empresários intensificaram suas críticas à política econômica do governo. Muitos setores do empresariado estavam preocupados com os efeitos das reduções nas barreiras comerciais, que afetariam a economia como um todo. Essas reduções aumentavam a competição internacional, que passava a ser vista como potencial ameaça. A liberalização não era compensada com políticas de desenvolvimento que favorecessem a produção.

Quando os oponentes políticos do governo, muitos dos quais o apoiaram no início, começaram a solicitar investigações sobre acusações de corrupção contra o presidente, seus aliados não conseguiram impedir a abertura de sindicância pelo Congresso Nacional, o que finalmente levou ao *impeachment* de Collor. Seu isolamento político foi decisivo para isso.

A POLÍTICA EXTERNA DO GOVERNO ITAMAR FRANCO

O governo Itamar Franco herdou um cenário doméstico conturbado e uma agenda externa marcada por reiteradas pressões dos Estados Unidos visando ao fortalecimento das reformas econômicas liberalizantes, especialmente com relação à aprovação da nova legislação de propriedade intelectual. Adicionalmente, a crescente convergência ideológica e econômica entre o governo norte-americano e alguns países latino-americanos – especialmente o México, a Argentina e o Chile – reforçava a imagem do país como um caso problemático. Em contraste com os demais países, o Brasil destacava-se pelo atraso no processo de estabilização monetária e nas reformas econômicas, bem como pelo desinteresse em aderir à perspectiva, que começava a se delinear, de abertura das negociações para a criação do Tratado Norte-Americano de Livre Comércio (Nafta).

Dada a urgência dos problemas domésticos, o presidente Itamar Franco delegou a formulação da política externa brasileira quase que inteiramente ao MRE. A escolha de Fernando Henrique Cardoso, senador do PSDB pelo estado de São Paulo, para chefiar o Ministério, foi uma nomeação de destaque no governo Itamar Franco – e possibilitou seu menor envolvimento na condução dos assuntos internacionais. Essa atuação se manteve mesmo após Fernando Henrique Cardoso ter deixado a pasta das Relações Exteriores – que ocupou de outubro de 1992 a maio de 1993 – para assumir o Ministério da Fazenda.

O objetivo inicial do presidente Itamar Franco era substituir Fernando Henrique Cardoso por um nomeado político (Amorim, 1997). Após mais de três meses, nos quais o MRE permaneceu em regime de interinidade, finalmente foi empossado o embaixador Celso Amorim, marcando a volta de um diplomata à chefia do Itamaraty – o que não ocorria desde o governo Figueiredo (1979-1985), quando o ministro foi o embaixador Ramiro E. Saraiva Guerreiro. Na gestão de Amorim, o MRE continuou a desfrutar de razoável autonomia na formulação da política externa brasileira.

Em sua breve gestão no Ministério, Fernando Henrique Cardoso promoveu a retomada e o aprofundamento do quadro de referência conceitual da política externa já estruturado na gestão de Celso Lafer. O ministro reconhecia os Estados Unidos como principal parceiro,

> mas a integração privilegiada com eles seria inviável, dado o próprio dinamismo e a própria vitalidade das nossas exportações para o mercado norte-americano, onde enfrentam não raro muitas restrições (Cardoso, 1993, p.8).

Em sua breve passagem pelo Ministério (1992-1993), Fernando Henrique Cardoso vislumbrava uma "nova política externa", que em seu mandato presidencial se caracterizaria como a busca da autonomia pela participação:

> Por que uma nova política externa? Em primeiro lugar, porque o Brasil mudou. No plano político, passamos de uma fase autoritária para uma fase de exercício democrático. No plano econômico, após um período de desenvolvimento acelerado, entramos em uma crise que poderá conduzir à estagnação do crescimento. No plano ideológico, ultrapassamos a etapa do nacionalismo autoritário e do desenvolvimento autóctone para buscar uma inserção competitiva no mundo. Em segundo lugar, porque o mundo mudou. No plano político, o final da Guerra Fria redesenhou o esquema de poder. No plano econômico, a tendência dominante parece apontar no sentido da globalização. No plano ideológico, a democracia e a economia de mercado dão a regra geral. [...] As medidas de liberalização não deverão, contudo, ser gratuitas. As concessões devem ter contrapartidas e ser obtidas mediante nossa tradicional habilidade de negociação. [...] Nesse sentido, será preciso valorizar uma base sólida na nossa própria região, inclusive para aumentar nosso poder de barganha. [...] O processo de integração econômica regional não poderá privilegiar vínculos exclusivos, como tem feito o México com relação aos Estados Unidos. Seria uma opção empobrecedora. Essa postura não significa, contudo, abandonar a priorização de nossas relações com os Estados Unidos, nosso parceiro individual

mais importante e com o qual o Brasil tem procurado desenvolver uma agenda positiva. (Cardoso, 1994, p.185-8)

Por iniciativa de Fernando Henrique Cardoso, o MRE iniciou um processo de reflexão interna sobre as prioridades da política externa, cujas conclusões reafirmaram que

> seria oportuno escolher aquelas políticas que nos permitam conservar maior número de opções, pois serão essas as que nos darão maiores possibilidades de conseguir dividendos políticos (MRE, 1993b, p.132).

Com a substituição de Fernando Henrique Cardoso por Amorim, foi proposta uma política externa sem rótulos, de forma que não gerasse expectativas específicas, mas, ao mesmo tempo, "uma diplomacia voltada para o desenvolvimento e a democracia". Em particular, Amorim resgatou a formulação de Araújo Castro – ministro das Relações Exteriores no governo João Goulart de 1963 a 1964, e depois, nos anos 1970, embaixador em Washington e nas Nações Unidas – sobre os "3Ds", que o Brasil havia defendido como lema para a agenda internacional do início dos anos 1970: Desarmamento, Desenvolvimento e Descolonização, propondo sua atualização para Democracia, Desenvolvimento e Desarmamento (Amorim, 1994, p.21).

Tratava-se de afirmar o compromisso brasileiro com o tema dos direitos humanos, que se vinculava ao tema da democratização das relações internacionais, com destaque para a reforma do Conselho de Segurança da ONU. Com efeito, em setembro de 1994, o pronunciamento do chanceler na abertura da Assembleia Geral aprofundaria e tornaria mais explícitas as posições brasileiras. O lançamento da nova moeda, o Real, em julho de 1994, havia melhorado a imagem do governo perante a opinião pública brasileira em razão da estabilização monetária prevista, e colocava o Brasil em posição mais favorável diante dos organismos financeiros internacionais para negociar a dívida externa. Foi com confiança renovada que o ministro Amorim apresentou a pretensão brasileira de ocupar uma cadeira permanente no Conselho de Segurança da ONU no caso de uma reforma daquele órgão (Canani, 2004, p.97).

Visando à ampliação do Conselho de Segurança, a política externa do ministro Amorim expressou mais nitidamente seu objetivo de promover uma atuação internacional de relevo para o Brasil. Foi de autoria brasileira, por exemplo, a proposta formal de que a "Agenda para a Paz" em debate na ONU fosse complementada por uma "Agenda para o Desenvolvimento" – que já havia sido sugerida pelo ministro Celso Lafer na Assembleia Geral de setembro de 1992. Com relação à crise no Haiti, o Brasil apoiou o embargo econômico e político aprovado pelo Conselho de Segurança da ONU e, em seguida, pela Organização dos Estados Americanos (OEA); posteriormente, alinhou-se aos outros 32 países que, nas Nações Unidas, opuseram-se à intervenção militar no país, comprometendo-se apenas a integrar uma força de paz após a destituição do governo militar haitiano. Além do âmbito das Nações Unidas, o governo brasileiro defendeu a reintegração de Cuba ao sistema interamericano e, particularmente, à OEA, condenando o embargo econômico dos Estados Unidos.

Finalmente, havia um maior interesse na diversificação das relações, antecipando algumas tendências da noção de autonomia pela diversificação que seria implementada mais claramente no governo Lula. Apesar de levar em conta a importância da relação com os Estados Unidos, no governo Itamar Franco o Mercosul foi pensado para frear a "ofensiva dos Estados Unidos para uma área de livre comércio nas Américas", possibilitando que, no futuro, a América Latina pudesse "estar unida diante de um projeto maior" (Amorim, 1997, p.14). Nessa gestão, foi negociado o Protocolo de Ouro Preto, previsto no Tratado de Assunção, que elevou o Mercosul de área de livre comércio a união alfandegária, assinado em dezembro de 1994. Também havia maior interesse pela África, particularmente em relação aos países da Comunidade de Língua Portuguesa, e por Cuba. Para Amorim:

> Não é que o governo Collor tenha tomado uma atitude hostil em relação a Cuba, em algum momento, ou que tenha tomado uma atitude hostil em relação à África, mas não estava no quadro de prioridades. (Amorim, 1997, p.14)

De acordo com Amorim, havia uma noção de "não voltar ao passado totalmente", mas moderar o discurso e a prática com relação a alguns temas: "Eu fiquei apenas um ano e meio como ministro do Exterior, de modo que também não era um período que desse para fazer grandes reformulações" (1997, p.12). De forma geral, o balanço entre continuidade e mudança envolveu a aceitação de uma nova agenda internacional e a adesão a suas normas e regimes; por outro lado,

> a afirmação de que essa adesão não significaria alinhamento – embora o próprio termo "autonomia" só fosse ressurgir no discurso diplomático brasileiro no governo Fernando Henrique Cardoso (Campos Mello, 2000, p.127).

Foi nesse contexto que o Brasil participou da Conferência de Marrakesh, quando foi encerrada a Rodada Uruguai do GATT, com a criação da OMC.

CONSIDERAÇÕES FINAIS

Há duas razões para inserirmos a análise da política externa de Collor e de Itamar Franco em um mesmo capítulo: 1) ambos os governos duraram pouco tempo; Collor não terminou seu mandato em virtude do processo de *impeachment*, e o vice-presidente deu continuidade ao mandato presidencial; e 2) ambos caracterizaram-se pela dificuldade de enquadramento em uma das três noções centrais desenvolvidas neste livro, ainda que tenham aspectos parciais de proximidade com elas.

No quadro a seguir, sintetizamos alguns pontos de similaridades e diferenças entre a política externa de Collor e de Itamar Franco.

Tabela 3.2 Similaridades e diferenças entre as políticas externas de Collor e de Itamar Franco.

Agenda da política externa brasileira	Governo Collor	Governo Itamar Franco
Relação com os Estados Unidos	No primeiro ano de seu governo, Collor buscou maior aproximação com os Estados Unidos. Como os benefícios dessa estratégia não ficaram claros, a política externa voltou a apresentar pontos de discordância com aquele país.	Buscou preservar uma boa relação com os Estados Unidos, mas também houve maior tentativa de se ampliar as parcerias com outros países. Assim, os Estados Unidos deixaram de ser o principal polo de atração da política externa brasileira.
Grau de importância dado ao MRE	A política externa de Collor foi centralizada na figura do presidente. O MRE perdeu força no período, principalmente durante a gestão de Francisco Rezek. Posteriormente, ganhou maior proeminência com a entrada de Celso Lafer no Ministério.	A formulação da política externa voltou para as mãos do MRE, pois o presidente Itamar Franco delegou poderes para essa instituição, preocupando-se principalmente com os problemas domésticos do país. Com a posse do ministro Celso Amorim, o comando do MRE voltou para um diplomata da "casa".
Integração Sul-Americana	Collor, junto com os presidentes da Argentina, do Paraguai e do Uruguai, assinou o Tratado de Assunção, em março de 1991, que criou o Mercosul, com o objetivo de construir uma união alfandegária e um mercado comum. Collor e Carlos Menem acreditavam que o Mercosul poderia servir como plataforma de inserção internacional de seus respectivos países.	Itamar Franco deu continuidade ao processo de integração regional, mas o Mercosul passou a ser visto como um primeiro instrumento de unidade latino-americana em oposição às propostas dos Estados Unidos de integração das Américas. No fim da presidência, foi assinado o Protocolo de Ouro Preto, que elevou o Mercosul de área de livre comércio a união alfandegária.
Segurança Internacional	Houve uma série de iniciativas para diminuir as possíveis tensões com os Estados Unidos nessa área. Assim, o Brasil renunciou de vez às suas ambições de produção militar presentes no período das ditaduras militares (1964-85).	O governo manteve os compromissos assumidos por Collor. Contudo, o Brasil voltou a manifestar interesse em ocupar um lugar permanente no Conselho de Segurança da ONU, principalmente na gestão Celso Amorim.
Comércio Internacional	No GATT, o país passou a adotar um posicionamento menos defensivo diante das demandas dos países desenvolvidos com relação aos "novos temas" (propriedade intelectual, serviços e investimentos).	No GATT, manteve-se um posicionamento menos defensivo, mas o país passou a demandar a liberalização de produtos agrícolas e têxteis.

Do nosso ponto de vista, a política externa brasileira contemporânea tem sido marcada pela busca de autonomia pelo menos desde a década de 1930. Poderíamos verificar essa busca muito antes, no início da República, no fim do século XIX. Ela se tornou explícita no primeiro mandato de Getúlio Vargas, e permanece até os dias de hoje, com inflexões algumas vezes bruscas. Essa pretensão, ainda que relativa e apresentando fortes oscilações em alguns momentos – como na gestão Castello Branco (1964-1966), que procurou manter uma relação próxima com os Estados Unidos em muitos aspectos –, tem sido possível graças ao fato de o Brasil possuir uma grande população, uma vasta área territorial, ser relativamente distante das grandes potências, ser uma economia mediamente industrializada e com um razoável mercado interno, entre outros fatores.

A possibilidade de uma política externa autônoma, contudo, não é um fim em si. Mais que isso, ela visa ampliar o espaço de manobra para que o país busque seus "interesses nacionais". Como a questão da segurança internacional não tem sido considerada prioritária pela falta de envolvimento histórico do país em conflitos bélicos, quase sempre o desenvolvimento econômico é visto como meta principal do país. Também com menor ou maior ênfase, diferentes administrações buscaram uma política externa autônoma conforme a estratégia da distância, da participação ou da diversificação.

Como enfatizamos, os períodos Collor e Itamar Franco caracterizaram-se por uma fase de transição, na qual o "paradigma" da política externa brasileira não havia se esgotado totalmente, e outro ainda não havia sido posto em seu lugar. Pareceu haver uma transição da autonomia pela distância para formas de autonomia pela participação, muito acentuadas no início do governo Collor. Embora esse governo não tenha descartado a tradição de autonomia da política externa brasileira, a pluralidade de interpretações sobre o período indica que os rumos tomados não eram claros. De um lado, em seu primeiro ano de governo, o presidente parecia desejar romper com a tradição de autonomia da política externa brasileira, na crença de que a modernidade significaria forte aproximação dos Estados Unidos e dos países centrais. Como vimos, essa orientação não produziu os resultados desejados. Por sua vez, o MRE procurou minimizar as mudanças iniciadas por Collor. Em um segundo momento, com a entrada de Lafer no comando do Ministério, a política externa voltou a ser implementada quase que exclusivamente pelo corpo diplomático, até mesmo porque a crise política doméstica impossibilitava ao presidente uma maior atuação internacional. Com o *impeachment* de Collor, Itamar Franco continuou delegando ao MRE, chefiado por Fernando Henrique Cardoso, a formulação da política externa do país. Com o ministro Amorim, buscou-se resgatar alguns temas tradicionais da agenda da política externa, recolocando-se fortemente o tema da autonomia e consolidando o conceito de América do Sul. A aceleração do fenômeno denominado globalização, o esgotamento do processo de industrialização pela substituição das importações, a crise econômica que assolava o país e o processo de democratização demandavam soluções para desenvolver o Brasil.

O choque de paradigmas, a autonomia pela distância e a autonomia pela participação, segundo a definição de Fonseca Jr. (1998), faziam parte de um processo de criação de duas estratégias de inserção internacional que seriam lapidadas nas administrações seguintes – ainda que com sucessos parciais – em substituição à estratégia do distanciamento: a autonomia pela participação, consolidada na administração Fernando Henrique Cardoso, e a autonomia pela diversificação, implementada no governo Lula. Parece afirmar-se a ideia de que soluções autárquicas não mais correspondem às necessidades do país; ao mesmo tempo, o conceito de autonomia tornou-se cada vez mais forte. Os paradigmas têm a ver com as diferentes formas de enfrentar e resolver essas questões.

4
POLÍTICA EXTERNA BRASILEIRA NA ERA FERNANDO HENRIQUE CARDOSO: A BUSCA DE AUTONOMIA PELA PARTICIPAÇÃO

INTRODUÇÃO

Este capítulo examina a redefinição das premissas e práticas da política externa brasileira durante os dois períodos do governo Fernando Henrique Cardoso (1995-1998 e 1999-2002). Nossa principal afirmação é que a administração Fernando Henrique Cardoso visou internalizar, absorver e consolidar as mudanças liberalizantes que a globalização trouxe para a sociedade internacional durante os anos 1990, superando os fracassos do governo Collor e as hesitações do governo Itamar Franco. Ao mesmo tempo, apoiou alguns instrumentos econômicos estatais, como a Petrobras e o BNDES. Nesse sentido, argumentamos que, durante seus oito anos de mandato, Fernando Henrique Cardoso procurou substituir uma agenda de política externa reativa, dominada por uma lógica de autonomia pela distância – que prevaleceu durante a maior parte do período da Guerra Fria e que sustentava o modelo de substituição de importações –, por uma agenda proativa internacional, alinhada em alguns temas aos cânones neoliberais e guiada pela lógica da autonomia pela participação.

Essa nova perspectiva assegurou que o Brasil começasse a ter maior controle sobre seu destino e a resolver melhor seus problemas internos pela participação ativa na elaboração das normas e das pautas de conduta da ordem mundial (Fonseca Jr., 1998, p.363-74). Assim, participando ativamente na organização e na regulamentação das relações internacionais, a diplomacia brasileira contribuiria para o estabelecimento de um ambiente favorável ao desenvolvimento econômico, objetivo que norteou a ação externa do Brasil durante a maior parte do século XX. Nesse sentido, o governo Fernando Henrique Cardoso se caracterizou pela busca constante de normas e regimes internacionais, uma busca que visava fomentar um ambiente internacional o mais institucionalizado possível.

Nesse período, mudou o padrão de política exterior formulado por Araújo Castro (Amado, 1982), decididamente resistente à consolidação de instituições e regimes, que congelariam a hierarquia de poder existente na época da Guerra Fria. No novo ambiente internacional, dominado por uma grande potência e no qual o poder do Estado brasileiro debilitou-se em termos relativos, a perspectiva institucionalista passou a ser vista como favorável aos interesses brasileiros porque promovia o respeito às regras do jogo internacional, as quais, uma vez estabelecidas, deveriam ser respeitadas por todos, inclusive pelos países mais poderosos. No contexto do Mercosul e, depois, da América do Sul, a perspectiva é diferente; nesse caso, uma relação de poder mais favorável era vista como forma de impulsionar a inserção universal do Brasil como *global player*.

A partir dessa discussão inicial, sustentamos que a política externa do governo Fernando Henrique Cardoso ajudou a assegurar um espaço para o Brasil entre as nações, aceitando os valores hegemônicos considerados universais.

PREMISSAS DA POLÍTICA EXTERNA

A mudança de paradigmas da política externa brasileira foi estimulada pela emergência de novas formas de estruturação da economia internacional, na fase chamada globalização. A partir de 1990, os eixos Norte-Sul e Leste-Oeste das relações internacionais, tais como configurados ao fim da Segunda Guerra Mundial, pareciam estar sendo substituídos por novas formas de estruturação da sociedade internacional. Essa estruturação emergiu a partir da agenda dos "novos temas" políticos, valorativos e econômicos, como meio ambiente, direitos humanos, minorias, populações indígenas e narcotráfico. Como sugere a teoria da interdependência, os temas *soft* ganham maior importância na arena internacional (Keohane e Nye, 1989). Da perspectiva brasileira na era Fernando Henrique Cardoso, isso significava que

> a importância relativa de cada país passa a ser medida menos por seu peso militar ou estratégico, e mais por sua projeção econômica, comercial, científica ou cultural. (Abdenur, 1994, p.3)

Funcionários do Estado encarregados da formulação da política comercial, industrial e de desenvolvimento, coordenados com segmentos importantes do setor empresarial, passaram a interpretar que a relação custo/

benefício para o Brasil seria mais vantajosa em um ambiente de abertura. Eles entendiam que, sem capacidade competitiva, restaria apenas o aprofundamento das desigualdades em relação aos países ricos e mesmo em relação a alguns países subdesenvolvidos. Nesse sentido, a abertura serviria como antídoto ao risco econômico.

Contudo, a evolução em direção à *autonomia pela participação* foi paulatina, tendo se ampliado no fim da gestão Roberto Costa de Abreu Sodré no MRE durante o governo Sarney, e continuado na de Francisco Rezek, no governo Collor. Na breve passagem de Celso Lafer pelo MRE, em 1992, o esforço de refinamento teórico do novo modelo avançou, afirmando-se uma política que se caracterizaria pela busca de

> relações externas universais, sem alinhamentos ou opções excludentes, com vistas a preservar a autonomia [pela participação] do país na sua atuação internacional. (Campos Mello, 2000, p.92)

O relatório anual do MRE de 1993 aponta essa intenção quando observa que, em 1992, o esforço concentrou-se na construção de "uma moldura conceitual apropriada, para levar adiante a ação estratégica do Brasil" (MRE, 1993a, p.347). O governo Itamar Franco – que inicialmente teve Fernando Henrique Cardoso e depois Celso Amorim no comando do MRE – operacionalizou os objetivos traçados para a política externa.

A busca de redefinição envolveu ativamente o Ministério da Fazenda, inclusive na gestão Ciro Gomes,[1] quando a adesão aos valores prevalecentes no cenário internacional traduziu-se em ações centradas na busca de estabilidade econômica. Essa preocupação levou à consolidação da desagravação tarifária, iniciada pelo governo Collor, mas cujos pressupostos estavam nos estudos da Câmara de Comércio Exterior (Cacex) de 1988 e 1989. A decisão final de assinar a Ata de Marrakesh, que cria a OMC; a discussão da Tarifa Externa Comum no Mercosul, consolidada pelo Protocolo de Ouro Preto, de dezembro de 1994; e a participação na Cúpula de Miami, em dezembro de 1994, que deu início às negociações para a criação da Alca, foram ações que acabaram por consolidar a nova perspectiva traçada.

O conceito de mudança com continuidade, que prevaleceu no governo Fernando Henrique Cardoso, significava que a renovação do paradigma tradicional deveria caracterizar-se por uma adaptação criativa e por uma visão de futuro. Na perspectiva de Fernando Henrique Cardoso, compartilhada por Luiz Felipe Lampreia (1995-2000) e Lafer (2001-2002), a visão de

---

[1] Gomes permaneceu por três meses – de setembro a dezembro de 1994 – como ministro da Fazenda, deixando o cargo antes do início do primeiro mandato de Cardoso. Assumiu o posto em um momento particularmente sensível, dois meses depois da implementação do Plano Real e um mês antes das eleições presidenciais em que Cardoso e Lula se enfrentariam.

futuro era fundamental diante de um ambiente desfavorável, contra o qual a diplomacia, buscando adaptar-se às mudanças, deveria atuar no longo prazo. O objetivo do governo não era adaptar-se passivamente, mas, nos limites de seu poder, redirecionar e reformular o ambiente internacional, buscando formas de participar nos assuntos internacionais por meio da elaboração de regimes mais favoráveis aos interesses brasileiros. Ao aderir a regimes internacionais que, "mesmo não sendo ideais, representam um inequívoco aprimoramento na matéria" (Lafer, 1993a, p.46-7), o Brasil estaria garantindo um marco legal internacional na busca da concretização de seus interesses nacionais. O lado pragmático do paradigma que persistiu durante o mandato de Fernando Henrique Cardoso foi representado pela reiteração de conceitos como o de *global trader*, a interpretação do Mercosul como plataforma de inserção competitiva no plano mundial, e a perspectiva da possibilidade de integração com outros países e regiões (MRE, 1993a).

Incorporar o conceito de *global trader* significava que o Brasil tinha interesses globais, e, assim, poderia assumir posições e agendas diversificadas, buscando mercados e novas relações sem se vincular a um único parceiro. Isso explica o comportamento não institucionalista do país no caso do Mercosul e, ao mesmo tempo, institucionalista na agenda multilateral, particularmente perante organizações mundiais, como a ONU ou a OMC (Pinheiro, 2000).

No geral, a opção de um *global trader* é pela liberalização comercial multilateral em que seus ganhos podem ser maximizados. Na década de 1990 e até o fim da gestão Fernando Henrique Cardoso, o MRE manteve o princípio de que "a solução global deve ser o objetivo" (MRE, 1993a, p.199), ou seja, na formulação de diplomatas, optar pela Alca ou pela área de livre comércio com a União Europeia implicava contribuir para o estabelecimento e para o pleno funcionamento de um regime internacional de liberalização comercial. No período Fernando Henrique Cardoso, isso se traduziu no modelo dos "dois degraus da piscina": acordos específicos seriam como entrar na piscina, passando por um local de menor profundidade, para posterior adaptação à profundidade maior.

O universalismo já fazia parte da política externa brasileira, mas sua atualização pelo revigoramento da expressão *global trader* assinalava a diversificação das relações externas, agregando a elas a vertente regionalista. O que vimos na gestão Fernando Henrique Cardoso foi a consolidação de uma política já praticada nos governos Collor e Itamar Franco, pela qual o Mercosul seria prioritário na agenda brasileira por constituir uma proposta inédita na América do Sul e, ao mesmo tempo, por seu caráter de regionalismo aberto, sem exclusão de outros parceiros. Abandonou-se a ideia de desenvolvimento que prevaleceu de 1985 a 1989, na fase de construção dos acordos entre Argentina e Brasil, quando o papel do mercado interno ampliado foi particularmente significativo. Apesar da importância que o bloco representava para os governos brasileiros (na formulação de Lafer, 2001b, p.A7, "para nós, o Mercosul é destino, parte das nossas circunstâncias. A Alca não é destino, é opção"), o interesse despertado não foi suficientemente amplo a ponto de favorecer a elevação de sua institucionalidade ou de aumentar a disposição de arcar com os custos de sua consolidação. O Mercosul seria importante por viabilizar, a partir de uma posição de maior poder, a incorporação dos países às grandes tendências internacionais. Na Argentina, por exemplo, o governo de Carlos Saúl Menem manobrou para manter suas opções em aberto, decisão fortalecida em seu segundo mandato, a partir de 1995. No final, isso acabou contribuindo para as escolhas do governo Fernando Henrique Cardoso, ao constatar as dificuldades para o aprofundamento da interdependência no plano regional.

O LEGADO INTELECTUAL

Em formulação desde 1992, o processo de renovação do paradigma da política externa passou a ser tratado de modo sistemático, sendo incorporado à política de Estado. A partir de 1995, ele foi consolidado mediante vários pronunciamentos presidenciais em Stanford, Colégio do México, Índia, Assembleia Nacional Francesa, entre outros. No discurso de posse, Fernando Henrique Cardoso afirmava a necessidade de mudanças que garantissem uma participação mais ativa do Brasil no mundo, destacando o objetivo de "influenciar o desenho da nova ordem [...] e a necessidade [...] de atualizar nosso discurso e nossa ação externa" (Brasil. Presidência da República, 1996, p.137). Lampreia (1995, p.11) complementa, afirmando que o país soube "fazer as alterações de política que melhor respondiam às mudanças em curso no mundo, no continente e no próprio país. Essas alterações prosseguirão". Ainda na interpretação do ministro, tais alterações deveriam se dar por meio da promoção do país e de sua completa adesão aos regimes internacionais, possibilitando a convergência da política externa brasileira com as tendências mundiais, evitando, assim, seu isolamento diante do *mainstream* internacional. Para o governo brasileiro, buscar a convergência e evitar o isolamento não significava colocar-se em posição subordinada; ao contrário, era esse o caminho a seguir para o fortalecimento da posição relativa do país no sistema internacional.

Na perspectiva de Fernando Henrique Cardoso, outra característica importante de seu governo seria a coincidência entre os valores universalmente prevalecentes e a identidade nacional.

> O Brasil que entra no século XXI é um país cujos objetivos prioritários de transformação interna, de desenvolvimento, estão em consonância com os valores que se difundem e se universalizam no plano internacional. (Cardoso, 2000, p.6)

Para ele, a adesão acabaria se transformando em benefício, pois, no mundo globalizado, incontornável na história contemporânea, "o mesmo sistema que nos impõe um revés funciona, no longo prazo, a nosso favor" (idem, p.3), desde que o país tenha competência para transformar as oportunidades externas em benefícios internos (Lafer, 2001c).

De forma mais precisa, a política externa do governo Fernando Henrique Cardoso seguiu

> uma linha que eu chamaria de "convergência crítica" em relação ao conjunto dos valores, compromissos e práticas que hoje orientam a vida internacional [...] "Convergência", porque as transformações ocorridas no Brasil nos aproximaram, por decisão própria, desse curso central da história mundial, em uma era na qual a democracia política e a liberdade econômica são as referências fundamentais. (Lampreia, 2001, p.2)

A justaposição dos termos "convergência" e "crítica" justificar-se-ia porque, na realidade das relações internacionais contemporâneas,

> a observância dos valores e compromissos que compõem esse *mainstream* continua a padecer de graves distorções e incoerências, alimentadas e facultadas pela prevalência das assimetrias de poder sobre o princípio da igualdade jurídica (idem, p.3).

Essa interpretação é relevante porque explica de forma clara o entendimento do governo. O que o Brasil critica, insistindo a respeito ao longo dos dois mandatos de Fernando Henrique Cardoso, são as distorções; sobre elas, o discurso e a ação fizeram-se sentir. As críticas às políticas de imposição surgiram no contexto de uma linguagem e de uma ação diplomática voltadas ao entendimento. Buscou-se a todo momento evitar tensões irremediáveis, seja com os Estados Unidos, seja com outros países. No caso das relações com a Argentina, mesmo no momento em que as divergências ganharam maior intensidade, em janeiro de 1999, com a desvalorização do real, a política do governo Fernando Henrique Cardoso foi a de procurar formas de entendimento.

Atuar dentro do sistema para a solução de divergências foi um objetivo constante do governo Fernando Henrique Cardoso. As incoerências entre o discurso e a prática dos atores mais poderosos e influentes da sociedade internacional surgiram em diferentes cenários – nas relações entre Estados, no comércio mundial, no funcionamento dos organismos internacionais, nos temas de segurança, na questão do meio ambiente – como realidades diante das quais não haveria outra forma de superação a não ser pelo entendimento. O ativismo exercido em algumas instâncias, como na OMC, visava fortalecer a posição brasileira.

Na perspectiva do governo, o fim a ser alcançado no contexto da autonomia pela participação era uma agenda proativa, segundo a qual o país deveria ampliar o poder de controle sobre seu destino. Assim, a política externa viria contribuir para a resolução da agenda interna de desenvolvimento e de crescimento, ajudando a superar os problemas sociais. Reiteram-se nesse contexto as formulações a respeito do significado dessa política, construída a partir de 1930. Diferentemente de outras fases, segundo Fonseca Jr. (1998), os objetivos seriam mais efetivamente alcançados pela participação ativa na elaboração das normas e pautas da conduta internacional. Dar-se-ia, assim, uma "contribuição afirmativa, engajada, para a estabilidade e a paz" (Lampreia, 1997, p.5).

O governo Fernando Henrique Cardoso, ao consolidar e renovar o paradigma da política externa brasileira na segunda metade dos anos 1990, conferiu um novo significado ao conceito de autonomia: o de "autonomia pela participação, ou seja, em vez de uma autonomia isolacionista, uma autonomia articulada com o meio internacional" (Lampreia, 1999, p.11).

> Em outras palavras, a manutenção de um comportamento de *mainstream*, mas com atenção à especificidade do Brasil, tanto nos seus condicionamentos quanto nos seus objetivos e interesses. (idem, 1999, p.89)

Lampreia também afirma que a "autonomia pela participação" é uma sofisticação da conceituação que definiu a busca de "autonomia pela distância", característica da diplomacia brasileira durante a Guerra Fria, em oposição à necessária busca de "autonomia pela participação". Segundo Fonseca Jr.,

> o acervo de uma participação positiva, sempre apoiada em critérios de legitimidade, nos abre a porta para uma série de atitudes que tem dado uma nova feição ao trabalho diplomático brasileiro. A autonomia, hoje, não significa mais "distância" dos temas polêmicos para resguardar o país de alinhamentos indesejáveis. Ao contrário, a autonomia se traduz por "participação", por um desejo de influenciar a agenda aberta com valores que exprimem tradição diplomática e capacidade de ver os rumos da ordem internacional com olhos próprios, com perspectivas originais. Perspectivas que correspondam à nossa complexidade nacional. (Fonseca Jr., 1998, p.368)

Enfim, foi por meio da tarefa de organizar e regulamentar as relações internacionais nas mais diversas áreas que a diplomacia brasileira procurou estabelecer um ambiente de convívio internacional favorável à realização do principal objetivo do país e de seus parceiros do Mercosul: gerar e garantir desenvolvimento duradouro e sustentável. Alcançar esse objetivo tornou-se cada vez mais necessário, já que, em virtude das grandes transformações do mundo pós-Guerra Fria, na formulação do governo Fernando Henrique Cardoso, os interesses específicos brasileiros estavam e estariam atrelados a interesses gerais inseridos na dinâmica da ordem mundial. Inversamente, essa mesma ordem poderia contribuir para a legitimação e concretização dos interesses específicos nacionais.

As gestões de Lampreia (1995-2000) e de Lafer (2001-2002) no MRE, sem deixar de ser incisivas em alguns casos, caracterizaram-se pela busca da moderação construtiva, expressa na capacidade de

> desdramatizar a agenda da política externa, ou seja, de reduzir os conflitos, crises e dificuldades ao leito diplomático, evitando que sejam explorados ou magnificados por interesses conjunturais. (Fonseca Jr., 1998, p.356)

Nas palavras de Lafer (2001a, p.47), "preferindo a resolução das diferenças por meio da Diplomacia e do Direito, reduzindo o ímpeto da política de poder e da guerra". Nessa perspectiva, que poderíamos classificar como intermediária entre o paradigma grociano (equilíbrio entre realismo e idealismo) e o kantiano (idealismo), buscou-se resguardar conquistas, confiando (talvez em demasia) na capacidade de convicção, sobretudo no diálogo, embora eles tivessem consciência da relevância do poder e da força.

No período Fernando Henrique Cardoso prevaleceu, pois, uma perspectiva cooperativa para a análise das relações internacionais. A reiterada denúncia das assimetrias, a insistência na crítica às políticas apoiadas no poder, a busca pela atenuação do uso do unilateralismo (particularmente dos Estados Unidos a partir de janeiro de 2001, com o governo George W. Bush), a crítica ao uso distorcido dos princípios, tudo isso deve ser compreendido tendo-se em vista a luta por um ordenamento voltado para a cooperação. Esse legado parece ter sido a resposta às possibilidades de mudanças introduzidas em determinada fase histórica, quando o fim da Guerra Fria fazia pressupor novas oportunidades.

Em resumo, a congruência com a agenda global foi a premissa suprema da política externa do governo Fernando Henrique Cardoso, definida pela fórmula de autonomia pela participação, juntamente com a aspiração a uma posição mais fortalecida na arena global. O governo pretendia eliminar a percepção negativa do Brasil na comunidade internacional, especialmente no setor financeiro, e convencer seus parceiros de que o país estava preparado tanto para arcar com as obrigações da economia mundial quanto para tirar vantagens de seus benefícios.

À primeira vista, essa estratégia poderia ser considerada bem-sucedida. Ela contabilizou grande número de conquistas, incluindo o estreitamento de relações com os Estados Unidos; o retorno dos investimentos estrangeiros diretos, visto que o país se conectava a cadeias de abastecimento dos mais importantes setores industriais; a atualização dos avanços com o Mercosul; as "vitórias" na OMC, entre outras. Não obstante, os custos aumentaram a longo prazo e os benefícios diminuíram a partir do momento em que houve declínio no âmbito do Mercosul e nos investimentos estrangeiros, como consequência das sucessivas crises internacionais. Esse cenário foi acentuado com a posse de George W. Bush nos Estados Unidos, que promoveu uma política antimultilateralista, e principalmente após o 11 de setembro de 2001.

A seguir, analisaremos os desdobramentos concretos da política de Fernando Henrique Cardoso: sua operacionalização e como ela influenciou os resultados de negociações nas quais estavam em jogo interesses reais.

O LEGADO CONCRETO

No campo das formulações concretas, a política externa teve como eixo central, mantido nos oito anos de governo de Fernando Henrique Cardoso, a ideia de manutenção da forte retórica pró-Mercosul e, sobretudo no segundo mandato, o fortalecimento das relações com a América do Sul. Do ponto de vista do governo, esse eixo permitiria um melhor exercício do universalismo, fortalecendo a diretriz da "autonomia pela participação". Nos temas da agenda que se mantiveram constantemente presentes, haveria fortalecimento da capacidade negociadora do país se o pressuposto da consolidação do Mercosul e a maior integração sul-americana pudessem se efetivar. A ação brasileira deu-se em numerosos cenários, mostrando uma perspectiva multifacetada, ainda que a importância de cada tema fosse profundamente distinta. Tiveram maior ou menor destaque: o acordo de livre comércio com a União Europeia; a integração hemisférica e as negociações da Alca; as alianças no âmbito da OMC; a ampliação das relações bilaterais com parceiros importantes, como China, Japão, Índia, Rússia, África do Sul; e questões como a não proliferação nuclear, o desarmamento, o avanço do terrorismo, o meio ambiente, os direitos humanos, a defesa da democracia, a candidatura a uma vaga permanente no Conselho de Segurança da ONU, a busca por uma nova arquitetura financeira internacional, a relação com Portugal e com os países que compõem a Comunidade dos Países de Língua Portuguesa (CPLP), e a relação com Cuba. A questão democrática e o princípio da autodeterminação foram valores defendidos durante o governo Fernando Henrique Cardoso. Nessa perspectiva colocam-se: a posição assumida em diferentes crises no Paraguai, em 1996, 1999 e 2001; a inclusão da Cláusula Democrática no Mercosul a partir da declaração conjunta dos presidentes de 1996 e do Protocolo de Ushuaia, de 1998; a posição assumida na crise institucional venezuelana, no fim de 2002 – também fim de mandato do presidente Fernando Henrique Cardoso –, quando a posição brasileira resultou de certa convergência com o governo Lula, logo empossado; e, finalmente, a posição assumida quando da "eleição" de Fujimori no Peru, em 2000, para seu terceiro mandato, assinalaria, segundo o governo, sua defesa do princípio da autodeterminação.

Para o governo Fernando Henrique Cardoso, os ganhos decorrentes da participação e adesão parcial ao *mainstream* internacional deveriam ser sustentados por capacitação em termos de altos níveis de especialização, particularmente para as negociações comerciais e econômicas. Portanto, para alcançar resultados favoráveis ao país e a cada um dos setores interessados, seriam fundamentais a adesão aos regimes e a competência para utilizar-se deles. Entretanto, a adequação do Estado ao contexto negociador e a capacidade dos atores privados de responder adaptando-se aos novos patamares foram insuficientes. As posições brasileiras mostraram-se frequentemente defensivas; quando ofensivas, elas se concentraram em áreas competitivas, como a agricultura, que, a despeito de sua importância, não representa o conjunto dos interesses nacionais.

A DIPLOMACIA PRESIDENCIAL E A RECONSTRUÇÃO DA IMAGEM DO PAÍS

Na ação diplomática, o governo Fernando Henrique Cardoso utilizou-se frequentemente da figura do presidente, retomando formas crescentemente adotadas por outros Estados. No governo Collor, houve ensaios de diplomacia presidencial, tênues pelas dificuldades de consolidação que aquele governo teve. De certa forma, a diplomacia presidencial, aliada ao relativo sucesso do Plano Real, contribuiu para a reconstrução da imagem do Brasil, solidificando-a e legitimando-a perante as instituições multilaterais e inúmeros governos, incluindo os de países ricos. De acordo com Genoíno (1999, p.7), o governo Fernando Henrique Cardoso teve como meta constante de sua política externa "refundar a credibilidade externa sobre a estabilidade interna". Consolidando essa interpretação, Danese (1999, p.7) afirma que, desde o início, o governo Fernando Henrique Cardoso buscou combinar, por um lado,

> maior poder nacional do país, graças à estabilização e aos atrativos representados pelas suas dimensões econômicas, incluindo sua participação no Mercosul, e pela abertura da sua economia; e, de outro, a vocação e a disposição pessoais do Presidente para protagonizar uma diplomacia presidencial no estilo hoje consagrado pelas melhores lideranças mundiais.

No entanto, a melhora da nossa imagem no exterior representa apenas parcialmente o quadro pelo qual o país é visto pela opinião pública internacional, bastante influenciada pelas percepções existentes nos países ricos. Temas sensíveis, como direitos humanos, povos indígenas, criminalidade, meio ambiente e tráfico de drogas constituem fatores de deterioração da imagem brasileira, dificilmente compensados pelo ativismo governamental ou mesmo pela adequação do país aos padrões hegemônicos exigidos no campo da estabilidade macroeconômica. Evidentemente, não se trata de problemas diretamente atribuíveis à responsabilidade dos governos, pois se propagam em muitos países pobres, particularmente na América Latina; no entanto, eles contribuem para enfraquecer a posição do país no mundo.

Entre os resultados das mudanças implementadas nos mandatos de Fernando Henrique Cardoso favoráveis ao Brasil, podemos citar: a confiança despertada pelo país no exterior, possibilitando a atração de investimentos externos diretos, significativamente importantes para o sucesso da estabilidade macroeconômica; e o apoio de organismos multilaterais e de governos de países desenvolvidos em momentos de ameaça de crise financeira e econômica, como a crise cambial de 1999. Entretanto, tendências profundas, sobretudo ligadas à debilidade do crescimento econômico no Brasil ao longo dos dois mandatos – com exceção do índice de 4,4% alcançado em 2000 (Intal, 2003, p.7) –, limitaram a possibilidade de melhor utilização da política externa para impulsionar os objetivos estratégicos tanto de caráter político como econômico. A participação do Brasil em alguns debates internacionais importantes, como o da tentativa de criar uma nova arquitetura financeira internacional que, no entendimento do governo, visaria regulamentar fluxos financeiros de capitais voláteis, que contribuem para o desencadeamento de crises, refletiu as dificuldades do país de influenciar na construção de uma agenda ainda não desejada por atores relevantes e de maior poder. Estes não pareciam interessar-se por controles ou limitações no período Fernando Henrique Cardoso. Entretanto, a estratégia de autonomia pela participação alcançou seus objetivos quando ajustou-se ao *mainstream* internacional, ou quando os interesses brasileiros coincidiram com os de alguns países desenvolvidos. Os ganhos alcançados pelo governo Fernando Henrique Cardoso resultaram de predisposição, boa vontade e colaboração de parceiros externos; sem esses fatores, os resultados foram negativos, como na tentativa de alterar a arquitetura do sistema financeiro internacional, que provoca crises de volatilidade nos mercados emergentes e em todo o mundo. Apesar da extensa participação brasileira, o resultado final não foi o esperado pelo governo.

No governo parece ter aumentado de modo significativo, provavelmente em sintonia com o que ocorre em outros países, a ênfase das relações externas na agenda interna. As relações internacionais, por distintas razões, algumas relacionadas à crítica da política governamental, despertaram maior atenção e interesse por parte da sociedade e dos meios de comunicação.

> Nunca antes associações empresariais, sindicatos, organizações não governamentais, o Congresso Nacional, a opinião pública, em suma, haviam se engajado tanto no debate sobre as relações do Brasil com o mundo (Silva, 2002, p.302).

As relações com os Estados Unidos e a Argentina foram temas que preocuparam permanentemente o governo Fernando Henrique Cardoso; embora tenha sido dedicado intenso esforço para melhorá-las, nem sempre isso foi possível. O reconhecimento de uma imagem positiva do Brasil no exterior e especificamente do papel político e intelectual de Fernando Henrique Cardoso, expresso em determinadas circunstâncias por governantes e estadistas como Bill Clinton e Tony Blair, foi explicitado, por exemplo, por ocasião das reuniões não oficiais que incluíram chefes de Estado e de governo, e em que se debateu a criação da "terceira via". Entretanto, isso não parece ter sido suficiente para alterar a visão negativa da opinião pública sobre o Brasil disseminada pelos países desenvolvidos. A comunidade internacional respeitava o presidente Fernando Henrique Cardoso, ouvido com atenção em diversos fóruns globais, mas isso não era traduzido em avanços concretos para o Brasil em várias questões consideradas estratégicas.

RELAÇÕES COM OS ESTADOS UNIDOS

A busca de melhores relações bilaterais com os Estados Unidos teve início no primeiro ano do mandato de Fernando Henrique Cardoso, em 1995, e chegou a alcançar resultados positivos ao superar contenciosos existentes há muito, alguns deles originados nos governos militares. A política de estabilização macroeconômica foi um objetivo apreciado positivamente em Washington. No plano das relações internacionais, e especificamente das bilaterais, a adesão do Brasil ao Missile Technology Control Regime (MTCR) (Regime de Controle de Tecnologia de Mísseis) e a promessa de encaminhamento da adesão ao Tratado de Não Proliferação Nuclear (TNP), concluída em 1997, assim como a ênfase em considerar importantes as relações construtivas com os Estados Unidos para os interesses do Brasil, foram fatores que alimentaram maior aproximação entre os dois países. Em 1995, Fernando Henrique Cardoso assinalava o significado dessa relação ao afirmar que "os Estados Unidos são nosso parceiro fundamental, por causa da posição central desse país" (*O Estado de S.Paulo*, 1995, p.A5).

A análise das relações Brasil–Estados Unidos oferece maior compreensão do significado da renovação e da adaptação dos paradigmas da política exterior. A busca de melhores relações bilaterais foi acompanhada pela ênfase na autonomia da atuação internacional do país e pela afirmação de sua condição de *global player* e de *global trader*. Os conflitos ocorridos nos governos militares, as questões da dívida externa (que tanto peso tiveram nos governos João Baptista Figueiredo, Sarney e Collor) e as intensas disputas comerciais ou políticas *stricto sensu* pareceram deixar de existir – ou, ao menos, passaram a fazer parte dos conflitos comuns nas relações entre

Estados. Em outras palavras, a opção pela "autonomia pela participação" era vista como capaz de proporcionar maior aproximação entre os dois países, sem exigir alinhamento automático ou opções excludentes. Dessa perspectiva, manter-se-ia a possibilidade de dissensão quando os interesses brasileiros fossem ameaçados pela ação dos Estados Unidos; apesar de detentores de poder global e regional, esse país teria sua capacidade de ação cerceada pelo cenário internacional multipolar em emergência na década de 1990, abrindo, assim, a possibilidade de uma nova inserção do Brasil (Lima, 1999). Nos dois últimos anos do governo Fernando Henrique Cardoso, particularmente depois dos atentados de 11 de setembro de 2001, a evolução das relações internacionais que parece distinguir o início do século XXI colocou novas interrogações, em certa medida exigindo uma intensidade de energia maior – e talvez também maiores riscos – para a manutenção de boas relações bilaterais.

A política de Fernando Henrique Cardoso, direcionada a formas mais apropriadas de inserção do Brasil, levou em consideração a preponderância dos Estados Unidos – daí o explícito reconhecimento da importância de boas relações com esse país, para garantir o espaço de autonomia do Brasil e para viabilizar seu papel na América do Sul. Para o presidente, "Temos de manter boas relações com os Estados Unidos e ter capacidade de organizar o espaço sul-americano, o Mercosul" (*O Estado de S.Paulo*, 1996, p.A10). Trata-se de perspectiva frequentemente assumida por administrações pragmáticas, para as quais as realidades existentes são consideradas dados do problema, e não objetivos a serem minimizados ou removidos. Em outros termos, a política cooperativa explicitou-se claramente nas relações entre Brasil e Estados Unidos.

Boas relações bilaterais e "autonomia pela participação" com os Estados Unidos foram fatores considerados necessários para a ampliação do papel do Brasil no cenário internacional, a partir do espaço sul-americano. Essa perspectiva nem sempre prevaleceu na ação diplomática do país, mas se manifestou em outros períodos históricos; entre eles, nas gestões do Barão do Rio Branco (Bueno, 2003) e de Oswaldo Aranha (Vigevani, 1989). Segundo Fernando Henrique Cardoso, a prioridade para o Brasil era

> a consolidação do Mercosul, que não é só o âmbito da integração realizável no curto prazo, mas também a plataforma a partir da qual reforçaremos a nossa articulação com outros centros da economia internacional. (Cardoso, 1993, p.9)

Ao prevalecer a estratégia do regionalismo aberto, a "necessidade de mantermos sempre abertas as nossas opções" (idem, ibidem) é um desdobramento lógico. O estreitamento das relações com os Estados Unidos tinha como pano de fundo não [...] nos limitar a parcerias excludentes ou a critérios reducionistas de atuação internacional. Temos que atuar em diferentes tabuleiros, lidar com diferentes parcerias, estar em diferentes foros. (idem, ibidem)

A *rationale* de Fernando Henrique Cardoso em 1993, quando ministro das Relações Exteriores de Itamar Franco, contribuiu para balizar a ação presidencial em seus dois mandatos.

A diretriz da atuação em diferentes foros foi de fato implementada. A análise da atitude assumida diante da Alca em seu primeiro mandato serviu para aferir o peso dos constrangimentos externos implícitos nessa posição. De forma simplificada, pode-se afirmar que, após a Cúpula de Miami de dezembro de 1994, quando Fernando Henrique Cardoso acompanhou o então presidente em conclusão de mandato, Itamar Franco, a decisão do governo foi buscar protelar a Alca o máximo possível, política finalmente reformulada após a segunda cúpula, em abril de 1998, em Santiago (Chile). Ao longo das negociações, entre 1995 e 1998, a defesa do princípio da autonomia ganhou expressão pela lógica do protelamento, assim como a manutenção da prioridade do Mercosul, apesar das dificuldades crescentes do bloco. Segundo Fernando Henrique Cardoso, a América do Sul deveria ser considerada "nosso espaço histórico-geográfico" (Cardoso, 1997, p.4); portanto, "para o Brasil, o Mercosul é o peão, mas não basta: precisamos dessa integração mais ampla" (*O Estado de S.Paulo*, 2000, p.A11).

Não se tratava de um jogo em dois tabuleiros. Na percepção do governo brasileiro, diferentes negociações são complementares e não contrapostas, e faz parte do comportamento do estadista saber desenhar diferentes cenários. Caso a Alca não fosse operacionalizada e as dificuldades no Mercosul persistissem, o tema de um espaço sul-americano voltaria a adquirir significado, como ocorreu na gestão de Amorim no MRE, na segunda fase do mandato de Itamar Franco. Não se tratava da diminuição da importância das relações com os Estados Unidos, que mantêm sua centralidade, mas de melhorar a capacidade negociadora, ou seja, o poder de barganha no processo negociador hemisférico. Além disso, a "opção sul-americana" do Brasil poderia ser útil às suas aspirações a um assento permanente no Conselho de Segurança da ONU, o que permitiria ao país seu reconhecimento como potência regional (Lima, 1996, p.152).

No segundo mandato de Fernando Henrique Cardoso, a política brasileira em relação à Alca sofreu de forma mais direta o impacto dos constrangimentos. Após a cúpula de Santiago, apontavam-se, sobretudo no MRE e com respaldo da Presidência, os riscos de isolamento, o que não era bem-vindo em um contexto em que o mercado dos Estados Unidos representava um diferencial de fundamental importância, e não apenas para o Brasil. Nesse caso, a opção pela cooperação e a diretriz da "autonomia pela participação" acabaram fortalecendo a perspectiva da inserção mais ativa no processo negociador. A preocupação com a participação ativa nos debates sobre os regimes específicos que regeriam a Alca levou a uma atitude propositiva, com ganhos no sentido da inserção de itens e conceitos de interesse do Brasil e do Mercosul, como o de *single undertaking*, por exemplo. No final, contudo, o país não pôde mudar substantivamente a pauta em discussão, cujo arcabouço jurídico básico deixou um espaço restrito para temas não adequados aos interesses norte-americanos.

Outros temas na pauta das relações com os Estados Unidos, como o tratamento a ser dado às patentes farmacêuticas no caso dos medicamentos genéricos, foram remetidos para a OMC, organismo no qual o Brasil pôde articular uma frente mais ampla em defesa de suas posições. O pragmatismo e a busca de uma atitude cooperativa, sem abdicar da defesa de interesses, permitiram um razoável equilíbrio nessas relações, evitando-se perdas de maior importância, mesmo quando os ganhos não chegaram a alcançar os níveis desejados. Ao mesmo tempo, devemos observar que a estratégia de autonomia pela participação postulou que os Estados Unidos, apesar de sua hegemonia, manteriam uma aproximação mais cooperativa e multilateral em assuntos internacionais. Quando eles abandonaram essa proposta, como ocorreu nos últimos dois anos do governo Fernando Henrique Cardoso, após a chegada de George W. Bush à presidência, as relações com o Brasil endureceram e as críticas aos Estados Unidos se intensificaram. A OMC trouxe novas demandas para os Estados Unidos, e a posição do Brasil em relação à Alca se enrijeceu com a eleição de Lula, renovando-se as lideranças sul-americanas, que mostraram interesse por novas propostas, como a Iniciativa para a Integração da Infraestrutura Regional Sul-Americana (IIRSA) e para o enfrentamento dos desafios do Mercosul.

MERCOSUL E AMÉRICA DO SUL

No governo Fernando Henrique Cardoso, ao menos na retórica, consolidou-se uma política voltada ao entorno geográfico, que se tornou referência constante da ação externa. Isso pode parecer simples, mas sabemos que, no passado, até mesmo no governo Sarney, a política regional não teve propriamente centralidade. A interpretação dada ao Mercosul – nisso coincidindo com os interesses do governo argentino nos mandatos de Menem –, de regionalismo aberto, possibilitou ao Brasil, sem exclusivismo ou alinhamento, simultaneamente aderir às normas e aos regimes internacionais de seu interesse e garantir a preservação de uma "reserva de autonomia" (Pinheiro, 1998, p.61), que se efetivaria pelo espaço de manobra regional. Em alguns casos, a adesão a algumas normas e regimes possibilitou o fortalecimento do *soft power* pelo retorno obtido graças à melhor imagem do país. Para Campos Mello (2000, p.112), a relação entre o universalismo e o regionalismo pode ser estabelecida da seguinte forma:

> o universalismo dos anos 1990 se expressa primordialmente no regionalismo: é nessa área que o Brasil encontrou seu principal espaço de reafirmação de autonomia, na resistência à integração hemisférica, no processo de integração sub-regional do Mercosul e nas suas novas iniciativas na América do Sul.

A discussão sobre a área de livre comércio entre Mercosul e União Europeia, e a busca de parceiros estratégicos, como China e Índia, são temas que devem ser compreendidos juntamente com o reconhecimento do papel regional. Na opinião de Lampreia:

> Embora, por um lado, signifique efetivamente alguma perda de autonomia, por outro, o Mercosul aumenta nossa capacidade de atuar de modo mais afirmativo e participativo na elaboração de regimes e normas internacionais de importância essencial para o Brasil (1999, p.12).

Particularmente no segundo mandato de Fernando Henrique Cardoso, houve forte interesse em manter um consenso mínimo entre os parceiros do Mercosul, tendo em vista as negociações da Alca e, depois da reunião de Brasília de agosto de 2000, em buscar construir um espaço integrado da América do Sul.

Para o governo Fernando Henrique Cardoso, duas realizações sinalizavam favoravelmente à consolidação política do Mercosul:

- a adesão conjunta de Argentina e Brasil ao TNP, no contexto de um acordo com a AIEA, encerrando a fase em que o uso militar da energia nuclear permanecia como incógnita nas relações bilaterais e como foco de preocupação na relação com outros países. Os dois governos comprometeram-se a desenvolver a pesquisa nuclear apenas para fins pacíficos e controlados; e
- a defesa da democracia nos episódios das crises institucionais no Paraguai em 1996, 1999 e 2001, e a inclusão da Cláusula Democrática no Mercosul, consolidada, como afirmamos, pelo Protocolo de Ushuaia de 1998.

O significado da inserção do Brasil no quadro regional de bens públicos internacionais (Valladão, 2005) teria como corolário imediato a indução da estabilidade na região (Silva, 2002, p.316) e o fortalecimento das posições do país na comunidade internacional. Nessa mesma linha devem ser consideradas outras ações, como a contribuição para a solução do conflito fronteiriço entre Peru e Equador, e a defesa da democracia na Venezuela na crise do fim de 2002, quando o governo Fernando Henrique Cardoso atuou de forma coordenada com o governo Lula, a ser empossado.

Segundo Pinheiro (2000), a combinação de uma política *grociana* no âmbito global com a utilização de uma perspectiva universalista e cooperativa em "consonância com os valores que se difundem e se universalizam no plano internacional" (Cardoso, 2000, p.6) deve ser comparada com a política implementada regionalmente. Neste último caso, o diferencial de poder parece ter sido utilizado para evitar formas de supranacionalidade, de modo a garantir autonomia diante de parceiros externos à região. Nesse sentido, houve um esforço de maximizar benefícios, implicando políticas diferenciadas, não homogêneas.

Ao longo do governo Fernando Henrique Cardoso, a América do Sul manteve sua centralidade na política brasileira, não apenas pela busca de consolidação do Mercosul como União Alfandegária, mantendo-se o horizonte do mercado comum, mas também por meio de outras ações. Ao que tudo indica, tratava-se de tendência não conjuntural, tendo sido uma política inaugurada por Sarney, com continuidade no governo Itamar Franco e nos dois mandatos de Fernando Henrique Cardoso. O governo atuou em relação à região com alguns sinais de relativa coordenação, ainda que não completa. Nesse sentido, não só ministérios e empresas foram mobilizados, mas também o projeto de eixos estratégicos. No governo Fernando Henrique Cardoso, foi consolidado o redirecionamento da matriz energética que, até o fim dos anos 1980, era muito dependente das importações do Golfo Pérsico, sobretudo da Arábia Saudita e do Iraque. Na década de 1990, as importações voltaram-se particularmente para a Argentina e a Venezuela. Grandes projetos de integração física, como a interligação das redes de energia elétrica e gasodutos, foram concretizados. Mas, ao mesmo tempo, as instituições regionais não se fortaleceram adequadamente. Ao contrário, a partir de 1998 e acentuando-se em 1999, o Mercosul passou por significativa crise, consolidando-se a perspectiva de União Alfandegária incompleta.

Dito de outro modo, a percepção de que a busca de objetivos no plano internacional implica custos – portanto, ônus –, não avançou significativamente na sociedade brasileira e no Estado durante o governo Fernando Henrique Cardoso. A desvalorização do real em janeiro de 1999, apoiada pela imensa maioria no Brasil, teve consequências graves nos países vizinhos do Mercosul e associados, inclusive na Bolívia. Ainda que as razões dessas crises específicas tivessem diferentes origens, uma iniciativa brasileira buscando formas de compensação poderia ter tido resultados benéficos para as estratégias regionais. No plano político, o governo demonstrou timidez em determinadas situações, como no caso da Colômbia. A não participação do Brasil no grupo integrado pela ONU, pela União Europeia e por alguns países latino-americanos que buscavam criar condições para um acordo por meio de negociações entre o governo da Colômbia, as Forças Armadas Revolucionárias da Colômbia (Farcs) e o Exército de Libertação Nacional (ELN), limitou a influência brasileira nessa crise.

Na percepção do governo Fernando Henrique Cardoso, o crescimento do papel do Brasil na região aumentava seu poder de barganha extrarregional, mas houve dificuldades em aumentar proporcionalmente o esforço nacional dedicado à consolidação desse objetivo. Não se tratava apenas de dificuldades de governo, mas também de outras resistências internas, impostas por setores regionais e sociais temerosos de serem onerados por custos derivados da política de participação. Ademais, a liderança brasileira encontrava outras dificuldades, em termos tanto de princípios quanto pragmáticos. Particularmente para a Argentina, essa era uma questão sensível. Assim, o que prevaleceu foi o entendimento de que, se houvesse alguma preponderância do Brasil, seria apenas a natural, tendo em vista sua população maior e uma economia mais poderosa. Inversamente, a recusa de instâncias de supranacionalidade serviria para garantir, se necessário, autonomia em relação a outros países da região.

Ainda assim, a opção pelo fortalecimento do Mercosul e, no segundo mandato, o retorno com força da questão sul-americana, constituíram pressupostos necessários para o equacionamento das relações com os Estados Unidos. As negociações da Alca evidenciaram a centralidade dos Estados Unidos para inúmeros países, centralidade esta não apenas comercial, mas também estratégica, financeira, tecnológica e cultural. A preocupação demonstrada pelo governo Fernando Henrique Cardoso na efetivação de instrumentos reais de ação, utilizando recursos da Corporação Andina de Fomento (CAF), do Banco Nacional de Desenvolvimento Econômico e Social (BNDES), e do Fundo da Bacia do Prata (Fonplata), sugeria a necessidade de patamares mais realistas para a política regional. Ainda assim, a ideia de que poderia haver interesses comuns, por haver certa identidade e uma visão semelhante da região, não se fortaleceu suficientemente a ponto de tornar o tema da integração um grande articulador de interesses, seja no Brasil, seja nos países vizinhos.

OMC, MERCOSUL–UNIÃO EUROPEIA E ALCA

Na perspectiva da "autonomia pela participação", no governo Fernando Henrique Cardoso prevaleceu a política de atuar simultaneamente nos três tabuleiros das negociações comerciais multilaterais nas quais o país estava envolvido: OMC, Mercosul–União Europeia e Alca. Houve uma clara orientação para

> dar prioridade às negociações multilaterais sobre as bilaterais, por considerar aquelas as que ofereciam maiores possibilidades de êxitos para uma nação com as características do Brasil (Silva, 2002, p.325).

Entre as negociações, as desenvolvidas no quadro da OMC foram consideradas

> o foro por excelência, e o que melhor atende a nossos interesses, no que tange à formulação de regras de regulamentação, no plano internacional, das atividades econômicas. (Lafer, 2001a, p.231)

No entendimento do governo Fernando Henrique Cardoso, contando, para isso, com amplo respaldo político e social, a preferência justificava-se porque a OMC

> enseja coligações de geometria variável, em função da variedade dos temas tratados; por isso, no multilateralismo comercial não prevalecem "alinhamentos automáticos". Na OMC, na formação destas coligações, não só os Estados Unidos têm peso. [Todos países têm e] possuem poder de iniciativa pela força da ação conjunta e, finalmente, a regra e a prática do consenso no processo decisório tem um componente de democratização que permeia a vida da organização. (Lafer, 1998, p.14-5)

Por isso, um dos objetivos do Brasil era injetar vigor renovado na OMC (Lafer, 2002). Contudo, essas possibilidades não são automáticas; elas devem ser compreendidas, analisadas e canalizadas pelo Estado e pela sociedade brasileira em prol de seus interesses, o que exige esforço e recursos adequados. Ainda assim, essa política em diferentes contextos levou a resultados claramente satisfatórios para o país.

A OMC foi considerada a melhor opção para os interesses brasileiros nas questões econômicas, já que

> protegeria contra abusos e lhe ofereceria recursos adequados para a resolução razoavelmente justa de conflitos que, de outra forma, seriam resolvidos pela lei do mais forte. (Silva, 2002, p.325)

O principal meio utilizado foi o mecanismo do recurso ao Dispute Settlement Body (DSB), órgão de solução de controvérsias, empregado pelo governo e pelas empresas nos contenciosos comerciais. Utilizando esses instrumentos, além de grupos *ad hoc*, o Brasil alcançou algumas vitórias, como a que houve em relação à gasolina, com decisão favorável ao país e desfavorável aos Estados Unidos.

A disputa talvez mais conhecida pela opinião pública, em virtude de sua importância, foi contra o Canadá, envolvendo as empresas Bombardier e Embraer. Para o Canadá, o centro do conflito eram os subsídios à fabricação das aeronaves brasileiras, que contrariavam as regras da OMC estabelecidas pela Ata de Marrakesh. Inversamente, o Brasil acusava a Bombardier do uso de métodos contrários às regras da OMC na comercialização de suas aeronaves. Depois de vários anos de litígio, ambos os países declararam-se satisfeitos com a arbitragem. A resolução adotada pela OMC implicou direito de retaliação da parte do Brasil com compensação de prejuízos; ao mesmo tempo, ela recomendou a reestruturação do Programa de Financiamento às Exportações (Proex), adequando-o às regras da própria OMC, conforme solicitou o Canadá.

Outro contencioso de grande relevância social, além da econômica, no qual o Brasil obteve saldo nitidamente favorável, foi a disputa entre o governo brasileiro e as grandes empresas farmacêuticas, especialmente norte-americanas, em que o governo exigia o reconhecimento do direito de quebra de patentes de remédios para o tratamento da Aids, por tratar-se de necessidade de grande relevância nacional e internacional, com fortes impactos para a população. Utilizando o argumento de que o bem público deve prevalecer sobre o lucro, o país legitimou sua demanda e obteve a simpatia da maioria dos outros países da OMC, da ONU, particularmente da Organização Mundial da Saúde (OMS), e de Organizações Não Governamentais (ONGs) envolvidas com os temas de saúde pública e direitos humanos. Por ocasião da Conferência Ministerial de Doha, em novembro de 2001, que deu início a uma nova rodada de negociações comerciais, os Estados Unidos aceitaram o acordo, ao qual haviam até então se oposto, admitindo a possibilidade de quebra de patentes em questões de saúde pública de países em desenvolvimento. A decisão ministerial da OMC votou em grande parte em favor do Brasil. Segundo autoridades do Ministério da Saúde no governo Fernando Henrique Cardoso, a elaboração e a execução da estratégia vencedora foram claramente levadas adiante por agências estatais envolvidas na questão. Independentemente da questão política e eleitoral conexa, visto ser o então ministro da Saúde, José Serra, candidato à presidência nas eleições de 2002, essa experiência demonstrou a importância da articulação entre as agências na formulação e implementação de aspectos específicos da política exterior do país.

Ainda no quadro da OMC, pouco tempo depois do 11 de setembro de 2001, iniciou-se em Doha nova rodada de negociações comerciais multilaterais, cujo ponto de partida eram as questões não resolvidas e adiadas na Rodada Uruguai. Na década de 1990, a intervenção brasileira havia se centrado na defesa da liberalização do comércio agrícola, visando ao desmonte de barreiras não alfandegárias e dos subsídios como condição para o êxito da Rodada.

No que tange às relações econômicas com a União Europeia, a referência que temos do período Fernando Henrique Cardoso foi o acordo-quadro Mercosul–União Europeia. A realização em 1999, no Rio de Janeiro, da cúpula de chefes de Estado e de governo da União Europeia e da América Latina deu novos contornos às negociações. Superadas as dificuldades internas, em julho de 2001 a União Europeia fez novas propostas visando ao avanço das negociações. Mas a oferta detalhada e abrangente para a liberalização comercial feita por ela não foi bem recebida pelos países-membros do Mercosul. E isso não decorreu apenas em razão das crises políticas e econômicas vividas por eles em 2001 e 2002, mas sobretudo pelo fato de a proposta ser insatisfatória em um ponto central para qualquer avanço: a falta de maiores concessões no tocante aos produtos agrícolas.

A tentativa europeia de acelerar a negociação de uma área de livre comércio em 2001 pode ser parcialmente explicada pela preocupação com a possível expansão da influência norte-americana, cuja política de reordenamento das relações econômicas internacionais por meio de uma enorme quantidade de acordos de livre comércio bilaterais poderia levar ao enfraquecimento do multilateralismo e, sobretudo, dificultar a posição da União Europeia como maior potência comercial do mundo contemporâneo. Para ela, a Alca poderia ter consequências de cunho tanto econômico quanto político para suas relações com o Mercosul. No que se refere ao Brasil, durante o governo Fernando Henrique Cardoso a relação com a União Europeia constituiu uma vertente estratégica, que poderia ser utilizada como alternativa no caso de fracasso nas negociações com os Estados Unidos. Além disso, a posição europeia, diferentemente da norte-americana, sempre privilegiou as negociações bloco a bloco, o que interessava ao país.

Entretanto, a perspectiva da "autonomia pela participação" encontrou diversos obstáculos que lhe impuseram limites nas negociações com a União Europeia. O governo Fernando Henrique Cardoso vislumbrava encontrar parceiros nos governos europeus com visão de mundo semelhante à sua, mas as relações não frutificaram como o esperado. O compartilhamento de valores, como democracia, direitos humanos, meio ambiente, bem-estar social e multilateralismo não foi suficiente para também compatibilizar interesses dos Estados e das sociedades, pois tais interesses, em numerosas ocasiões, eram contraditórios.

A parceria com a União Europeia com vistas à harmonização de posições e ações nos foros internacionais poderia significar um aumento de poder para o Brasil.

> Um "eixo do bem" euro-mercosulino teria um razoável peso político dentro da comunidade internacional, fechando o "triângulo atlântico" e servindo de interface construtiva entre o *hegemon* norte-americano e o resto do planeta (Valladão, 2005, p.14).

Para o Brasil, essa parceria poderia assegurar, de modo construtivo e sem romper a lógica da "autonomia pela participação", a manutenção da possibilidade do multilateralismo na política internacional, pelo encaminhamento de regras e códigos de conduta globais, importantes para o estabelecimento, a implementação e a defesa de bens públicos internacionais. Segundo Fernando Henrique Cardoso, ela seria vantajosa para a boa condução da política externa, já que, sozinho, o Brasil não teria condições de comprometer-se com uma proposta como essa (Cardoso, 2001). Os fracos resultados nessa direção advieram, por um lado, da diversidade de interesses reais envolvidos, e, por outro, da posição ocupada pela Europa no sistema internacional pós--Guerra Fria. No caso europeu, a percepção negativa da opinião pública em relação aos países pobres, inclusive o Brasil, enfraqueceu a possibilidade de implementação de políticas mais favoráveis aos países do Mercosul. Algumas das dificuldades do governo Fernando Henrique Cardoso para estreitar relações com a União Europeia decorreram da falta de reciprocidade de seus países-membros de abrirem suas economias ao Brasil e a seus parceiros do Mercosul, como foi feito por estes nos anos 1990, propiciando grandes investimentos, particularmente de espanhóis e portugueses. Para Fernando Henrique Cardoso, outro choque de liberalização sem abertura nos países desenvolvidos certamente dizimaria muitos setores econômicos no mundo em desenvolvimento, legando um passivo ainda mais negativo do que o já existente (Cardoso, 2000).

Esse contexto ajuda a compreender por que, para o governo Fernando Henrique Cardoso, a Alca surgiu, sim, como ameaça, mas também como oportunidade (embora com alcance menor no segundo mandato); como opção, ainda que não destino, como o Mercosul (Lafer, 2001b). Para Fernando Henrique Cardoso, ao falar em abril de 2001 na Terceira Cúpula da Alca, em Québec,

> a Alca será bem-vinda se sua criação for um passo para dar acesso aos mercados mais dinâmicos; se efetivamente for o caminho para regras compartilhadas sobre *antidumping*; se reduzir as barreiras não tarifárias; se evitar a distorção protecionista das boas regras sanitárias; se, ao proteger a propriedade intelectual, promover, ao mesmo tempo, a capacidade tecnológica dos nossos povos; e, ademais, se for além da Rodada Uruguai e corrigir as assimetrias então cristalizadas, sobretudo na área agrícola. Não sendo assim, seria irrelevante ou, na pior das hipóteses, indesejável. (Cardoso, 2001, p.3)

Não se tratava de adesão não crítica, nem mesmo de adesão, mas de uma possibilidade real de melhorar a posição relativa do país. Tratava-se de demandas de um país que procurava uma presença internacional relevante, capaz de contribuir para a ordem mundial e, sobretudo, influenciar as regras e decisões que pesariam sobre seu próprio destino, em um ambiente assimétrico, por vezes hostil. Ao mesmo tempo, elementos estruturais, ligados a tendências históricas, como o enfraquecimento da posição do Brasil e da América do Sul na economia mundial, acabaram por ter peso negativo na capacidade negociadora do país. Vale a pena ressaltar que a situação se intensificou, em grande parte, quando o governo Fernando Henrique Cardoso se deu conta de que a inauguração de uma política externa mais unilateral com os Estados Unidos havia enfraquecido as premissas da autonomia pela participação.

RELAÇÕES COM OUTROS PARCEIROS ESTRATÉGICOS

O governo Fernando Henrique Cardoso buscou estabelecer relações intensas ou privilegiadas com outros Estados, considerados estratégicos ou importantes por diferentes motivos. Assim, ele exerceu concretamente o universalismo, buscando defender os interesses do país. Entre os países aos quais o Brasil dedicou particular atenção, em distintas dimensões e com intensidade diversificada, estão China, Índia, Rússia, Japão, Portugal, a Comunidade dos Países de Língua Portuguesa (CPLP), Cuba e México.

As relações com a China tiveram expressivo incremento e cresceram em importância nos oito anos do governo de Fernando Henrique Cardoso; em 2002, o país alcançou a significativa posição de segundo parceiro comercial do Brasil. O significado desse crescimento é abrangente não apenas economicamente, mas também política e estrategicamente. Do ponto de vista brasileiro, essa relação concretizava as ideias de universalismo, *global player* e *global trader*. O Brasil se apresentava como interlocutor global, buscando maximizar vantagens em diferentes áreas, não apenas no comércio, mas também na ciência e tecnologia. Ganhou destaque nessa relação a cooperação bilateral no desenvolvimento de tecnologia de satélites. Com as relações diplomáticas consolidadas, Fernando Henrique Cardoso viajou à China e recebeu duas vezes o presidente chinês, Jian Zemin. Durante uma das viagens que ele fez ao Brasil, em meio à crise do contencioso sino-americano provocado pela invasão do espaço aéreo chinês por um avião dos Estados Unidos, o governo norte-americano solicitou a intervenção brasileira para facilitar uma solução.

O Brasil foi um dos primeiros governos a manifestar claramente seu apoio à entrada da China na OMC. As exportações brasileiras para aquele país duplicaram durante os mandatos de Fernando Henrique Cardoso. O protocolo de cooperação para pesquisa espacial, no âmbito do Acordo de Cooperação Científica e Tecnológica de 1982, rendeu seus primeiros frutos com a colocação em órbita do primeiro satélite sino-brasileiro, *Cebris*, de uma série de quatro, produzindo conhecimento e riqueza para os dois países. Além disso, feiras de negócios de empresas brasileiras foram realizadas na China e vice-versa.

No caso da Índia, algumas importantes coincidências nas posições internacionais e nos campos político e comercial, expressas em fóruns multilaterais, indicavam a potencialidade nas relações entre os dois países.

Entretanto, nos oito anos do governo Fernando Henrique Cardoso, elas não se traduziram em resultados concretos, apesar do evidente interesse manifestado pelo Brasil. O desenvolvimento do intercâmbio foi pífio, em uma demonstração clara das dificuldades objetivas que existem nas relações entre países em desenvolvimento, nas quais os parâmetros e a não complementaridade de suas economias limitam as possibilidades de cooperação, ainda que ela seja desejada. Quando a Índia fez seus primeiros testes nucleares, que coincidiram com a fase de negociação do Comprehensive Nuclear-Test Ban Treaty (CTBT), o ministro Lampreia manifestou em nota o desagrado brasileiro; em consequência, o Brasil rejeitou o protocolo de cooperação com aquele país na área nuclear. Em alguns momentos, a coordenação de políticas nas negociações comerciais internacionais também passou por dificuldades, em virtude de posições mais duras adotadas pelos indianos.

Nas relações com a Rússia, deve-se assinalar um aumento substancial do intercâmbio comercial na década de 1990, ainda que pequeno diante da totalidade dos fluxos dos dois países. Da parte brasileira, aumentaram substancialmente as exportações de *commodities* agrícolas, principalmente as ligadas ao setor alimentar.

A estagnação econômica do Japão refletiu-se em suas relações bilaterais, econômicas e políticas. O país, que havia surgido nos anos 1980 como uma grande potência comercial, nos anos 1990 teve sua importância internacional parcialmente reduzida, com reflexos nas relações com o Brasil. Do ponto de vista econômico, o Japão manteve-se como grande mercado e potência industrial, mas não teve nenhuma participação como investidor ao longo do processo de privatizações implementado pelo Brasil nos anos 1990. Ainda assim, o país cooperou em importantes projetos brasileiros de desenvolvimento. O equilíbrio macroeconômico e a estabilidade alcançados no governo Fernando Henrique Cardoso transmitiram confiança às empresas japonesas, que passaram a estabelecer parcerias com o Brasil em alguns projetos, com destaque para a área de meio ambiente, como o desenvolvimento de combustível ecologicamente correto para o setor automobilístico, e na área sucroalcooleira. Também houve importante cooperação voltada à área social e de infraestrutura, como saneamento básico, além da alocação de recursos, em alguns casos a fundo perdido, para hospitais, escolas, projetos municipais, entre outros. Tem sido muito importante nas relações bilaterais a migração temporária ou permanente para o Japão de nipo-brasileiros, que constituem o terceiro maior contingente de brasileiros no exterior; uma de suas consequências é o aumento das remessas de dinheiro para suas famílias no Brasil.

As relações com Portugal foram marcadas pelos investimentos realizados na compra de empresas estatais brasileiras privatizadas. Nos dois mandatos de Fernando Henrique Cardoso, apesar do quase permanentemente baixo perfil da representação diplomática em Lisboa, aumentou o papel do Brasil entre os países da CPLP. Foi retomada a relação com os países africanos de língua portuguesa, ainda que, no conjunto da política africana, o Brasil tenha permanecido em segundo plano. O envio a Angola, para missão de *peace making*, da maior Força brasileira no exterior, incentivou a retomada do interesse de empresas brasileiras pelo país. Também importante, pelo impacto político e simbólico alcançado, foi a decisão de enviar um pequeno contingente de Forças de Paz para o Timor Leste. No segundo mandato de Fernando Henrique Cardoso, o relativo sucesso da política brasileira de controle da Aids permitiu o desenvolvimento de projetos de cooperação internacional horizontal nessa área, por meio da Agência Brasileira de Cooperação, implementando-se ações na área de combate à Aids e para o treinamento de pessoal em saúde pública em países africanos (Silva, 2002).

O fim do *apartheid* na África do Sul viabilizou o estreitamento das relações, formalizadas por meio de um acordo-quadro entre aquele país e o Mercosul. Também nesse caso, apesar do reconhecimento por parte do Brasil e do Mercosul do papel internacional e continental da África do Sul, constrangimentos econômicos e sistemas não complementares dificultaram o aprofundamento das relações.

Na Nigéria, o interesse brasileiro voltou-se particularmente para a prospecção e importação de petróleo, com participação da Petrobras.

As relações com Cuba mantiveram-se estáveis. O governo Fernando Henrique Cardoso foi crítico constante da posição norte-americana de embargo econômico ao país, apoiando sua reinserção na comunidade hemisférica. Sempre que possível e sem provocar maiores tensões, o governo brasileiro procurou incentivar o governo cubano a respeitar os direitos humanos e democráticos. As relações econômicas e comerciais mantiveram-se estagnadas, embora tenham sido implementados alguns acordos nas áreas médica, agrícola, de turismo e intercâmbio acadêmico e profissional. Foi assinado também um acordo de proteção recíproca de investimentos, embora não suficiente para impulsionar o interesse empresarial brasileiro pela ilha. Por outro lado, o Brasil apoiou a entrada de Cuba na Associação Latino-Americana de Integração (Aladi).

As relações com o México ao longo da maior parte do período Fernando Henrique Cardoso sofreram o impacto da adesão do país ao Tratado Norte--Americano de Livre Comércio (Nafta). Em algumas negociações, particularmente nas realizadas no âmbito da Alca, as posições dos dois países não tiveram convergência, com pontos de partida extremamente diferentes, pelo fato de o México ter o objetivo implícito da manutenção de suas preferências no acesso ao mercado dos Estados Unidos. No segundo mandato de Fernando Henrique Cardoso, o crescimento econômico mexicano e seu alto potencial no comércio exterior, aliados ao aguçamento da crise do Mercosul, levaram empresas brasileiras, particularmente multinacionais do setor automotivo, a buscar aquele mercado. Dessa forma, a partir de 2000, as relações comerciais bilaterais passaram a ter um notável desenvolvimento.

A maioria das iniciativas do Brasil no tocante às relações com parceiros estratégicos, principalmente com nível de desenvolvimento similar, como China, Índia, Rússia e África do Sul, embora importantes, somente ocorreram em decorrência das limitações da estratégia de autonomia pela participação. Melhor dizendo, a decisão de manter relações amistosas com países desenvolvidos limitou a possibilidade – que começava a emergir – de extrair maiores vantagens de um relacionamento mais próximo com outros países emergentes.

CONCLUSÃO

Uma interrogação de grande relevância que surge ao analisar o período Fernando Henrique Cardoso refere-se às condições estruturais nas quais a política de "autonomia pela participação" pôde produzir resultados favoráveis ao país. Observada em perspectiva de longo prazo, a década de 1990 – e particularmente os oito anos de governo Fernando Henrique Cardoso – não foi suficiente para impedir sinais de deterioração da posição internacional da América do Sul e também do Brasil, expressa nas baixas taxas de crescimento, com consequências evidentes no papel desses países na economia mundial. Deve-se atribuir ao governo Fernando Henrique Cardoso, como buscamos analisar, um esforço para atenuar essa tendência. Valores reais e simbólicos que prevalecem na opinião pública dos países ricos, que, por sua vez, difundem-se para outras regiões, também contribuíram para a deterioração da posição internacional brasileira. Um exemplo foi a preocupação do governo Fernando Henrique Cardoso em evitar a inclusão nas negociações da OMC de temas relativos a direitos trabalhistas e sociais e à proteção ambiental, em oposição à opinião pública internacional. Alguns dos êxitos da diplomacia brasileira podem estar relacionados à existência de um ambiente internacional cooperativo, marcado pela difusão da interdependência, em que a possibilidade de utilização de foros multilaterais se tornou uma realidade.

Um dos objetivos da administração Clinton – que coincidiu com seis anos do mandato de Fernando Henrique Cardoso, de 1995 a 2000 –, pareceu ser o da construção de regras e instituições multilaterais, ainda que em meio a negociações extremamente duras, nas quais os Estados Unidos não abdicaram em nenhum momento da unilateralidade de sua legislação. As dificuldades nas negociações da Alca derivaram desses constrangimentos, nunca abandonados pelos negociadores norte-americanos. Em outras palavras, a herança multilateral da política externa brasileira foi renovada durante o governo Fernando Henrique Cardoso por meio da operacionalização do conceito de autonomia pela participação; por meio dele, e a fim de cumprir os objetivos conceituais do desenvolvimento, o país aproximou-se dos polos centrais das relações internacionais.

A partir de janeiro de 2001, contudo, o governo Bush modificou em alguma medida o quadro conceitual das relações internacionais, trazendo novas dificuldades práticas e teóricas para todos os países – e para o governo Fernando Henrique Cardoso. A renovada ênfase no unilateralismo, focado nas questões de segurança e acentuado no pós-11 de setembro, colocou novas hipotecas sobre o conceito de "autonomia pela participação". Em princípio, ele não foi invalidado, mas certamente revestiu-se de novas características, exigindo níveis surpreendentemente mais altos de capacidade negociadora, de articulação internacional e, eventualmente, de saber encontrar novos caminhos para contornar possíveis momentos de ruptura ou de inexistência de integração e cooperação. Esse contexto preocupou o governo Fernando Henrique Cardoso; insistindo nas relações com China, Índia e África do Sul, ele buscou equilibrar o diálogo com os Estados Unidos no quadro das negociações da Alca e fora dela, por meio do fortalecimento das relações entre o Mercosul e a União Europeia.

Na gestão Lafer no MRE, de 2001 a 2002, foi atenuado o conceito de "autonomia pela participação" em virtude de mudanças sistêmicas, emergindo, sem que aquele desaparecesse, a ideia de "arrumar a casa" por meio da execução de uma "diplomacia do concreto" (Lafer, 2002). A saída do embaixador Samuel Pinheiro Guimarães do Instituto de Pesquisa em Relações Internacionais (IPRI), do MRE, e a do embaixador José Maurício Bustani da Organização para a Proscrição de Armas Químicas, após o questionamento norte-americano, surgiram como tentativas, no primeiro caso (e no entendimento do governo), de manutenção da hierarquia. Mas surgiram, sobretudo, como sinais do país de que manteria seu interesse por relações internacionais cooperativas, especificamente com os Estados Unidos, em um momento em que essa possibilidade parecia deteriorar-se em razão das mudanças ocorridas no conjunto do sistema internacional, originadas em boa parte nos próprios Estados Unidos.

Os dois mandatos de Fernando Henrique Cardoso fortaleceram a presença do Brasil em algumas das grandes discussões internacionais, tendo sido importante, para isso, a gestão da chamada diplomacia presidencial. Como ressaltamos, foram diversos os constrangimentos externos e as debilidades internas, apontados neste texto, para que essa presença ganhasse maior densidade.

Por meio de uma análise custo/benefício, sugerimos que os ganhos da "autonomia pela participação", decorrentes da adesão ao *mainstream* internacional, superariam os custos derivados da "autonomia pela distância" se o país estivesse internamente preparado para colher os frutos da mudança. Contudo, o debilitamento do Estado acabou por minar essa capacidade. O vigor em algumas negociações levou a resultados favoráveis, por exemplo, no caso dos grupos *ad hoc* de solução de controvérsias da OMC. Mas a adesão a normas e regimes pelo Brasil não teve como contrapartida uma adequação interna que viabilizasse sua utilização em benefício próprio; do mesmo modo, ela nem sempre foi interpretada de maneira que favorecesse a geração interna de políticas de desenvolvimento e industriais.

Na fase final do governo, a questão da formação de recursos humanos buscou ser superada por meio de ações específicas, inclusive de iniciativa do MRE. A adesão ao *mainstream* internacional, a participação intensa nas negociações e o perfil que o governo procurou manter evidenciaram a exigência dessa formação. A tentativa de solução encontrou caminhos específicos, como as modificações no exame de ingresso ao Instituto Rio Branco;[2] ele passou a exigir formação superior completa e transformou seu curso em mestrado profissionalizante. Além disso, foram feitas algumas mudanças institucionais na estrutura do Ministério. A consolidação do MRE como epicentro das negociações comerciais internacionais no início do primeiro mandato de Fernando Henrique Cardoso recolocou com maior força a necessidade de aquisição de um alto nível de especialização e sua atualização. Por último, houve maior entrosamento entre o MRE e outros ministérios, integração mais intensa de professores universitários com preparação especializada, de escritórios, de empresas, de sindicatos e de ONGs – ainda que não alcançando o nível necessário.

A política externa brasileira durante o governo Fernando Henrique Cardoso contribuiu para colocar o Brasil entre os países que aderem a valores considerados universais. Melhorou o conceito internacional em relação ao Estado brasileiro e consolidou-se a conduta pacífica do país, respeitado por suas posições construtivas. No entanto, a debilidade na capacidade de promover o desenvolvimento perpetuou uma tendência histórica de encolhimento do peso do Brasil na economia mundial, contribuindo para enfraquecer seu poder em negociações internacionais relevantes. A imagem negativa que a opinião pública dos países ricos tem dos países pobres, assim como os problemas internos que nos atingem especificamente, contribuíram para dificultar a maximização de vantagens. Na América Latina, o esforço do país para protagonizar um papel mais relevante acabou enfraquecido por seus próprios constrangimentos internos.

Essas limitações deixaram o governo de Fernando Henrique Cardoso e sua política externa sem grandes conquistas a serem celebradas, mas também não houve perdas. Simultaneamente, algumas iniciativas permitiram ao seu oponente e sucessor, Lula, trilhar um caminho criativo na arena

---

[2] O Instituto Rio Branco, do Ministério das Relações Exteriores, é a porta de entrada para a diplomacia, sendo atualmente mestrado profissionalizante por onde passam os aspirantes a diplomata.

internacional. A premissa-chave do governo Lula envolveu a reformulação do conceito de "autonomia pela participação" para "autonomia pela diversificação", na qual o Brasil conseguiu consolidar uma política externa mais afirmativa em torno da defesa de seus interesses.

Em resposta ao unilateralismo dos Estados Unidos, o governo Lula escolheu recuperar o multilateralismo e colocá-lo em prática como princípio ordenador da política internacional, compreendendo-o como um movimento para a descentralização e a regulamentação do poder na sociedade internacional. Para isso, o país tomou iniciativas como formar o G3, criar o G20 para a Rodada Doha da OMC e se aproximar dos países africanos e árabes. Outra mudança significativa no governo Lula em relação ao governo Fernando Henrique Cardoso foi sua aparente determinação de assumir os custos da liderança no nível mundial, mas especialmente no Mercosul e na América Latina.

5
POLÍTICA EXTERNA DE LULA: A BUSCA DE AUTONOMIA PELA DIVERSIFICAÇÃO

INTRODUÇÃO

Grande parte do discurso governamental de Lula enfatizou a necessidade de mudança com relação ao governo Fernando Henrique Cardoso. Conforme seu discurso de posse no cargo de Presidente da República:

> Mudança: esta é a palavra-chave, esta foi a grande mensagem da sociedade brasileira nas eleições de outubro. A esperança venceu o medo e a sociedade brasileira decidiu que estava na hora de trilhar novos caminhos. [...] Foi para isso que o povo brasileiro me elegeu Presidente da República: para mudar. (Lula da Silva, 2003, p.27-8)

Muitas das iniciativas do governo Lula se situaram na vertente das negociações comerciais internacionais e na busca do aprofundamento da coordenação política com países em desenvolvimento e emergentes, com destaque para Índia, África do Sul, China e Rússia. Muitas dessas parcerias começaram a se moldar no fim do governo Fernando Henrique Cardoso, mas Lula deu nova ênfase a esse aspecto da agenda internacional brasileira.

Com a Índia e a África do Sul, o governo brasileiro formalizou uma relação estratégica e de cooperação ao criar o grupo Índia, Brasil e África do Sul (IBAS), ou G3. Com a Rússia e a China, o país buscou ampliar os intercâmbios comerciais, tecnológicos e militares. No caso da China, mesmo sofrendo algumas críticas e apesar da forte oposição da Federação das Indústrias do Estado de São Paulo (Fiesp), Lula tratou o país como uma economia de mercado. Esse fato corroborou a crítica de que a formulação da política exterior brasileira deixou à margem importantes setores da sociedade civil, afetando alguns deles pela concorrência "desleal" com a China. Na segunda fase do governo Lula, a China ampliaria cada vez mais essa parceria, de tal forma que, em alguns meses de 2009, aquele país alcançou o primeiro lugar entre os parceiros comerciais do Brasil.

Segundo dados elaborados por Prates (2005-2006), a partir de fontes do Ministério do Desenvolvimento, Indústria e Comércio, no período de 2002 a 2005, a participação da China nas exportações do Brasil evoluiu de 4,2% para 5,8%, ainda que o ritmo de crescimento tenha sido reduzido, enquanto as importações elevaram-se de forma bem mais significativa (de cerca de US$ 2,4 bilhões para aproximadamente US$ 5,3 bilhões). No entanto, mesmo assim a China não apoiou reivindicação do Brasil de obter uma vaga no Conselho de Segurança das Nações Unidas – posição justificada pelas relações que aquele país mantinha com o Japão –, tampouco se tornou parceira do país nas negociações não agrícolas da Rodada Doha. Após meses de negociações, o Brasil anunciou seu apoio à entrada da Rússia na OMC, em troca de "um mero compromisso daquele país de não reduzir o acesso das carnes brasileiras ao seu mercado, em qualquer condição, por cinco anos" (*Valor Econômico*, 2005).

Em nossa interpretação, embora não tivesse havido ruptura significativa com paradigmas históricos da política externa do Brasil – algumas das diretrizes foram desdobramentos e reforços de ações já em curso na administração Fernando Henrique Cardoso –, houve uma mudança significativa na ênfase dada a certas opções abertas anteriormente a ela. Ambos os governos (Fernando Henrique Cardoso e Lula) eram representantes de tradições diplomáticas brasileiras distintas e revelaram diferenças em suas ações, preferências e crenças, buscando resultados específicos muito distintos no que diz respeito à política externa, mas procurando não se afastar muito de um objetivo sempre perseguido: desenvolver economicamente o país, preservando ao mesmo tempo certa autonomia política (Lima, 2005; Lafer, 2001b; PT, 2002, p.6).

A questão do grau da autonomia política foi, desde a Independência e durante a República, um eixo central do debate sobre a política externa. Assim, a busca de uma relação de "amizade" com os Estados Unidos e uma estratégia de "autonomia pela participação" (a manutenção de certa "margem de manobra" com a ampliação da interdependência econômica) são marcas que remetem às "escolas diplomáticas" de Rio Branco (1902-1912) e de Aranha (1938-1943) (Bueno, 2003; Vigevani, 1989; Vigevani e Oliveira, 2004). Por outro lado, a defesa da soberania e dos "interesses nacionais", mesmo ao custo de se criar conflitos potenciais com os Estados Unidos, é uma concepção clara na tradição da "política externa independente", de San Tiago Dantas (1961-1963), subordinado ao presidente Goulart, e reiterada por Azeredo da Silveira (1974-1978), no governo Geisel (Cervo e Bueno, 2002; Vigevani, 1974).

Neste capítulo, pretendemos responder à seguinte questão: houve mudanças de rumo na política externa brasileira após a posse do presidente Lula? Com o objetivo de responder a essa pergunta, serão apresentadas três noções de autonomia, capazes de explicar as mudanças pelas quais a política externa contemporânea do Brasil vem passando. Em seguida, será examinado o conteúdo empírico da agenda internacional brasileira, focando nos tópicos mais debatidos nos governos Fernando Henrique Cardoso e Lula. Por último, serão apontadas as diferenças entre as agendas internacionais dos dois presidentes.

AS TRÊS AUTONOMIAS: DISTÂNCIA, PARTICIPAÇÃO E DIVERSIFICAÇÃO

O contexto político e econômico do Brasil nos anos 1980 foi marcado pela crise do modelo nacional-desenvolvimentista adotado pelo país desde o período Vargas nos anos 1930, baseado na existência de um Estado que se queria forte, empreendedor e protecionista, alicerçado em uma política econômica de substituição de importações.

Esse modelo entrou em decadência no fim da década de 1970, e não conseguiu mais dar respostas à forte instabilidade econômica daquele período. Essa decadência foi impulsionada pela crise da dívida externa e pelos choques do petróleo, cujas consequências perduraram na América Latina até meados dos anos 1990. Nesse contexto de instabilidade política, um número crescente de setores das elites, da classe média e de sindicalistas passou a exigir reformas democráticas no país e o fim do regime militar. Na fase de transição para a democracia, que perdurou ao longo do governo Sarney, aumentou a percepção de crise do Estado e de seus próprios fundamentos, atingindo a política internacional do Brasil e, particularmente, suas relações econômicas com o mundo exterior: fluxos de investimentos, financeiros e de comércio.

A partir do fim da década de 1980 e início dos anos 1990, ideias de cunho liberal passaram a ganhar mais força não só na agenda internacional, mas também na doméstica. No Brasil, isso ocorreu por uma combinação de razões; entre elas, a crise evidente do modelo anterior, o papel de algumas agências internacionais (por exemplo, o FMI e o Banco Mundial) e a efetiva convicção de uma parte das elites e da opinião pública dos potenciais benefícios das ideias liberais. Esse movimento influenciou a adoção das reformas econômicas consideradas necessárias para enfrentar os desafios colocados pela globalização, coincidindo com a grande dificuldade dos setores políticos e sociais oposicionistas em formular alternativas consistentes para um novo modelo de desenvolvimento.

Com as mudanças internas e internacionais decorrentes do fim da Guerra Fria, seria muito difícil para a política externa brasileira manter as mesmas diretrizes do período anterior. O país passou, então, a procurar novas formas de dialogar com o mundo, por meio de estratégias formuladas em áreas centrais do governo, especialmente pelos ministérios da Fazenda e das Relações Exteriores. Nos anos 1990, dada a ênfase atribuída aos processos de integração regional, à abertura comercial e às negociações multilaterais, a política externa passou a ganhar destaque (Vigevani e Mariano, 2005, p.14).

A partir de 1989, com o arrefecimento das tensões Leste/Oeste, o país passou a defender, de maneira oscilante, uma política externa que, mantendo o desejo de autonomia, substitui o termo "distância" por "participação". No período da Política Externa Independente (1961-1964) e na de alguns governos militares, sobretudo a partir de 1967, particularmente na presidência Geisel (1974-1979), a busca pela autonomia se dava por meio de um distanciamento em relação aos centros de poder internacionais (Amado, 1982). Porém, no período pós-Guerra Fria, acentua-se a tendência, entre formuladores da política externa, de buscar a "autonomia pela participação", acreditando que isso favoreceria os interesses brasileiros. Conforme Fonseca Jr. (1998, p.368),

> a autonomia [...] não significa mais "distância" dos temas polêmicos para resguardar o país de alinhamentos indesejáveis. [...] A autonomia se traduz por "participação", por um desejo de influenciar a agenda aberta com valores que exprimem [a] tradição diplomática [brasileira].

Ou seja, se até 1988 os parâmetros da política externa, sob governos autoritários ou sob o governo civil a partir de 1985, davam sentido para políticas protecionistas, voltadas para a ideia da "autonomia pela distância", na nova configuração internacional haveria a necessidade de incorporar na agenda externa do país a defesa dos direitos humanos, a proteção ambiental, a transição democrática, os direitos sociais e, no campo econômico, as reformas liberais, a abertura e a aceleração da integração latino-americana.

Na década de 1990, temas que compunham o *soft power* do país pareciam ganhar peso, contrastando com a aparente diminuição da importância dada à segurança internacional, fundamental na Guerra Fria. O Ministério das Relações Exteriores criou departamentos e divisões, e adequou suas subsecretarias para contemplar esses "novos temas". Prevalecia a ideia de que o Brasil obteria mais benefícios em um sistema internacional em que prevalecesse o princípio do livre comércio, pois o aumento da capacidade competitiva gerada por um mundo com menores barreiras tarifárias poderia fazer que o país se integrasse melhor ao mercado mundial, aumentando seus benefícios. "A participação nasce do próprio fato de, pelas dimensões do país, existirem poucos temas que não nos afetam" (Fonseca Jr., 1998, p.367).

A política externa brasileira

No plano interno, nos anos 1990, diversas medidas foram adotadas em consonância com a inserção internacional do país: liberalização cambial, diminuição de subsídios à indústria, adoção de uma nova legislação sobre propriedade intelectual, maior liberalização de importações, relativa liberalização de investimentos, privatização de empresas estatais e renegociação da dívida externa. Naquele período, muitas medidas foram tomadas, mas a privatização não foi expandida a todas as empresas estatais, e os instrumentos de decisão macroeconômica e as políticas de apoio ao desenvolvimento (como o BNDES) continuaram nas mãos do Estado.

Essa evolução em direção ao paradigma da "autonomia pela participação" foi paulatina, tendo se ampliado no fim da gestão de Abreu Sodré no Ministério das Relações Exteriores (1986-1989), durante o governo Sarney, e continuado na de Francisco Rezek (1990-1991), no governo Collor. Na breve passagem de Celso Lafer pelo Ministério das Relações Exteriores, durante o governo Collor, em 1992, houve um refinamento teórico do novo paradigma adotado pela política externa brasileira (Campos Mello, 2000).

O governo Itamar Franco (1992-1994) – com Fernando Henrique Cardoso (1992-1993) e depois Celso Amorim (1993-1994) no comando do Ministério das Relações Exteriores – operacionalizou as metas traçadas para a política externa. A busca de redefinição dos objetivos a serem percorridos envolveu ativamente o Ministério da Fazenda, nas gestões Fernando Henrique Cardoso, Rubens Ricupero e Ciro Gomes, quando a adesão aos valores prevalecentes no cenário internacional traduziu-se em ações centradas na busca de estabilidade econômica.

A decisão de assinar a Ata Final de Marrakesh, que criou a OMC, em meados de 1994, a discussão da Tarifa Externa Comum no Mercosul, consolidada no Protocolo de Ouro Preto, de dezembro de 1994, e a participação na Cúpula de Miami, também em dezembro de 1994, que deu início às negociações para a criação da Alca, foram ações que consolidaram a estratégia da "autonomia pela participação" (Vigevani, Oliveira e Cintra, 2004, p.34).

A ideia de "mudança dentro da continuidade", defendida por Lafer (2001a, p.108) e que prevaleceu no governo Fernando Henrique Cardoso, implicava que a renovação da política externa deveria caracterizar-se por uma adaptação criativa aos novos desafios internacionais. Contudo, cabe discutir se essas mudanças não resultariam em uma alteração de maior magnitude nos rumos da política externa do país; geralmente, elas não passam de ajustes no programa político.

O que vimos na gestão Fernando Henrique Cardoso foi a consolidação e a sofisticação de uma política inicialmente formulada e praticada nos governos Collor e Itamar Franco. Abandonou-se a ideia de desenvolvimento "voltado para dentro", que prevaleceu até 1988-1989, quando os principais objetivos do governo foram a ampliação do mercado e do consumo interno, o fortalecimento e a ampliação do Estado, a atração de investimentos diretos estrangeiros e a utilização de políticas de substituição de importações. Alguns dos êxitos da diplomacia brasileira na gestão Fernando Henrique Cardoso deveram-se à existência de um ambiente internacional parcialmente cooperativo, em que se acreditava na relativa democratização das instituições internacionais, principalmente na área comercial. O crescimento econômico internacional em boa parte da década de 1990, particularmente o desempenho norte-americano na administração Clinton, parecia dar fundamento a essa percepção.

Como exposto no Capítulo 4, a administração Clinton, que coincidiu com seis anos do mandato de Fernando Henrique Cardoso – de 1995 a 2000 –, procurou fortalecer regras e instituições internacionais, ainda que em meio a duras negociações. Questões como segurança e planejamento estratégico não foram descuidadas, mas tiveram menos visibilidade. A partir de janeiro de 2001, o governo George W. Bush começou a modificar o quadro conceitual das relações internacionais, trazendo novas dificuldades para o governo Fernando Henrique Cardoso. Isso não significa que a "autonomia pela participação" deixou de ter validade, mas sim que ela passou a se revestir de novas características.

No fim de seu mandato, o presidente Fernando Henrique Cardoso mostrava-se preocupado com as dificuldades decorrentes da ampliação do unilateralismo norte-americano, o que o levou a fortalecer as relações com China, Índia e África do Sul e a buscar maior equilíbrio no diálogo com os Estados Unidos no quadro das negociações da Alca. Embora não tenha concluído nenhum acordo, o governo tentou utilizar as negociações Mercosul–União Europeia para assegurar maior espaço de manobra (Vigevani, Oliveira e Cintra, 2004, p.57). Essa tendência e o redirecionamento efetivo seriam aprofundados e defendidos mais fortemente na administração Lula, indicando uma mudança gradual da "autonomia pela participação" para a estratégia que definimos como a da busca de "autonomia pela diversificação".

Uma definição resumida seria: (1) autonomia pela distância: política de não alinhamento automático aos regimes internacionais predominantes; crença na autarquia parcial; desenvolvimento focado no mercado interno. Consequentemente, uma diplomacia que vai contra certos aspectos da agenda das grandes potências para servir a seu principal objetivo: a preservação da autonomia do Estado; (2) autonomia pela participação: adesão a regimes internacionais, especialmente aos mais liberais, mas sem perda da administração da política externa. O objetivo seria influenciar a formulação de princípios e regras que governam o sistema internacional; (3) autonomia pela diversificação: adesão aos princípios e normas internacionais por meio de alianças Sul-Sul, incluindo alianças regionais, mediante acordos com parceiros comerciais não tradicionais (China, Ásia-Pacífico, África, Leste Europeu, Oriente Médio etc.), na tentativa de reduzir assimetrias nas relações exteriores com as potências e, ao mesmo tempo, manter boas relações com os países em desenvolvimento, cooperando em organizações internacionais e reduzindo, assim, o poder dos países centrais.

Com o início do governo Lula, houve expectativas com relação ao direcionamento da política externa. Conforme Cardozo e Miyamoto (2006, p.3), a política externa do governo retomou algumas diretrizes do "pragmatismo responsável" de Geisel (1974-1978), como afirmar autonomia em relação às grandes potências e ampliar laços com países do Sul, tanto bilateralmente como por meio de instituições internacionais.

A política externa do governo Geisel foi marcada pela busca de aproximação com os países do Sul, uma vez que o estreitamento das relações com os países do Terceiro Mundo propiciaria diversificação de interesses e, consequentemente, menor dependência dos países ricos. Por outro lado, houve fortalecimento das relações com alguns países desenvolvidos, como a Alemanha Ocidental. O incremento das relações Sul-Sul objetivava colocar o diálogo Norte-Sul em novos termos, já que a ação coordenada dos países em desenvolvimento poderia reduzir as assimetrias internacionais de poder (Cardozo e Miyamoto, 2006, p.11). Contudo, a política externa do "pragmatismo responsável" não implicava alinhamento total com a agenda do Sul, tanto que o Brasil nunca foi membro pleno do Movimento dos não Alinhados. De fato, essa política é fortemente datada, estando associada ao contexto da época: forte aumento nos preços do petróleo; grande dependência das importações do Oriente Médio, particularmente do Iraque e da Arábia Saudita; política de direitos humanos da administração Carter; busca de desenvolvimento de usinas de energia atômica com a Alemanha Ocidental; e um projeto de desenvolvimento de tipo protecionista.

No governo Lula, o sistema internacional não se diferenciou consideravelmente do contexto do fim do governo anterior, principalmente após 11 de setembro de 2001. Há visões distintas na análise das relações internacionais, em sua interpretação e sobre como estabelecer diretrizes de agenda. No plano doméstico, o abandono do modelo de substituição de importações parecia consolidado, havendo certo consenso na sociedade sobre a necessidade de uma economia internacionalmente competitiva.

As mudanças percebidas na política externa do governo Lula foram pautadas por algumas diretrizes: (1) contribuir para a busca de maior equilíbrio internacional, na tentativa de atenuar o unilateralismo; (2) fortalecer relações bilaterais e multilaterais de forma a aumentar o peso do país nas negociações políticas e econômicas internacionais; (3) aprofundar relações diplomáticas para aproveitar as possibilidades de maior intercâmbio econômico, financeiro, tecnológico e cultural; (4) evitar acordos que pudessem comprometer o desenvolvimento em longo prazo. Essas diretrizes, ao longo do primeiro período de governo, de 2003 a 2006, desdobrando-se no segundo período, implicaram ênfases precisas: (1) intensificação das relações com países emergentes, como Índia, China, Rússia e África do Sul; (2) ação destacada do país na Rodada Doha da OMC, assim como em algumas outras negociações internacionais; (3) manutenção de relações amigáveis e maior desenvolvimento das relações econômicas com os países ricos, inclusive com os Estados Unidos; (4) retomada e estreitamento das relações com os países africanos; (5) campanha pela reforma do Conselho de Segurança das Nações Unidas, com o objetivo de conseguir uma vaga de membro permanente para o Brasil; (6) defesa de objetivos sociais que permitiriam maior equilíbrio entre Estados e populações; (7) ativa participação em organizações internacionais e fóruns multilaterais que discutiam governança global.

O SIGNIFICADO DA COOPERAÇÃO SUL-SUL

De acordo com o secretário-geral do Ministério das Relações Exteriores, Pinheiro Guimarães:

> Na execução de sua política externa, e sempre orientado pelos princípios constitucionais, o Brasil, em um mundo profundamente desigual, arbitrário e violento, tem que reagir às iniciativas políticas das Grandes Potências e, muito especialmente, da Hiperpotência, os Estados Unidos; o Brasil tem que articular alianças políticas, econômicas e tecnológicas com os Estados da periferia do sistema internacional para promover e defender seus interesses; e o Brasil tem que transformar suas relações tradicionais com as Grandes Potências, historicamente desequilibradas. (Guimarães, 2006)

Durante a maior parte da Guerra Fria, a política externa brasileira defendeu temas da agenda Norte-Sul em contraposição ao conflito Leste-Oeste. Mesmo nos momentos de maior identificação política da diplomacia com os Estados Unidos e com as nações ocidentais, nos governos Dutra (1946-1950) e Castello Branco (1964-1967), o tema do desenvolvimento nacional e a divisão países pobres/países ricos não deixou de se manifestar. O apoio ao G77, que buscava uma ordem econômica internacional mais "justa", a simpatia com relação às propostas dos países que não desejavam se alinhar com a União Soviética ou com os Estados Unidos e uma política de aproximação com países do Oriente Médio e com nações africanas, marcaram uma política externa terceiro-mundista, mais visível no período do "pragmatismo responsável". O governo Fernando Henrique Cardoso (1995-2002), mantendo boas relações com os países em desenvolvimento, reconhecendo explicitamente as assimetrias e a falta de justiça nas relações entre as nações, procurou afastar-se desse posicionamento, enfatizando os aspectos cooperativos no sistema internacional.

[A] política externa que persegui desde minha curta passagem pelo Itamaraty (de outubro de 1992 a maio de 1993) buscou a "autonomia pela participação" numa realidade internacional cambiante, em contraposição à "autonomia pela distância" da ordem mundial vigente, que em momentos anteriores marcou governos autoritários. [...] O Itamaraty, geralmente entregue a diplomatas de carreira naqueles anos de tendência tecnocrática, acabou por desenhar uma política de defesa de nossos interesses que jogava com o terceiro-mundismo. [...] A política externa do regime militar tinha a legitimidade do governo que a criara. Após a queda do muro de Berlim, em 1989, e com a aceleração dos processos econômicos vinculados à globalização, nos anos 1980 e 1990, havia que rever seus objetivos centrais. (Cardoso, 2006, p.604-6)

Em um primeiro momento, pode-se pensar que a política externa de Lula foi uma mera tentativa de retorno ao terceiro-mundismo. No Brasil, essa interpretação, que tinha claro sentido crítico em relação ao governo e aos que detinham maior poder no MRE, era forte entre os partidos de oposição, particularmente o PSDB e o Partido da Frente Liberal (PFL, renomeado Democratas em 2007) e ecoava na imprensa e em alguns meios empresariais e intelectuais. Contudo, se de fato havia um desejo de retomada da posição que colocava a cooperação Sul-Sul no centro da agenda, ele teve de ser reinterpretado em um cenário que apresentou pelo menos duas mudanças fundamentais: a adesão do Brasil à universalização dos princípios democráticos e a aceleração do processo de globalização, que impossibilitou ao país manter uma política externa com baixo grau de interdependência em relação a outros países (Lima, 2005, p.33; Lima e Hirst, 2006, p.25). Isso explica por que as posições tomadas pelo MRE não foram elementos de enfraquecimento dos laços ou mesmo de crises com os países ricos, ainda que houvesse fortes disputas, tanto políticas quanto comerciais.

Mesmo que a administração Lula não pudesse fugir dos constrangimentos criados e aprofundados por governos anteriores, um mero retorno ao passado teria sido impossível. Inicialmente, o programa do PT sugeria maior distância em relação aos países capitalistas desenvolvidos. No entanto, certo saudosismo em relação à "autonomia pela distância" no governo precisou conviver com determinadas realidades, que apenas em alguns aspectos sofreram mudanças em relação às existentes na administração Fernando Henrique Cardoso.

A administração Lula inovou ao nomear um intelectual dos quadros do PT – seu secretário de Relações Internacionais de 1996 a 2002, Marco Aurélio Garcia –, para ocupar o cargo de assessor-chefe da Assessoria Especial do Presidente da República. Registre-se que o antecedente de um não diplomata para o posto remonta ao período da presidência Kubitschek (1956-1960), tendo ocupado o cargo o poeta Augusto Frederico Schmidt. Em alguns momentos, houve rumores de conflitos entre o assessor e o ministro das Relações Exteriores, Celso Amorim, chegando-se a sugerir a existência de disputas entre as duas autoridades em torno da primazia na formulação da política externa nacional. O certo é que uma precisa determinação de espaços dissolveu eventuais dúvidas: Garcia era responsável pelas questões ideológicas da política externa brasileira, particularmente quando houve necessidade de diálogo com líderes esquerdistas sul-americanos, como Hugo Chávez. Por outro lado, Amorim cuidava de aspectos mais técnicos da agenda internacional, como as negociações na OMC e no Nafta (Garcia, 2004).

O governo Lula teve um posicionamento assertivo em torno da defesa da soberania e dos interesses nacionais, buscando alianças privilegiadas no Sul. Não se pode desconhecer que coalizões na lógica da cooperação Sul-Sul foram ensaiadas no fim da administração Fernando Henrique Cardoso, no contencioso das patentes de medicamentos contra o HIV/Aids, com a liderança do ministro José Serra, quando o Brasil aliou-se à África do Sul e à Índia para tentar reduzir os preços internacionais desses remédios, contando com o apoio de setores da sociedade civil de outros países, como a Oxfam e os Médicos sem Fronteiras. No entanto, a formação dessa coalizão só foi institucionalizada em 6 de junho de 2003, na administração Lula, com a Declaração de Brasília, acordo que trata de um amplo leque de temas, que vão do comércio à questão de segurança internacional, criando assim o IBAS ou o G3, com a Índia e a África do Sul. No tocante aos direitos de propriedade intelectual, Lula autorizou que, pela primeira vez, o Brasil quebrasse as patentes dos medicamentos contra o HIV/Aids patenteados pela Merck & Co. e importasse uma versão genérica da Índia em seu lugar (Amaral, 2007).

No que diz respeito à OMC, ambos os governos deram relevância à participação nas negociações comerciais multilaterais. O governo Fernando Henrique Cardoso dedicou-se ao diálogo, mas não a uma coordenação institucionalizada com os países do Sul, ao passo que o governo Lula traçou um grande arco de alianças, com destaque para a formação do G20 e do IBAS. O resultado final dessas alianças ainda é incerto, mas sua importância é reconhecida em Doha, em Cancún, em Hong Kong e nas sucessivas rodadas de negociações.

Após o acordo do IBAS, alguns diplomatas com posições relevantes em governos anteriores criticaram a falta de escopo e a indefinição estratégica da coalizão, uma vez que ela cobre temas que vão de comércio exterior à segurança internacional, passando por cooperação tecnológica, incentivo ao turismo, entre outros temas (Almeida, 2004, p.167; Souto Maior, 2004, p.56).

A preocupação do governo Lula em fortalecer sua posição negociadora a partir de alianças Sul-Sul traduziu-se, pouco antes da reunião ministerial de Cancún, em setembro de 2003, na formação do G20, um grupo de países interessados no fim dos subsídios domésticos às exportações de produtos agrícolas e em maior acesso aos mercados norte-americano e europeu (Amorim, 2004). Como em outras alianças do Sul, a administração Lula parecia acreditar que essa coalizão não apenas guardava interesses que iam além da ampliação dos benefícios econômicos individuais, mas também que seus integrantes compartilhariam uma identidade comum, buscando uma ordem social e econômica mais "justa" e "igualitária".

O embaixador Pinheiro Guimarães expressou essa ideia de forma ainda mais clara:

> Apesar das diferenças entre o Brasil e os outros grandes Estados periféricos, *ao compartilharem características e interesses comuns*, e estarem situados em regiões distantes, seus interesses não são diretamente competitivos e, assim, há condições para a construção de projetos políticos comuns. (Guimarães, 1999, p.141, grifos nossos)

Em uma prova de existência real de interesses comuns, pressuposto da ação brasileira no governo Lula, o G20 tem conseguido atingir seus objetivos e constituiu uma força negociadora, ainda que sua continuidade esteja sujeita à lógica do jogo de interesses e às relações de poder, sempre assimétricas. Segundo Amorim, "o chamado 'fracasso de Cancún' foi o primeiro passo para o sucesso de Genebra, quase um ano depois". Em Cancún, ficou patente o caráter

> desfavorável aos países em desenvolvimento [...] de rodadas anteriores, em que os Estados Unidos e a União Europeia acertavam entre si os limites de acordos que eram depois oferecidos aos demais países como o consenso possível [...] nossa prioridade é concluir com êxito as negociações da OMC. Nelas poderemos efetivamente obter a eliminação dos bilionários subsídios à exportação e redução significativa do apoio interno à produção agrícola dos países desenvolvidos. (Amorim, 2005, p.4-5).

PAPEL REGIONAL, RELAÇÕES COM OS ESTADOS UNIDOS E DIVERSIFICAÇÃO DAS PARCERIAS

O governo Fernando Henrique Cardoso caracterizou-se pelo multilateralismo, atribuindo ênfase ao direito internacional. Reconhecendo a realidade da forte assimetria de poder no sistema internacional, privilegiou a negociação direta com países centrais, sem busca prévia e sistemática de alianças do Sul (Lafer, 2001a). A preparação dos painéis na OMC contra Estados Unidos e União Europeia, nos casos do algodão e do açúcar, mostra o significado do uso dos instrumentos jurídicos. Em relação à América do Sul, reconhecendo a importância estratégica do Mercosul e das relações com a Argentina, a busca de constituição de um bloco regional avançou, sobretudo a partir da Conferência de Brasília de chefes de Estado e de governos da região, em 2000, mas não chegou a constituir uma estratégia política. Prevalecia a convicção de que não seria o ativismo que resolveria a questão da escassez de poder de barganha. No campo dos valores, conforme as diretrizes subjacentes à ideia da "autonomia pela participação", Fernando Henrique Cardoso defendeu princípios de direitos humanos e formas de desenvolvimento sustentáveis, procurando preservar a paz e a democracia por meio de objetivos "universalistas" (Cardoso, 2006, p.602).

A política externa do presidente Lula, mantendo posicionamento multilateralista, defendeu a soberania nacional com maior ênfase do que a administração anterior. Essa característica, condizente com a ideia de "autonomia pela diversificação", ganhou relevância e pareceu traduzir-se em alguns momentos em um sentimento de liderança, ao menos regional. Ainda que as ideias de Lula e de seus altos funcionários fossem apenas declarações sem consequências práticas imediatas, elas tiveram impacto na relação entre o Brasil e outros países. Os governos e grupos sociais de outras nações não reagem apenas levando em consideração os recursos de poder dos Estados, mas também segundo suas percepções sobre o potencial de utilização desses recursos. Portanto, as ideias políticas e as percepções dos atores afetam o comportamento dos Estados, como atestam autores de diferentes perspectivas teóricas (Keohane e Goldstein, 1993; Wendt, 1999; Rosati, 1995).

Para o grupo formulador da política externa no governo Fernando Henrique Cardoso, o eventual papel do Brasil como líder era visto como consequência da gradual proeminência econômica do país e deveria ser limitado à região, em razão da escassez de recursos (financeiros, bélicos, políticos e de quadros profissionais) disponíveis para a ação externa do Estado. Os formuladores da política externa do governo Lula, por sua vez, acreditavam que o papel de liderança pode ser alcançado tanto por meio de uma ação diplomática mais ativa e dinâmica como pela continuidade da defesa de temas "universais" e pela importância regional do país (Amorim, 2003, p.77). Ao mesmo tempo, havia atenção específica para ações amparadas por medidas reais; por essa razão, o governo discordava de posicionamentos internacionais fundamentados apenas ou mais intensamente no discurso ideológico.

O papel da liderança se revela difícil, visto que sua manutenção cria expectativas e cobranças que dificilmente podem ser atendidas. Assim, a liderança pode gerar animosidades e, mesmo quando isso não acontece, sempre há um preço a pagar (Mattli, 1999; Burges, 2005). A nacionalização da extração dos hidrocarburetos (e do gás boliviano), em 2006, pelo presidente Evo Morales, que afetou a continuidade das concessões à empresa estatal brasileira Petrobras, evidencia as dificuldades da liderança. O mesmo pode ser dito sobre as dificuldades relativas à questão do tráfico de drogas entre o Brasil e a Colômbia, que revelaram a incapacidade do país de auxiliar a Colômbia nessa questão. O papel de liderança demanda grande capacidade estatal de mobilizar recursos. Para o Brasil, a "vontade nacional" de fazer da política exterior e da integração regional eixos estruturantes de seu próprio projeto nacional é uma questão central a ser examinada e que surge reiteradamente no debate sobre o Mercosul.

A política externa do Brasil no governo Lula, buscando maior perfil no cenário regional e internacional, encontrou papel relevante no caso do Haiti. O país aceitou o comando da Missão Especial das Nações Unidas para a Estabilização do Haiti (Minustah), enviando um contingente de aproximadamente 1.200 militares. Mesmo nessa situação, tampouco podemos identificar uma ação que implique *goal changes* em relação à posição tradicional da política externa brasileira, mas possivelmente a retomada de algumas ações presentes no período da "autonomia pela distância". O envio de contingentes militares brasileiros para missões de *peacekeeping* faz parte da tradição do país, com início em 1956, com o envio de forças para o Sinai e continuado em Angola e em outras ações de menor porte, como Iugoslávia e Timor Leste. A presença no Haiti, aprovada em 2003 pelo governo Lula, vincula-se diretamente à tradição da diplomacia brasileira de cooperar com políticas que visam promover a paz internacional (Sinai) ou nacional (Angola). Ela se vincula também, ainda que isso não conste de resoluções específicas, ao forte interesse do país por um assento permanente no Conselho de Segurança da ONU. Essa foi a razão pela qual, como parte de uma estratégia mais geral de política internacional, o governo aceitou a missão e demonstrou disposição de arcar com parte dos custos da pacificação.

O caso do Haiti serve perfeitamente para exemplificar o significado de "autonomia pela diversificação". Diversificação não significa apenas a busca de alternativas nas relações com outros Estados, mas implica também capacidade de intervenção em questões que não dizem respeito a interesses imediatos e que se referem a bens públicos internacionalmente reconhecidos. O Brasil dispôs-se a assumir esse encargo, respaldado por outros países da região, como Chile e Argentina, por ter um objetivo que, na percepção do governo, superava os custos e fortalecia o papel internacional do país.

O governo Fernando Henrique Cardoso, como em outras questões, procurou ter uma posição mais moderada, na qual a ação externa se daria em um contexto de colaboração com iniciativas resultantes de órgãos internacionais, evitando, assim, assumir um papel que pudesse resultar em responsabilidades e riscos. Fernando Henrique Cardoso espelha esse entendimento: "Ao lado de marcar sem arrogância a posição do Brasil na região, pois parti da convicção de que liderança se exerce sem proclamá-la" (Cardoso, 2006, p.621). No que diz respeito à busca por um assento no Conselho de Segurança da ONU, Fernando Henrique Cardoso mostrou-se mais cético, priorizando outros temas da agenda:

> Eu via como melhor caminho para nosso país ingressarmos no clube dos desenvolvidos, na época o G7, graças ao nosso trabalho e à integração com nossos

vizinhos, em vez de lutarmos por uma posição política, de prestígio, para a qual talvez não tivéssemos o apoio deles, tão importante para o crescimento e para a consolidação de nossa experiência integradora. (Cardoso, 2006, p.610)

O crescimento do debate doméstico sobre política externa ao longo da gestão Lula foi evidente. Em um contexto de modesto crescimento do país, que se prolonga desde o início da década de 1980, o comércio internacional desenvolveu-se de modo expressivo, atingindo US$ 107,6 bilhões em 2002 e US$ 228,9 bilhões em 2006 (Secex, 2007). Isso explica parcialmente por que as questões econômicas internacionais ganharam relevância no debate interno, passando a interessar à opinião pública, às elites, aos empresários, aos sindicatos, aos partidos e ao Parlamento. Por outro lado, as inovações passaram a encontrar resistência, enfraquecendo o que até então parecia ser um razoável consenso doméstico para uma política externa que, segundo o entendimento de alguns críticos, deveria ser de Estado e não dos governos. Segundo a oposição, sobretudo o PSDB e o Democratas, a forte politização deveu-se à falta de concentração de esforços nas relações com os interlocutores políticos e econômicos tradicionais, os mais importantes para o país, sobretudo os Estados Unidos e a União Europeia. De fato, o governo Lula preferiu aumentar o perfil das relações com os países africanos, principalmente os de língua portuguesa, tendo em vista não apenas relações econômicas, mas também o resgate da chamada dívida humana, social e cultural.

Ao longo do governo Fernando Henrique Cardoso, a relação com os Estados Unidos era definida como essencial e cooperativa: apesar das boas relações políticas, havia desacordos setoriais, principalmente em questões comerciais, destacando-se as divergências em torno da propriedade intelectual e em contenciosos em diferentes áreas. Nesse sentido, ganhou destaque o contencioso do algodão, que acabou servindo como catalisador e como experiência para a utilização dos painéis e do mecanismo de solução de controvérsias da OMC. Esse ambiente acabou dificultando o aprofundamento das negociações sobre a Alca, apesar de, na fase final do governo Fernando Henrique Cardoso, chegar-se à conclusão de que alguma forma de acordo seria interessante. Partidos de oposição criticavam a política comercial de Lula, acusando-a de falta de pragmatismo, de estar desconectada da época e de ser demasiadamente ideológica. Segundo eles, para expandir, o comércio internacional passaria pela Alca, desejada por partes importantes do setor privado (Giannetti e Marconini, 2006; Jank, 2006). Contudo, pesquisa realizada com a comunidade da política externa brasileira, membros do Executivo, do Congresso e do Judiciário e participantes de movimentos sociais, ONGs e grupos de interesse importantes, constatou que a maioria dos entrevistados (61%) acreditava que o governo brasileiro deveria exigir que os Estados Unidos diminuíssem suas barreiras não tarifárias e os subsídios antes de ser estabelecido o acordo; 16% acreditavam que o acordo não era de interesse para o Brasil e somente 8% o apoiavam (Souza, 2002, p.60).

Durante a campanha eleitoral brasileira de 2002, setores neoconservadores norte-americanos expressaram o temor de que o Brasil passasse a fazer uma oposição excessivamente dura aos interesses dos Estados Unidos. As desconfianças com os rumos da economia eram muito fortes, elevando o risco Brasil a 2.000 pontos, o que teve fortes consequências sobre a própria campanha eleitoral e condicionou parte das medidas econômicas do governo a partir de 2003. Em círculos empresariais norte-americanos acreditava-se que a dívida externa não seria honrada e que seria implementado um programa estatizante, tendente à autarquia.

No entanto, no dia seguinte à vitória de Lula, em outubro de 2002, George W. Bush telefonou para ele, convidando-o a ir aos Estados Unidos ainda antes de sua posse. O encontro foi positivo, contribuindo para arrefecer conflitos que não interessavam a nenhum dos dois países. Em novembro de 2005, a visita de Bush ao Brasil consolidou o clima de diálogo; alguns falavam até da "simpatia mútua", que parecia existir entre os dois presidentes. A imagem inicialmente desfavorável de Lula em 2002, nos Estados Unidos, do mesmo modo como havia ocorrido em suas candidaturas anteriores – 1989, 1994 e 1998 –, foi se dissipando ao longo da campanha eleitoral. Em sua fase final, ele já não sofria mais a forte oposição nos Estados Unidos, ainda que não houvesse simpatia por ele, exceto em setores da American Federation of Labor and Congress of Industrial Organizations (AFL-CIO) e em alguns grupos sociais, culturais e religiosos.

Em março de 2007, no início de seu segundo mandato, Lula se encontrou novamente com George W. Bush, primeiro no Brasil, depois em Camp David. Dois tópicos do encontro chamaram a atenção da mídia: um possível acordo sobre o etanol e as tentativas norte-americanas de bloquear as ações do presidente Hugo Chávez, da Venezuela. O governo Lula sempre apoiou soluções democráticas e constitucionais para todos os conflitos, fossem eles políticos, econômicos ou sociais, considerando esse princípio válido para todos os países, incluindo os sul-americanos. No tocante à Venezuela, o governo brasileiro demonstrou pouco interesse em confrontar Chávez, apoiou a manutenção de regras democráticas e procurou fortalecer as relações econômicas entre os dois países.

No que se refere ao etanol, os Estados Unidos certamente precisavam reduzir seu "vício em petróleo", e o Brasil queria ter maior acesso ao mercado estadunidense, mas não ficou claro qual seria o resultado dessa parceria. De acordo com Amorim, a aproximação entre Lula e Bush

> não é uma correção na política externa brasileira [...] Precisamente por ter uma política externa autônoma e soberana [...] o Brasil é respeitado por países desenvolvidos e em desenvolvimento. (Amorim, 2007)

Com o presidente Barack Obama, no cargo desde janeiro de 2009, certamente houve maior afinidade em questões ambientais e de segurança internacional, mas poderiam ocorrer dificuldades em questões comerciais.

A relação do governo Fernando Henrique Cardoso com os Estados Unidos, assim como suas posições diante dos grandes temas da agenda internacional, inseriam-se na perspectiva da "autonomia pela participação", entendida como a busca por influir ativamente nas pautas, desde que essa posição trouxesse mais vantagens para o país. Os setores sociais, particularmente os empresariais e políticos, assim como parte dos funcionários do alto escalão, que enxergam maiores benefícios nas relações com os países centrais – sobretudo potencialidade de mercado que não se encontra em outros países –, constituíram a base de apoio dessa política. Na percepção do governo Lula, como vimos argumentando, procurou-se

> manter excelentes relações políticas, econômicas e comerciais com as grandes potências mundiais [especialmente os Estados Unidos] e, ao mesmo tempo, *priorizar* os laços com o Sul do mundo. (Lula da Silva, 2007, grifo nosso)

Objetivamente, as mudanças no peso do país em termos comerciais, o rápido crescimento da China e a crise nos Estados Unidos em setembro de 2008 sugerem que essa percepção está atualizada em relação às mudanças estruturais que parecem estar ocorrendo na economia internacional.

A atitude de relativa autonomia, em alguns casos de discordância com relação aos Estados Unidos e à União Europeia, e a silenciosa proclamação da liderança regional, são sinais que se enquadram na ideia da "autonomia pela diversificação". O governo Lula realizou ajustes e mudanças de programa, inclusive de cunho ideológico, em sua política externa. As mudanças ocorridas no ambiente internacional como resultado do unilateralismo norte-americano, consolidado pelos ataques de 11 de setembro de 2001, serviram para fortalecer a política externa apoiada pelos líderes do PT que chegaram ao poder no Brasil em 2003 (Alden e Vieira, 2005).

A política de Lula apresentava riscos, mas espelhava em parte a nova geografia do poder e da economia mundiais. Utilizando o percentual de exportações do Brasil – um dado importante, mas que não reflete toda a complexidade do cenário –, verificamos que, de 1998 a 2005, o peso dos mercados tradicionais (Estados Unidos, União Europeia, Japão, Canadá, México, Mercosul) decresceu de 79,3% a 67,2%. Os chamados mercados não tradicionais (China, Ásia-Pacífico, África, Europa Oriental, Oriente Médio etc.), por sua vez, aumentaram seu peso, no mesmo período, de 19,7% para 31% (Prates, 2005-2006, p.138). Isso reflete determinada concepção de mundo e implica riscos pelo desvio parcial da atenção de interlocutores tradicionais, mas não colide com as novas tendências do cenário internacional do século XXI. Uma delas é o poderoso aumento do peso da Ásia; a outra refere-se à morosidade nas negociações para o estabelecimento de áreas de livre comércio (com a União Europeia e a Alca), pois o governo entendia que seria possível manter relações estreitas com centros de poder sem as concessões que resultariam de acordos amplos de abertura de mercados, muitas vezes assimétricos. Há possíveis obstáculos nessa estratégia, como a dificuldade de fortalecer o Mercosul e a relação de parceria com a Argentina. Do mesmo modo, a falta de um projeto de desenvolvimento para o Brasil e para o Mercosul forte e consistente, que exigiria um Estado bem aparelhado para colocá-lo em prática, no longo prazo poderia pôr em risco as vantagens decorrentes da capacidade de captar as mudanças em curso no mundo em termos de sua nova geografia de poder político e econômico.

O APROFUNDAMENTO DA AUTONOMIA PELA DIVERSIFICAÇÃO

Durante o segundo mandato do presidente Lula (2007-2010), observou-se o aprofundamento da estratégia de autonomia pela diversificação e suas mudanças graduais se tornaram mais visíveis na formatação da política externa brasileira. Embora elas tenham sido mais importantes no segundo mandato, não podemos falar de uma ruptura total com a tradição da política externa. A conquista de autonomia continuou a ser seu maior objetivo, mas a diversificação de parceiros passou a ser vista pelo governo como ferramenta para alcançá-la.

Alguns eventos reforçaram a trajetória do governo Lula e talvez o mais importante deles tenha sido a crise econômica de 2008, que se iniciou nos Estados Unidos e impactou fortemente a Europa. Ela evidenciou a importância da manutenção da aproximação com países emergentes, como a China e a Índia.

Em 2008, o ministro da Fazenda, Guido Mantega, chefiou o G20 – uma coalizão interestatal que ganhou destaque após a crise econômica daquele ano. Em comunicado após uma reunião de ministros do G7, em 11 de outubro do mesmo ano, o presidente George W. Bush afirmou que seria importante buscar uma solução para a crise por ocasião da próxima reunião do G20. Em 15 de novembro de 2008, o presidente Nicolas Sarkozy e o premiê britânico Gordon Brown levaram os líderes do G20 para a Cúpula sobre Mercados Financeiros e Economia Mundial. Esses acontecimentos induziram alguns a pensar que o G20 poderia substituir o G8 como principal grupo interestatal em questões relativas ao financiamento internacional, tendo o Brasil, a China e a Índia como as três principais potências emergentes.

De outro lado, o Brasil se desvinculou dos Estados Unidos nos casos de Honduras e do Irã. A crise de 2009 em Honduras foi uma disputa política sobre a reformulação da Constituição do país, que culminou na deposição e no exílio do presidente hondurenho, Manuel Zelaya, por ordem militar do Supremo Tribunal de Honduras. Na manhã de 28 de junho de 2009, militares invadiram a residência do presidente em Tegucigalpa e o levaram para San José, na Costa Rica. No mesmo dia, o Congresso Nacional votou pela saída de Zelaya. Em 21 de setembro, ele retornou em segredo a Honduras, quando foi divulgado que estaria na Embaixada do Brasil em Tegucigalpa. A comunidade internacional reagiu ao golpe de Estado em Honduras com forte condenação dos acontecimentos. Zelaya estava crente de que o novo governo não seria reconhecido internacionalmente; entretanto, um ano mais tarde, o secretário de Estado de Honduras afirmou ter recuperado o reconhecimento de cinquenta países e que a secretária de Estado dos Estados Unidos, Hillary Clinton, pediu que o país fosse readmitido na OEA. O governo brasileiro discordou fortemente dos Estados Unidos; além de não reconhecer o novo governo de Honduras, ele foi contra sua readmissão na OEA.

Em 17 maio de 2010, o Brasil e a Turquia mediaram um acordo nuclear com o Irã, estabelecendo que este país enviaria para a Turquia algumas de suas reservas de urânio enriquecido, em troca do combustível que precisava para reativar um obsoleto reator para pesquisa médica. Em 18 de maio, os Estados Unidos, a Rússia e a China formularam uma resolução contendo sanções ao governo iraniano, a ser apresentada ao Conselho de Segurança da ONU.

Essa não foi a primeira vez que o Brasil desempenhou um papel-chave no Oriente Médio. Em 1948, ele participou das negociações das Nações Unidas que resultaram na fundação do Estado israelense e, ao longo delas, o país se posicionou de acordo com os Estados Unidos. Hoje, a estratégia brasileira é diferente, mas não contrária aos interesses norte-americanos. Ambos os países querem incluir o Irã entre os países participantes dos principais regimes internacionais, inclusive nos relativos a energia nuclear e pesquisa correlata. Ocorre que o Brasil não acredita em sanções, mas em acordos balanceados, ao passo que os Estados Unidos acreditam poder controlar o Irã com medidas repressoras, como os embargos.

Os analistas costumam usar expressões como Sul-Global, países em desenvolvimento, Bric, divisão Norte-Sul, passando a impressão de que há homogeneidade nesse grupo de países. No entanto, o caso do Irã comprova que os até então denominados países emergentes não constituem um grupo monolítico. Um exemplo disso pode ser evidenciado pelo fato de que China e Rússia concordaram com a estratégia norte-americana a respeito das sanções ao Irã, ao passo que Brasil e Turquia optaram por um acordo alternativo.

O conceito de "autonomia pela diversificação" pode ser descrito com clareza por esse acordo, feito entre o Brasil, a Turquia e o Irã. Nele, ocorreu a adesão a princípios e normas internacionais por meio de alianças Sul-Sul e de acordos com parceiros não tradicionais (China, Ásia-Pacífico, África, Europa Oriental, Oriente Médio, entre outros), para tentar reduzir as assimetrias nas relações externas com os países centrais. Ao mesmo tempo, esse acordo evidenciou interesse desses países em não se isolar dos países desenvolvidos, e sim aprofundar os laços de cooperação.

UM BALANÇO FINAL

A política externa de Lula, comparada à praticada por Fernando Henrique Cardoso, apresentou elementos de "mudança dentro da continuidade" (Lafer, 2001a, p.108). Sua administração não se afastou do princípio historicamente assentado para a diplomacia, ou seja, de que a política externa consiste em instrumento de desenvolvimento econômico e da consequente preservação e ampliação da autonomia do país. No governo Lula, houve mudanças ideológicas e estruturais para lidar com os problemas acarretados pelo subdesenvolvimento, mas, na sua essência, elas deram continuidade, ainda que com mudanças significativas, às políticas de governos anteriores, inclusive as do presidente Fernando Henrique Cardoso. A adesão aos regimes sofreu inflexão, evoluindo para o que chamamos de autonomia pela diversificação (ver Tabela 5.1).

A análise da posição dos dois governos indica claramente que Lula procurou parceiros estratégicos no Sul para ter maior poder de barganha em negociações internacionais; ademais, isso também ocorreu em razão de mudanças sistêmicas internacionais. Havia limitações estruturais para que seu projeto fosse levado adiante. O objetivo de agir de forma concertada na arena internacional na coordenação das ações por intermédio de diferentes países parece difícil de atingir, como foi demonstrado, por exemplo, pelas dificuldades existentes no Mercosul e na Unasul. Os custos econômicos, o pequeno contingente diplomático e a capacidade relativamente baixa – inclusive em termos acadêmicos e empresariais – de produzir políticas e possibilitar negociações complexas, podem prejudicar os projetos governamentais. É necessária habilidade política ou, como diria Maquiavel, *virtù*, para interagir em audiências tão distintas, como as que participam do Fórum Econômico Mundial de Davos, da reunião do G8 em Gleneagles e do Fórum Social Mundial de Porto Alegre.

Segundo Lima (1990; 2005), os conceitos de dependência e de autonomia são inerentes às relações internacionais das potências médias. Esses países, por estarem em uma escala de poder intermediária, tendem a apresentar variação em seus padrões de comportamento: algumas vezes, são mais semelhantes aos países fracos; outras, mais próximos das grandes potências. A variabilidade do comportamento brasileiro não implica que o país aja de forma irracional ou que não busque seus interesses, mas pressupõe que "o

Tabela 5.1 Similaridades e diferenças entre as políticas externas de Fernando Henrique Cardoso e de Lula.

Agenda da política externa brasileira	Governo Fernando Henrique Cardoso	Governo Lula
Alca	Apesar de não considerá-la prioritária para o Brasil, o governo tinha uma posição mais favorável à Alca. A estratégia era atrasar as negociações e apenas assinar o acordo se fosse favorável ao país.	Passou-se a negociar de forma mais dura, com o argumento de que as negociações só prosseguiriam se as demandas brasileiras fossem atendidas.
Combate à fome internacional	Tema não presente na agenda brasileira durante a administração Fernando Henrique Cardoso.	Ganhou destaque nos pronunciamentos internacionais do governo Lula, principalmente no início de seu mandato. Tentou-se inseri-lo formalmente na agenda internacional, com resultados discutíveis.
Conselho de Segurança da ONU	Desejava-se uma vaga de membro permanente no Conselho de Segurança da ONU, mas a diplomacia brasileira não investiu muitos esforços nessa empreitada. Fernando Henrique Cardoso chegou a declarar que preferia aprofundar a integração regional e fazer parte do G7 a conseguir um assento no Conselho.	O ministro Celso Amorim expressou com mais firmeza o desejo do país de obter um assento permanente no Conselho de Segurança da ONU; a energia diplomática despendida no tema foi considerável. Os custos da liderança brasileira no Haiti teriam sido uma tentativa de provar à comunidade internacional que o país tinha condições de fazer parte do Conselho.
Cooperação Sul-Sul	A administração Fernando Henrique Cardoso privilegiou as relações com os países desenvolvidos, principalmente com a União Europeia e os Estados Unidos. A aproximação com grandes países do Sul visava a benefícios materiais, principalmente em setores comerciais. No fim do segundo mandato, o governo buscou ampliar relações com China, Índia, Rússia e África do Sul. No caso do contencioso das patentes farmacêuticas contra os Estados Unidos, o Brasil aproximou-se da Índia e da África do Sul, mas não se chegou a institucionalizar essa parceria durante seu governo.	A aproximação com os países do Sul ganhou destaque no governo. Defendeu-se uma relação mais duradoura com os países em desenvolvimento, motivada por visões de mundo e pelas raízes ideológicas do PT, parcialmente coincidentes com a tendência existente em parte da diplomacia. Institucionalizou-se a parceria entre Índia, Brasil e África do Sul, abrangendo uma série de temas, como segurança, comércio e intercâmbio tecnológico, com resultados ainda incertos. Nessa administração, ganhou destaque a formação do G20, grupo de países em desenvolvimento que visam à liberalização do comércio agrícola. Essa coalizão tem por objetivo reduzir as assimetrias econômicas e de poder.

Tabela 5.1 *Continuação*

Relações com os Estados Unidos	A administração Fernando Henrique Cardoso pautou-se pela lógica da participação ativa na formulação de regimes internacionais, na qual os norte-americanos tinham papel relevante. O presidente brasileiro desenvolveu relações pessoais com o presidente Clinton. No fim da administração Fernando Henrique Cardoso, já na administração George W. Bush e especialmente depois dos atentados de 11 de setembro de 2001, o presidente passou a criticar o unilateralismo norte-americano. Nessa fase, foram buscadas novas parcerias comerciais com grandes nações em desenvolvimento para contrabalançar o poderio comercial norte-americano.	Reconhecendo a importância dos Estados Unidos como país mais rico e poderoso do globo, a política externa de Lula buscou aprofundar as relações com grandes nações em desenvolvimento e com algumas da União Europeia visando reduzir as assimetrias de poder com a potência norte-americana. A busca de fortalecimento do Mercosul e as negociações Mercosul–União Europeia também procuraram ampliar o poder de barganha do país ao diversificar as opções estratégicas. Nesse contexto, o governo buscou evitar confrontos com os Estados Unidos.
Integração latino-americana	O tema da integração regional sul-americana, sobretudo o Mercosul, é central na agenda brasileira desde a democratização do país, em 1985. Na administração Fernando Henrique Cardoso, o processo de integração regional foi visto como um instrumento pelo qual o Brasil poderia disputar um espaço político e econômico maior no mundo. Houve dificuldades com a administração Menem, mas a integração foi consolidada.	O governo Lula manteve interesse pelo Mercosul, acentuando fortemente o peso do projeto de Comunidade Sul-Americana de Nações (Casa). As relações políticas com o governo Kirchner foram positivas. Houve uma ênfase retórica no papel da região, evidenciada pelo desenvolvimento da IIRSA. A integração estava no topo da agenda do país. Na administração Lula, buscou-se manter equilíbrio nas relações com os países da região para capitalizar a aparente convergência em relação à integração e evitar agravar situações potencialmente conflituosas.
Liderança brasileira	O governo Fernando Henrique Cardoso acreditava que liderança não se proclama, mas se exercita. Nesse sentido, o tema não recebeu muito destaque em sua gestão.	A administração Lula colocou o tema no debate político brasileiro, embora não ostensivamente. O desejo de obter papel de destaque na região e entre os países em desenvolvimento foi introduzido. Por outro lado, alguns países sul-americanos, como Bolívia e Paraguai, exigiam muito mais do Brasil.

poder deve ser mensurado com respeito a questões específicas", questionando a noção de uma única estrutura geral de poder, independentemente da área temática (Lima, 1990, p.11). Com base nisso e na análise da política externa do governo Lula, podemos afirmar que a busca por relações mais equilibradas com os países ricos não resultou em rupturas com os países médios; ao contrário, tais relações fortaleceram-se.

Portanto, enfatizamos que a ideia da "autonomia pela diversificação", embora não hegemônica entre os formuladores da política externa, é central aos olhos de alguns importantes líderes políticos.

6
OS DILEMAS DA INTEGRAÇÃO REGIONAL PARA O BRASIL: AUTONOMIA E DIVERSIFICAÇÃO DE PARCEIROS

INTRODUÇÃO

A posição do Brasil no processo de integração regional deve ser compreendida à luz de fatores estruturais e históricos da política exterior. Os constrangimentos ao processo de integração não têm origem apenas em questões econômicas ou em visões divergentes entre os principais países do Mercosul. Também parece haver tensão entre as necessidades estruturais da integração e as atitudes e posições de importantes atores sociais (elites e grupos de interesses) e governamentais, como a Presidência da República e outros ministérios, e não apenas o MRE.

Podemos considerar que dois conceitos muito importantes na formulação da política externa – diversificação de parcerias e autonomia –, ambos enraizados na sociedade civil e no Estado, confluem para a construção de uma visão de inserção regional que dificulta o aprofundamento do Mercosul.

Há razões objetivas para explicar as dificuldades enfrentadas pelo Mercosul ao longo de seus vinte anos de existência. Por exemplo, o desafio de integrar países em desenvolvimento, com significativas assimetrias entre eles, baixo grau de interdependência e tradição de instabilidade macroeconômica. O argumento apresentado pelas administrações Alfonsín, Sarney, Collor, Menem, Itamar Franco e Fernando Henrique Cardoso foi de que a baixa institucionalização e o caráter intergovernamental do processo de integração regional – em que a integração é impulsionada e comandada pelos poderes executivos dos países-membros – garantiriam avanços rápidos, prescindindo de burocracias pesadas. A defesa do princípio da intergovernabilidade por parte do Brasil, não muito diferente da posição argentina, está ligada à concepção do papel que o Mercosul exerceria no conjunto das relações internacionais do país.

Na percepção de alguns dos formuladores de política exterior, a ideia de diversificação de parcerias está associada às próprias características geográficas, étnicas e culturais do país. Segundo Lafer (2001a), ela refletiria a pluralidade dos interesses do Estado e da sociedade, as afinidades históricas e políticas, e simbolizaria a preocupação em diversificar ao máximo as relações externas do país e em pluralizar, ampliar e dilatar os canais de diálogo com o mundo.

A hipótese deste capítulo é que a estrutura do Mercosul, de 1991 a 2009, é adequada aos interesses de parte das elites brasileiras. Esse modelo seria suficiente para dar sustentação às ações internacionais do país na OMC, nas relações com a União Europeia e com os Estados Unidos, livrando o país dos constrangimentos impostos por uma união alfandegária ou um mercado comum. Sob essa perspectiva, uma maior institucionalização limitaria a ação dos Estados-membros, mesmo considerando a assimetria de poder vantajosa para o Brasil. Esse modelo de integração seria compatível com o alargamento do bloco e viabilizaria a inclusão de novos membros, por exemplo, a Venezuela. As vantagens da não institucionalização autorreforçam o caráter intergovernamental do Mercosul e a baixa interação entre políticas nacionais dos países-membros.

Em meados dos anos 1980, quando a política brasileira empreendeu o caminho do estreitamento das relações com a Argentina, a ideia de diversificação de parcerias não foi abandonada, mas ganhou novo significado. Houve uma tentativa de entrelaçar interesses nacionais com interesses regionais do Cone Sul. No caso brasileiro (e também no argentino), prevaleceu a ideia de que o interesse nacional seria mais bem atendido em um processo de integração regional. Em um primeiro momento, esse processo incorporaria não só os interesses dos Estados, mas também das elites empresariais. Posteriormente, setores sindicais e outros grupos, como os intelectuais, viriam a participar do debate sobre a integração regional.

Ao mesmo tempo que houve alinhamento entre as noções de interesse nacional e regional por meio do Mercosul, o conceito de autonomia assumiu papel primordial (Guimarães, 2006). Assim, podemos observar que "as expressões do que é autonomia variam histórica e espacialmente, variam segundo interesses e posições de poder" (Fonseca Jr., 1998, p.361).

Da década de 1930 até a segunda metade dos anos 1980, a ideia de autonomia pressupunha que o Brasil podia fazer suas escolhas de maneira isolada e sem os constrangimentos impostos pelas grandes potências. Ainda que isso não fosse possível, era um objetivo apresentado por diferentes grupos de cunho nacionalista, como pudemos discutir no Capítulo 1. Esse conceito foi compartilhado por militares, intelectuais, empresários, burocratas, sindicalistas, escolas de pensamento como as do Clube Militar (em parte dos anos

1950), o Instituto Superior de Estudos Brasileiros (Iseb), os formuladores da Política Externa Independente e do "pragmatismo responsável", entre outros. Nos anos 1990 e 2000, essas ideias, atualizadas e modernizadas, permearam o PT do presidente Lula e outras forças políticas no Brasil. O Mercosul não era – e não é – visto como limitador da autonomia do país. Ao contrário, o compartilhamento de interesses com os países da região aumentaria a capacidade do Brasil de atuar externamente. Portanto, nosso objetivo será discutir como os dois conceitos – autonomia e diversificação de parcerias – foram processados. Sob nossa perspectiva, houve um movimento para estabelecer, ou restabelecer, o significado da noção de autonomia. Como consequência, desenhou-se uma política exterior que reduziu o significado do Mercosul e principalmente a importância das relações do Brasil com a Argentina. Tudo isso ajuda a explicar a crise desse bloco comercial regional e as dificuldades que ele vem encontrando para se firmar.

Ao analisar o Mercosul, será dada especial atenção ao papel do Brasil e, em menor medida, ao da Argentina. A importância primordial desses dois países para o processo de integração decorre de sua relevância econômica, muito maior que a dos outros dois membros – Uruguai e Paraguai. Assim, será dada ênfase ao Brasil não apenas por ser esse o objetivo principal do livro, mas também porque é o país que detém o maior poder econômico na região.

O SIGNIFICADO DO MERCOSUL: RAZÕES ECONÔMICAS E CONJUNTURAIS PARA A NÃO INSTITUCIONALIZAÇÃO

Na década de 1980, como discutimos no Capítulo 2, passou-se a repensar o modelo de desenvolvimento econômico do país e seu relacionamento com o exterior. Contribuíram para isso o esgotamento do modelo de substituição de importações, a crise da dívida externa (Tabela 2.1 e Figura 2.2), a alta inflação (Tabela 3.1), a estagnação econômica (Figura 2.1) e a redução do investimento externo (ver Figura 6.1, a seguir), que começou a se recuperar na administração Fernando Henrique Cardoso, a partir de 1995.

Enquanto o mundo assistia à ascensão dos valores neoliberais, nos dois últimos anos do governo Sarney foram realizados estudos sobre as relações econômicas internacionais, particularmente pela Carteira de Comércio Exterior (Cacex) do Banco do Brasil. Esse período coincidiu com o desenrolar das negociações da Rodada Uruguai do GATT, sobretudo a partir da Conferência Ministerial de Montreal, de dezembro de 1988 (Bresser-Pereira, 1992; Campos Mello, 2000). Nesses estudos, prevaleceram visões críticas do nacional-desenvolvimentismo e o direcionamento para uma perspectiva de maior abertura externa, perspectiva esta que, posteriormente, viria a orientar a abertura econômica intensificada no governo Collor.

Figura 6.1 A evolução do investimento direto no Brasil – 1985-2007.

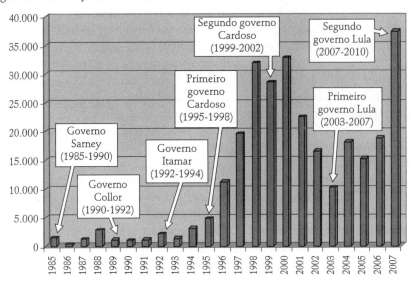

Fonte: Banco Mundial e Unctad.

O início da integração com a Argentina[1] correspondeu a uma lógica desenvolvimentista, que visava estimular a competição empresarial para a modernização e a inserção competitiva do país no sistema econômico internacional (Peña, 1991). Essa fase fortaleceu, entre parte das elites brasileiras, grupos empresariais e funcionários do Estado, a percepção de que o compartilhamento de interesses beneficiaria a inserção internacional. Mesmo quando o Tratado de Integração, Cooperação e Desenvolvimento foi assinado, em novembro de 1988, lançando as bases do Mercosul e dando caráter estável e forte à aliança Argentina–Brasil, prevaleceu a perspectiva intergovernamentalista.

No processo de revisão da política externa e das relações econômicas internacionais – investimentos, relações financeiras e comércio –, conduzido por órgãos como o Ministério da Fazenda, os bancos do Brasil e Central e, de forma gradual, pela diplomacia brasileira, a aproximação Brasil–Argentina era vista como fundamental em termos de política internacional, conquistando adeptos em parte da diplomacia e, ao mesmo tempo, ligando-se à estratégia do paradigma universalista (Flecha de Lima, 1989, p.30-1). Essa aproximação fortalecia a ideia de uma melhor presença política e econômica

---

[1] Declaração de Iguaçu, novembro de 1985; Programa de Integração e Cooperação Econômica (Pice), julho de 1986; os 24 protocolos decorrentes; Tratado de Integração, Cooperação e Desenvolvimento, novembro de 1988.

no mundo, e conferia maior poder de agenda aos seus membros na formulação de regimes e de instituições internacionais. Para alguns, avançar no processo de integração regional fortaleceria a capacidade de se relacionar com os maiores centros de poder, particularmente com os Estados Unidos (Amorim e Pimentel, 1996). Essas perspectivas permitiram que a aliança pela integração viabilizasse acordos intraburocráticos e ganhasse apoio de vários segmentos da sociedade. Ela era composta por setores ligados à tradição nacionalista e também por aqueles que desejavam maior inserção do Brasil na ordem internacional liberal.

Dessa forma, é estabelecido o nexo entre a integração regional, o Mercosul e a aliança com a Argentina, com a preservação dos valores da diversificação das parcerias e da autonomia. O regionalismo não diminuiria, mas o paradigma universalista de inserção internacional do Brasil seria reforçado. A ideia da modernização via internacionalização, que traria reflexos diretos ao paradigma de inserção internacional ao longo dos anos 1990, não se chocou com a noção de regionalismo. O conceito de regionalismo aberto foi utilizado na perspectiva da plena inserção internacional, aproveitando as vantagens de uma área de livre comércio e, a partir de 1995, de uma União Alfandegária. Não foram criados os instrumentos necessários para dar sustentabilidade à integração, isto é, instrumentos que permitissem ações públicas de desenvolvimento social e econômico, assim como a atenuação das grandes desigualdades entre os Estados e internamente a cada Estado. A ideia de autonomia permaneceu enraizada na administração e entre empresários, agora sob a égide do conceito de autonomia pela participação (Fonseca Jr., 1998). Contudo, o impulso empresarial inicial, em particular das empresas do setor automotivo voltadas ao mercado global, não se sustentou.

Assim, nos anos 1990, a noção de autonomia não foi anulada pelo Mercosul. Em vez disso, ela se apresentava de outras maneiras, manifestando-se da mesma forma que fizera em relação aos países ricos, com os quais o Brasil procurou estabelecer maiores vínculos, considerados cruciais nos aspectos econômicos e políticos, sem abdicar dos interesses nacionais considerados fundamentais (Cardoso, 2001). Paradoxalmente, nas relações do Brasil com o Mercosul, a ideia de autonomia se manifestava sob a forma de insistente revalorização da potencialidade de ação do país, livre das amarras que uma integração institucionalizada poderia acarretar.

Lafer (1993b) fala da necessidade de o Brasil ter uma participação mais ativa na cena internacional. De 1985 até o fim da década de 1990, as relações com a Argentina ganharam proeminência na agenda internacional do Brasil. Ao mesmo tempo, no governo Fernando Henrique Cardoso, particularmente no segundo mandato, a partir de 1999, aumentou a preocupação com a diversificação de parcerias, fazendo que outros países (como a China, a Índia e a África do Sul) dividissem as atenções até então voltadas prioritariamente aos países ricos, à Argentina e ao Mercosul.

Na perspectiva brasileira, o Mercosul surgiu de forma claramente ambígua, o que não é de fato diferente do ponto de vista argentino. Colocado no topo das prioridades internacionais, segundo a retórica governamental,[2] ele é apresentado como instrumento muito importante, mas não como um fim em si mesmo, como ficou explicitado no momento de sua criação:

> Ao firmar o Tratado de Assunção, os quatro presidentes partem da percepção comum de que o aprofundamento do processo de integração pode ser a chave para uma inserção mais competitiva de seus países em um mundo em que se consolidam grandes espaços econômicos e onde o avanço tecnológico-industrial se torna cada vez mais crucial para as economias nacionais. (MRE, 1991, p.279)

De fato, a lógica instrumental vai se afirmando e prevalece. Segundo afirma o ex-ministro das Relações Exteriores Luiz Felipe Lampreia (1995-2001):

> O Mercosul é um processo essencialmente aberto ao exterior. No caso do Brasil, o desenvolvimento do Mercosul é parte de um amplo esforço de abertura econômica, liberalização comercial e melhor inserção na economia mundial. O processo de integração não é concebido como um fim em si mesmo, mas como instrumento para uma participação mais ampla no mercado global. (Lampreia, 1995, p.135)

O desenvolvimento do Mercosul não se apresentou uniforme. Podem-se apontar três fases distintas: a primeira, que antecede o primeiro mandato de Fernando Henrique Cardoso e vai de 1991 a 1994 (do Tratado de Assunção ao Protocolo de Ouro Preto), foi caracterizada pela consolidação do desenho institucional do bloco. Em seguida, de 1995 a 1998, observa-se a continuidade da expansão comercial intrabloco, que alcança seu ponto máximo. A partir de 1999, com a crise do real, sua desvalorização e a posterior recessão argentina, de 2001 a 2002, o Mercosul entra em crise. Além dos elementos conjunturais, que se expressam por seguidos contenciosos comerciais e políticos, outras razões devem ser consideradas na busca de explicações consistentes para os problemas do bloco: questões estruturais relativas às economias dos países envolvidos; valores enraizados nos Estados e nas sociedades, como democracia; a percepção da própria posição no mundo; e afinidades culturais, entre outras.

As crises nacionais não foram vistas como momentos de ajustes no processo de integração ou de busca de novas oportunidades. Pelo contrário:

---

[2] Andrés Malamud (2005), por exemplo, procura demonstrar que a retórica intergovernamental distancia-se das realizações concretas do Mercosul.

elas redundaram em debilitamento da integração e reduziram os esforços de complementaridade. As dificuldades enfrentadas pelas economias nacionais contribuíram para as ressalvas com relação ao Mercosul por parte de grupos empresariais e setores das elites. Contudo, os elementos materiais não são por si sós explicativos da dificuldade de institucionalizar o bloco. O fato de Brasil e Argentina, alternadamente, terem déficits comerciais entre si contribuiu para a percepção de que a integração regional poderia ser nociva para as economias locais. Cada vez que isso se dá em determinada direção, as posições protecionistas voltam a brotar. Sempre que ocorre um déficit comercial em qualquer país, os defensores do protecionismo voltam a reagir. No caso brasileiro, a moratória da dívida externa argentina de 2001 reacendeu a sempre latente e enraizada concepção de que o Mercosul representava uma perspectiva estreita para a potencialidade econômica e política brasileira. Inversamente, o superávit do Brasil, após a desvalorização do real de janeiro de 1999, foi apontado na Argentina como uma das principais causas de sua própria crise do fim de 2001. A partir daí, a desvalorização do peso, após ter ficado ancorado ao dólar de 1991 a 2001, gerou uma queda no PIB argentino de 10,9% (Kume e Piani, 2005), fortalecendo a crença brasileira de que a instabilidade macroeconômica não oferece bases sólidas para a integração.

A experiência do Mercosul sugere que os benefícios econômicos da integração são necessários, mas não suficientes para garantir sua institucionalização. A percepção de que um dos parceiros pode vir a obter mais vantagens no processo de integração é prejudicial à continuidade dos esforços de consolidação do Mercosul. Se isso vale para a Argentina e o Brasil, o mesmo pode ser dito para Paraguai e Uruguai. Desse modo, elementos da perspectiva realista de relações internacionais, que prevaleceram secularmente nas relações da América do Sul, não desapareceram totalmente.

AUTONOMIA E DIVERSIFICAÇÃO: A POSIÇÃO DAS ELITES BRASILEIRAS NO MERCOSUL

A diplomacia brasileira teve papel significativo no modelo de integração construído ao longo dos anos, caracterizado pela baixa institucionalização. No Brasil, essa posição foi compartilhada por diferentes agências e ministérios, pelos empresários, pelo Congresso, pelos governadores dos Estados etc. Como afirma Vaz (2002, p.223), a posição brasileira não era essencialmente diferente da posição da Argentina:

> Para o Brasil, dado seu peso majoritário no bloco, não interessava a cessão de soberania a uma instância supranacional, em que teria diluída a capacidade de forjar

decisões e de preservar seus interesses em relação ao bloco, cuja importância para o país extrapolava o domínio comercial. Para a Argentina, a cessão de soberania, em matéria de política econômica e comercial, implicava perder, definitivamente, a capacidade de exercer algum grau de liberdade na condução da política comercial, que era precisamente o que o governo argentino buscava resguardar naquele momento.

De acordo com Mariano (2007, p.194), no caso do Brasil, tratou-se de um efetivo padrão de comportamento "baseado na busca de autonomia enquanto princípio fundamental e do desenvolvimento enquanto objetivo central". Em diversas pesquisas (Vigevani et al., 2004; Wanderley e Vigevani, 2005) mediu-se o baixo índice de adaptação e de sensibilidade dos governos estaduais e municipais no Brasil às questões internacionais e da integração. Constatou-se que as elites políticas e administrativas regionais não consideravam essas questões como atinentes à ação de governo. Isso teve forte implicação para a política nacional, refletindo-se na representação parlamentar. Temas com clara repercussão para a integração regional não se entrelaçaram com questões nacionais (por exemplo, a reforma fiscal), o que fortaleceu uma tendência pela qual o Brasil buscaria manter certo grau de autonomia. Pinheiro (2000, p.326-7) considera que o comprometimento que o Estado brasileiro assume nas questões internacionais varia conforme seus recursos de poder. O posicionamento do Brasil no entorno geográfico seria pautado por uma lógica de obtenção de ganhos e vantagens oriundos de relações relativamente assimétricas.

Nos primeiros anos do processo de integração, como se depreende das atas do Grupo Mercado Comum (GMC),[3] surgiram sinais de razoável interesse pelo fortalecimento da maior institucionalização do Mercosul. Em 1992, o Grupo aprovou a agenda de ministros da Economia e presidentes de Bancos Centrais em que deveria ser tratada "a situação econômica e a análise da convergência das políticas econômicas nacionais" (GMC, 1992, p.18). No entanto, a partir de 1996 e 1997, combinaram-se problemas comerciais específicos com desencontros relativos à inserção internacional. Assim, começa a ganhar peso no Brasil o argumento de que o Mercosul é um fator limitante da capacidade de diversificação das parcerias do país, principalmente na Fiesp, na Confederação Nacional da Indústria (CNI), nas entidades representativas do *agribusiness*, entre altos funcionários e na imprensa. Razões objetivas contribuem para essa inflexão: o avanço das negociações para a criação da Alca, as negociações para o lançamento de uma nova Rodada na OMC e o início da discussão sobre o papel do

---

[3] O Grupo Mercado Comum é o corpo executivo do Mercosul. Sua função é garantir o cumprimento do Tratado de Assunção e conduzir a implementação das decisões tomadas pelo Conselho.

grupo Brasil, Rússia, Índia e China (Bric). Essas negociações ou orientações não necessariamente deveriam enfraquecer o Mercosul, mas isso acabou acontecendo, pois a ideia da integração nunca chegou a ser assimilada pelo conjunto das elites brasileiras ou pela população em geral.

Para compreender a evolução da posição brasileira no processo de integração regional e no Mercosul, é preciso considerar as grandes mudanças internacionais que impactaram os Estados. Por um lado, como foi amplamente evidenciado pela crise financeira de 2008, houve redução do poder econômico norte-americano; por outro, cresceu o significado de outros países e outras regiões – constatação válida para todos os países, inclusive para os da América do Sul. Um fator de grande impacto, cujas dimensões não eram previsíveis no início dos anos 1990, foi o extraordinário crescimento da China e da Ásia. Desde 1985, quando da aproximação Argentina–Brasil, ou desde 1991, com a criação do Mercosul, a geografia política e econômica internacional modificou-se profundamente. Waltz (2000, p.30-2) afirma que

> a teoria nos permite dizer que uma nova balança de poder será constituída, mas não nos diz quanto tempo esse processo levará para concretizar-se. [...] o inevitável movimento da unipolaridade para a multipolaridade não está acontecendo na Europa, mas na Ásia.

A reestruturação do poder mundial nos anos 2000 (Velasco e Cruz, 2007), com o desenvolvimento focado em países não centrais – como demonstrado pelo papel de Índia, Rússia, África do Sul e China –, e as mudanças ocorridas na distribuição do comércio exterior brasileiro, contribuíram para que a integração regional passasse a ter menos peso relativo nos projetos de inserção externa das elites brasileiras e do Estado. Tanto na perspectiva liberal quanto na nacional-desenvolvimentista, o Mercosul continua sendo importante plataforma da política externa brasileira, mas o foco de interesses vem sendo reorientado, e as ações empresariais e governamentais passaram a se concentrar em outras direções. Segundo Guimarães (2006, p.275),

> é indispensável trabalhar de forma consistente e persistente em favor da emergência de um sistema mundial multipolar no qual a América do Sul venha a constituir um dos polos e não ser apenas uma sub-região de qualquer outro polo econômico ou político.

Como afirmamos, no período de 1985 a 1998 a evolução intrabloco foi altamente significativa. As exportações do Brasil para os países que viriam a constituir o Mercosul, que em 1985 representavam 3,86% do total, passaram a representar 17,37% em 1998. No mesmo período, as importações cresceram de 4,88% para 15,19% do total (Cepal, 2003). Além da evidente importância dessa evolução, a qualidade do comércio brasileiro intrazona também evoluiu favoravelmente, por ser relevante a presença de produtos e serviços de maior valor agregado.

As figuras 6.2, 6.3 e 6.4 mostram as mudanças ocorridas na composição do comércio exterior do Brasil de 1989 a 2007; nelas, são apresentados a evolução das importações e exportações e os saldos alcançados naquele período. É interessante analisar os dados de forma desagregada, observando a evolução percentual das importações e das exportações brasileiras para cada um dos países do Mercosul, bem como para a China e a Índia, conforme se pode ver nas tabelas a seguir (6.1 e 6.2). No caso da Índia, apesar dos esforços para a intensificação das relações entre os dois países e da atuação conjunta no G20 e no IBSA, a evolução do comércio bilateral foi pouco significativa, ao contrário da China, com a qual o comércio brasileiro teve um grande salto, contribuindo para mudar o perfil das relações econômicas internacionais do país. Em 2008, a China chegou a ser o segundo parceiro comercial do Brasil e continuou a aumentar seu peso em 2009. Deve-se considerar que o comércio entre os dois países mostra o Brasil basicamente como exportador de *commodities*.

Tabela 6.1 Brasil – Exportação (% do total).

Ano	Argentina	Paraguai	Uruguai	China	Índia
1989	2,10%	0,94%	0,97%	1,83%	0,58%
1990	2,05%	1,21%	0,94%	1,22%	0,53%
1991	4,67%	1,57%	1,07%	0,72%	0,52%
1992	8,49%	1,52%	1,44%	1,29%	0,42%
1993	9,49%	2,47%	2,01%	2,02%	0,32%
1994	9,50%	2,42%	1,68%	1,89%	1,43%
1995	8,69%	2,80%	1,75%	2,59%	0,69%
1996	10,83%	2,77%	1,70%	2,33%	0,39%
1997	12,77%	2,65%	1,64%	2,05%	0,31%
1998	13,20%	2,44%	1,72%	1,77%	0,28%
1999	11,17%	1,55%	1,39%	1,41%	0,65%
2000	11,32%	1,51%	1,22%	1,97%	0,39%
2001	8,60%	1,24%	1,11%	3,27%	0,49%
2002	3,89%	0,93%	0,68%	4,18%	1,08%
2003	6,25%	0,97%	0,56%	6,20%	0,76%
2004	7,66%	0,91%	0,70%	5,64%	0,68%
2005	8,39%	0,81%	0,72%	5,78%	0,96%
2006	8,52%	0,90%	0,73%	6,10%	0,68%
2007	8,97%	1,03%	0,80%	6,69%	0,60%

Fonte: Banco Central, 2008.

A política externa brasileira

Tabela 6.2 Brasil – Importação (% do total).

Ano	Argentina	Paraguai	Uruguai	China	Índia
1989	6,78%	1,96%	3,25%	0,70%	0,19%
1990	6,62%	1,56%	2,83%	0,83%	0,08%
1991	13,88%	2,54%	4,57%	1,40%	0,23%
1992	8,42%	0,95%	1,47%	0,57%	0,14%
1993	10,76%	1,09%	1,53%	1,21%	0,36%
1994	11,07%	1,07%	1,72%	1,40%	0,27%
1995	11,19%	1,03%	1,48%	2,08%	0,34%
1996	12,76%	1,04%	1,77%	2,12%	0,35%
1997	13,29%	0,87%	1,62%	1,95%	0,36%
1998	13,90%	0,61%	1,81%	1,79%	0,37%
1999	11,81%	0,53%	1,31%	1,76%	0,35%
2000	12,27%	0,63%	1,08%	2,19%	0,49%
2001	11,17%	0,54%	0,91%	2,39%	0,98%
2002	10,04%	0,81%	1,03%	3,29%	1,21%
2003	9,68%	0,98%	1,11%	4,45%	1,01%
2004	8,86%	0,47%	0,83%	5,91%	0,88%
2005	8,48%	0,43%	0,67%	7,27%	1,63%
2006	8,82%	0,32%	0,68%	8,75%	1,61%
2007	8,63%	0,36%	0,65%	10,46%	1,79%

Fonte: Banco Central, 2008.

Os fatores de inserção internacional são muitos, com destaque para os fluxos de capitais, de tecnologia, de valores, de cultura e de relações de poder. O comércio é um fator da maior importância, e o destino e a origem razoavelmente diversificados do comércio exterior brasileiro tendem a dar base aos argumentos favoráveis à diversificação de parcerias como parte da política externa do país. Em 2007, o total do intercâmbio comercial brasileiro alcançou US$ 281 bilhões. O principal parceiro individual foram os Estados Unidos; com eles, o comércio alcançou aproximadamente US$ 44 bilhões, isto é, 16% do total brasileiro. O segundo parceiro comercial foi a Argentina, com números que atingem US$ 24,8 bilhões, quase 9% do total do Brasil. Com a China, o fluxo de comércio total do Brasil foi de US$ 23,3, o equivalente a mais de 8%. Quanto aos fluxos no longo prazo, percebe-se pela Figura 6.4 que, no que se refere às importações, a evolução mais notável se deu com as provenientes da Ásia. Como se pode ver na Tabela 6.2, de 1989 a 2007 a China evoluiu no total das importações brasileiras de 0,70% para 10,46%. No tocante às exportações, o crescimento foi de 1,83% para 6,69%. O impacto político-estratégico dessa evolução não poderia ser pequeno. Na Figura 6.2, verificamos que o Brasil obteve superávit comercial sobretudo pelo seu intercâmbio, respectivamente, com a União Europeia, os Estados Unidos e o Mercosul. O comércio com a Argentina, que se recupera depois da crise aguda ocorrida de 1999 a 2002, não mais alcança, em termos relativos, o auge de 1998. Como pode ser visto nas figuras 6.3 e 6.4, crescem as relações comerciais com o Mercosul; conforme ressaltamos, a contribuição da região para o superávit brasileiro é significativa, sobretudo se lembrarmos que se trata de produtos de maior valor agregado. Ainda assim, houve diminuição do *market share* do bloco regional no total das relações comerciais brasileiras.

O crescimento da economia mundial a partir de 2001 – com destaque para o papel da China e da Ásia –; a ênfase atribuída pelo Brasil às negociações na OMC e a utilização da organização para fortalecer suas posições; e a alta do preço das *commodities* desde 2003 foram itens que contribuíram para a mudança de interesse dos principais grupos setoriais públicos e privados (Prates, 2005-2006). O comportamento brasileiro diante da crise financeira e econômica de 2008 sugere que a ênfase dada à criação de um sistema mundial multipolar e ao fim do unilateralismo apoia-se na percepção de que a maximização de capacidades exige a participação em diversos foros, políticos e econômicos, regionais e multilaterais. Evidenciam isso o dinamismo da atuação brasileira no G20 financeiro e, ao mesmo tempo, as dificuldades para a coordenação regional de políticas. O presidente Lula, ao fim da Cúpula do G20 financeiro sobre Economia Mundial e Mercados Financeiros, realizada em Washington em novembro de 2008, concluiu:

> pela força política, pela representação dos países que foram inseridos no G20, [...] não tem mais nenhuma lógica tomar decisões sobre economia, sobre política, sem levar em conta esse fórum de hoje (*Gazeta Mercantil*, 2008a).

A expectativa de que a ênfase universalista pudesse gerar externalidades positivas em termos de convergência de posições, tanto nos fóruns multilaterais quanto nos regionais, vem sendo atendida apenas parcialmente. Na transição da Guerra Fria para uma ordem mundial emergente, a dissociação entre supremacia política e militar, e competitividade econômica transformou as opções de política externa em cálculos complexos, uma vez que as alianças comerciais e financeiras não são, necessariamente, coincidentes com a convergência das visões políticas. O Mercosul, a União de Nações Sul-Americanas (Unasul) e as relações com os países associados seriam fortalecidos como consequência do fim do unilateralismo e pela afirmação do multilateralismo. A política brasileira mantém forte interesse na integração regional, mas seu aprofundamento, em particular no que se refere ao Mercosul, vincula-se ao cenário global, sendo este um importante fator para seu avanço.

A política externa brasileira

Figura 6.2 Saldo de exportações e importações – 1989-2007 (regiões e países selecionados).

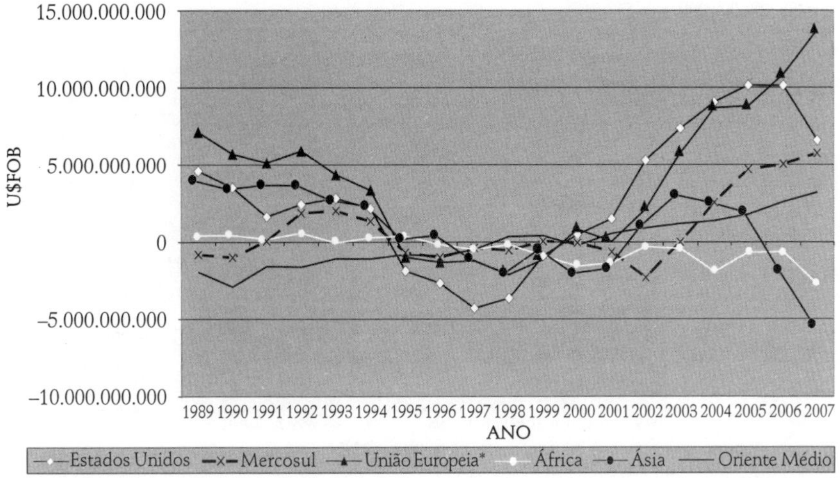

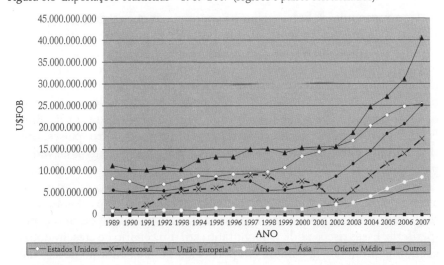

Fonte: MDIC.

* A União Europeia é formada, de janeiro de 1989 a dezembro de 1994 (EU12), de Portugal, Espanha, França, Grécia, Luxemburgo, Bélgica, Holanda, Dinamarca, Reino Unido, Irlanda e Itália. De janeiro de 1995 a dezembro de 2003 (EU14): inclusão de Áustria, Finlândia e Suécia. De janeiro de 2004 a dezembro de 2005 (EU25): inclusão de Estônia, Letônia, Lituânia, Polônia, República Tcheca, Eslováquia, Hungria, Chipre e Malta. E de janeiro de 2006 a dezembro de 2006 (EU27): inclusão de Romênia e Bulgária.

Figura 6.3 Exportações brasileiras – 1989-2007 (regiões e países selecionados).

Fonte: MDIC.

* A União Europeia é formada, de janeiro de 1989 a dezembro de 1994 (EU12), de Portugal, Espanha, França, Grécia, Luxemburgo, Bélgica, Holanda, Dinamarca, Reino Unido, Irlanda e Itália. De janeiro de 1995 a dezembro de 2003 (EU14): inclusão de Áustria, Finlândia e Suécia. De janeiro de 2004 a dezembro de 2005 (EU25): inclusão de Estônia, Letônia, Lituânia, Polônia, República Tcheca, Eslováquia, Hungria, Chipre e Malta. E de janeiro de 2006 a dezembro de 2006 (EU27): inclusão de Romênia e Bulgária.

Figura 6.4 Importações Brasileiras – 1989-2007 (regiões e países selecionados).

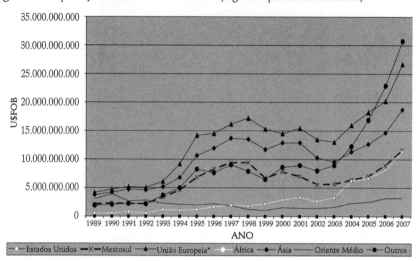

Fonte: MDIC.

* A União Europeia é formada, de janeiro de 1989 a dezembro de 1994 (EU12), de Portugal, Espanha, França, Grécia, Luxemburgo, Bélgica, Holanda, Dinamarca, Reino Unido, Irlanda e Itália. De janeiro de 1995 a dezembro de 2003 (EU14): inclusão de Áustria, Finlândia e Suécia. De janeiro de 2004 a dezembro de 2005 (EU25): inclusão de Estônia, Letônia, Lituânia, Polônia, República Tcheca, Eslováquia, Hungria, Chipre e Malta. E de janeiro de 2006 a dezembro de 2006 (EU27): inclusão de Romênia e Bulgária.

Compreendidas as linhas gerais e as percepções que estruturam a política brasileira de integração regional, é importante explicar o significado político das relações com a China, pois elas são econômica e comercialmente importantes para toda a região. Segundo Vadell (2008), o peso daquele país nos investimentos e no comércio da América do Sul tem modificado as expectativas dos atores domésticos, o que pode ser constatado pela mudança de orientação que vem sendo praticada pelo comércio exterior do Brasil. Fenômeno semelhante acontece com a Argentina e com outros países. Leon-Manríquez (2006) considera que todos eles criaram expectativas elevadas, e passaram a ver na China uma alternativa importante para o desenvolvimento nacional. O tipo de relações econômicas que vêm sendo praticadas levou a certa perplexidade. Vadell (2008) lembra a necessidade de estar atento ao risco de consolidação de uma especialização da produção de tipo centro-periferia. Esses riscos podem surgir tanto em um cenário de crescimento da economia mundial – e chinesa em particular, por sua enorme necessidade de adquirir *commodities* – quanto em um quadro mundial recessivo, como o que se configurou a partir de 2008, com crescimento nulo ou negativo na União Europeia e nos Estados Unidos. Neste último cenário, importantes setores empresariais brasileiros, como as associações brasileiras das indústrias de Calçados (Abicalçados), do Mobiliário (Abimóvel) e do Vestuário

(Sindivestuário), temem um movimento asiático em busca de novos mercados para seus produtos em razão da desaceleração da economia e da queda da demanda nos países desenvolvidos (*Gazeta Mercantil*, 2008b). Situação semelhante ocorre na Argentina, estimulando medidas protecionistas, com potenciais desdobramentos para o próprio Mercosul.

Mesmo com esses riscos, as oportunidades oferecidas pelas relações com a China para grupos empresariais ou sociais consolidaram uma dinâmica não diretamente convergente com a integração regional, pois seus benefícios independem da complementaridade dos sistemas produtivos regionais. Em alguns casos, os excedentes no intercâmbio com a China, importantes para a Argentina, podem alimentar um fenômeno classificado como formas modernas de nacional-desenvolvimentismo (Godio, 2006). No caso brasileiro, a balança comercial tem apresentado alternâncias, favoráveis e desfavoráveis. Ao sustentar um crescimento que não se pode comparar ao de outros países, a China estimula reorientações estratégicas, seja no setor de tecnologia avançada (por exemplo, aviões da Embraer, lançamento de satélites), seja no setor de *commodities* (por exemplo, minério de ferro – Companhia Vale do Rio Doce).

Nas figuras 6.2, 6.3 e 6.4, observamos que o aumento do saldo comercial de mercados não tradicionais (África, Ásia, Europa Oriental, Oriente Médio e outros) ainda não sofreu alteração drástica nos últimos anos se comparado ao Mercosul. Contudo, alguns países do Sul vêm recebendo cada vez mais atenção das elites e do governo brasileiro pelas razões que acabamos de detalhar.

A perspectiva de ganhos de escala em termos econômicos e comerciais estimulou a concentração de esforços na busca de acesso aos maiores mercados e levou à retomada das discussões sobre os temas da autonomia e da diversificação das parcerias, que limitavam o avanço do Mercosul. O governo Lula consolidou essa diretriz sem descuidar da integração regional. O esforço despendido para a efetiva participação da Venezuela no bloco é explicado exatamente por esta perspectiva: a possibilidade de revitalizar o processo de integração regional.

Neste início do século XXI, os governos Kirchner (de Néstor e Cristina) e Lula apresentaram posicionamentos ideológicos semelhantes (apresentando-se como políticos reformistas, com traços de esquerda). A despeito das visões políticas compartilhadas, o aprofundamento do processo do Mercosul não foi viabilizado, ainda que tenham sido possíveis políticas comuns em casos específicos. A concordância entre os dois governos em alguns temas evidencia certas identidades, mas não suficientes para fazer avançar de modo irreversível o processo de integração regional. No quadro de referência conceitual do Estado brasileiro existe preocupação pelo avanço da integração, claramente visível na administração Lula, mas ela foi incapaz de adquirir uma dinâmica própria mais intensa.

A pedra angular [da integração regional] é a relação bilateral com a Argentina. A grande convergência entre os pontos de vista dos presidentes Lula e Kirchner, nas questões mais urgentes que enfrentamos, foi expressa no "Consenso de Buenos Aires", adotado em outubro de 2003. Esse documento reflete nossa aspiração em comum pelo crescimento econômico unido à justiça social, e manifesta nossa determinação de transformar o bloco comercial Mercosul [...] em um catalisador para a construção de um futuro compartilhado. (Amorim, 2004, p.158)

Em 2005, na Cúpula de Chefes de Estado das Américas, em Mar del Plata, Brasil e Argentina defenderam o adiamento das negociações da Alca, contrariando o que parecia ser o interesse dos Estados Unidos. No caso brasileiro, as dificuldades da integração regional não podem ser atribuídas apenas ao governo. A sociedade mostrou interesse reduzido, e, em alguns casos, abertamente contrário ao aprofundamento do Mercosul. Por exemplo, em encontro realizado em novembro de 2004, que reuniu empresários de diversos segmentos e entidades como Fiesp, Abicalçados, Eletros e AEB, foram feitas diversas ressalvas quanto à importância do aprofundamento do bloco para o Brasil. Entre empresários, há uma intensa discussão sobre a necessidade de retroceder de uma união alfandegária, ainda imperfeita, para uma área de livre comércio. Segundo os representantes das entidades mencionadas, o Mercosul é uma âncora que limita a capacidade do Brasil de se engajar nas negociações internacionais, dificultando acordos bilaterais com os Estados Unidos e com a União Europeia (*Valor Econômico*, 2004).

As análises que resultam das preocupações do setor privado confirmam essa tendência de reduzir o significado do processo de integração para o Brasil. Há, por parte de alguns empresários, interesse em reduzir o papel do Mercosul para a política exterior do país e como referência de estratégia econômica e comercial internacional. Estudar a política de integração regional do ponto de vista brasileiro implica compreender o papel do MRE e o interesse/desinteresse da sociedade civil, especialmente dos empresários. Quando a sociedade se defronta com os problemas inerentes a um processo de integração, surgem diferentes tipos de resistências contrárias ao Mercosul, mas poucas propostas para aperfeiçoá-lo. A posição do governo de manter o Mercosul com baixa institucionalização parece atender à média das expectativas e das necessidades das elites brasileiras, dentro e fora do Estado.

MOTIVAÇÕES DA POLÍTICA BRASILEIRA EM RELAÇÃO À SUPRANACIONALIDADE

Como apontamos, os conceitos de autonomia e diversificação das parcerias, defendidos por parte das elites e presentes na memória institucional do MRE, colocam alguns questionamentos ao Mercosul. Wendt (1994, p.386) afirma que

> a identidade coletiva não é nem essencial nem equivalente para uma instituição multilateral como essa, mas provê a ela uma importante fundamentação por aumentar sua disposição de agir com base em "princípios gerais de conduta" e reciprocidade difusa.

A percepção de que o Brasil poderá perder soberania e autonomia à medida que houver um maior aprofundamento da integração do bloco continua norteando as ações de parte da ação da burocracia estatal. Consequentemente, rejeita-se uma opção que parece limitar o espaço de manobra internacional do Brasil no mundo, dificultando a diversificação das parcerias. Lima (1994; 2003) afirma que o padrão brasileiro de política externa é contrário ao aprofundamento da institucionalização do Mercosul, pois a aspiração que prevalece é a de converter o país em um ator internacional relevante. A isso soma-se a crença (também presente na Argentina) da especificidade do país na região do Cone Sul.

Para o objetivo que nos propomos – discutir as razões estruturais da política brasileira de integração –, é interessante mostrar a racionalidade da posição de defesa dos princípios de autonomia e de soberania nacional. Pierson (1998) considera que os governos nacionais, quando delegam determinadas funções a instituições ou a órgãos comunitários regionais, com o tempo tendem a perder para essas instituições o controle do processo de integração. Potencialmente, elas poderiam abrir espaço para novos atores domésticos participarem do processo decisório, sem a intermediação dos governos, o que tenderia a fortalecê-las e a fornecer-lhes novas fontes de legitimidade. Uma vez que essas instituições ou órgãos alcançam certa autoridade no processo de integração, torna-se difícil para os governos fazê-los recuar, viabilizando a recuperação do poder original dos Estados-parte. O custo da recuperação de poder de certa forma inviabilizaria sua concretização. Gradualmente, a dinâmica decisória da integração regional tende a adquirir maior autonomia em relação aos Estados nacionais. Assim, pode-se entender a baixa disposição brasileira de fortalecer institucionalmente o bloco: o Estado não deseja perder o controle do processo de integração.

A estrutura do bloco, definida pelo Tratado de Assunção de 1991, concentra o poder decisório e a governabilidade no Conselho do Mercado Comum (CMC). Esse Conselho é formado pelos presidentes e ministros das Relações Exteriores e da Economia dos países-membros, enquanto o Grupo Mercado Comum (GMC), composto pelos vice-ministros das Relações Exteriores ou subsecretários, encarrega-se da direção executiva do processo de integração. Essa engenharia institucional tem se mostrado inadequada para permitir o desenvolvimento de uma identidade integracionista entre os países-membros.

Um Mercosul mais institucionalizado parece não atender aos interesses de parte considerável das elites, de grupos sociais, econômicos e regionais ou de setores políticos do Brasil, que parecem ter suas necessidades plenamente atendidas na atual estrutura. Embora os objetivos do Mercosul tenham sido redimensionados, permanece o interesse em aumentar o comércio e, em alguns casos, aumentar os investimentos transfronteiriços, como é o caso da Petrobras, do Banco Itaú, da Bunge, da Gerdau, da AmBev, da Techint e de outras empresas, nacionais e multinacionais, particularmente as do setor automotivo e das indústrias de alimentação, entre outras. O bloco permanece sendo significativo em algumas circunstâncias importantes: ele é útil para uma parte das relações com os Estados Unidos; nas relações com a União Europeia; tem importância relativa na OMC e em algumas negociações com países emergentes, particularmente nos diálogos entre os blocos comerciais. No entanto, evita-se a tomada de posições, o que, para alguns, limitaria as possibilidades abertas pela maior autonomia e pelo maior número de parceiros comerciais. Consequentemente,

> o grande obstáculo, no Brasil e na Argentina, para um efetivo "investimento" no projeto Mercosul é a ambiguidade com que, para além da retórica do discurso pró-integração, diversos setores das duas sociedades e dos dois governos avaliam o bloco (Gonçalves e Lyra, 2003, p.14).

CONSIDERAÇÕES FINAIS

As aspirações protagônicas e universalistas das elites brasileiras implicam a necessidade de estarem livres para agir com desenvoltura no cenário internacional, sem acordos restritivos no âmbito regional e sem os condicionamentos que derivariam das necessárias concessões aos sócios de menor poder. A integração regional não é rejeitada; pelo contrário, ela é considerada benéfica, mas sem os custos implicados naquilo que Burges (2009) chama "crescimento econômico cooperativo". Nossa análise sugere que não existe massa crítica adequada na sociedade brasileira para estimular o aprofundamento do processo de integração. No governo Lula, foram feitos esforços para compensar essa condição com atitudes que buscaram compreender as motivações subjacentes aos interesses de alguns dos vizinhos do país. Nas negociações com a Bolívia, a partir de 2006, em decorrência da intervenção do governo Evo Morales na produção do gás; com o Paraguai, a partir de 2008, com o governo Fernando Lugo apresentando uma agenda de renegociação em relação à usina hidroelétrica de Itaipu; com Rafael Correa do Equador, e mesmo com Hugo Chávez da Venezuela, o governo brasileiro conseguiu manter o equilíbrio entre a busca de boas relações, apostando na estabilidade democrática, no desenvolvimento desses países e na defesa dos interesses nacionais. Consideramos que houve hesitação em arcar com os custos da integração regional e em lidar com os obstáculos impostos pelas assimetrias de poder entre os países do Mercosul, apesar de o bloco ser considerado uma das prioridades da política externa brasileira em declarações oficiais da Presidência da República e do MRE. De acordo com Marcelo Mariano:

> A expansão combinada com o baixo comprometimento governamental, no sentido de trabalhar as assimetrias existentes, levou a uma integração que não pode ser muito ambiciosa quanto ao seu grau de aprofundamento. Ao mesmo tempo, o limite dado por uma união alfandegária que não se consolida e as dificuldades inerentes na gestão das novas demandas oriundas desta situação, podem tornar a integração pouco atraente para os governos e importantes setores domésticos envolvidos, criando uma situação de impasse que levaria ao fortalecimento de forças desintegradoras, que, por sinal, parece ser o estágio atual do bloco. (Mariano, 2007, p.194)

No Brasil, há baixa sensibilidade para as questões regionais, o que se explica, primeiro, pela dimensão que os problemas domésticos adquirem em um país de proporções continentais; segundo, pela importância crescente atribuída às questões e agendas globais ao longo da administração Fernando Henrique Cardoso e mais ainda sob Lula.

> Na Argentina, para o bem ou para o mal, o Brasil é um tema: é assunto cotidiano, matéria permanente de imprensa. No Brasil, em contrapartida, a Argentina desperta muito menor interesse, salvo em momentos de crise aguda. (Gonçalves e Lyra, 2003, p.21)

Para a sociedade brasileira e suas elites, entender as perspectivas do Mercosul tem a ver com o debate sobre o futuro da posição do Brasil no mundo. Como discutimos, no governo Lula colocou-se fortemente a necessidade de definir melhor se a integração regional deve ser considerada útil e importante para o país. A resposta é positiva, mas resta definir a disponibilidade de assumir seus custos. Supondo-se a necessidade de haver um *paymaster* (Mattli, 1999) na integração, o papel caberia ao Brasil, o que obrigaria a análise de outro tópico: a capacidade ou não de o país desempenhar esse papel. Para países pobres, há limites objetivos; pagar os custos da integração pode estar acima de sua capacidade. Mattli (1999) afirma que o papel de *paymaster* não se restringe à economia, mas também tem a ver com a delegação de algumas funções para instituições comunitárias. Isso significa aceitar e confiar na integração regional, considerando-a parte das próprias políticas domésticas. Algumas medidas, como a criação do Fundo para a

Convergência Estrutural do Mercosul (Focem),[4] inicialmente com US$ 100 milhões, elevados em 2008 a US$ 250 milhões, seriam destinadas a fortalecer a integração; do mesmo modo, a criação do Parlamento do Mercosul, que começou a funcionar em 7 de maio de 2007, em substituição à Comissão Parlamentar Conjunta. Contudo, a pequena dimensão das ações econômicas e políticas, como os valores do Focem demonstram, parece confirmar a análise de que a institucionalização do bloco do Cone Sul avança devagar. Diferentemente da análise de Burges (2009), é provável que isso não se deva apenas ao interesse egoísta do Brasil, que visaria a uma liderança sem contrapartida para os países envolvidos. No governo Lula, a crítica interna era feita com mais frequência exatamente no sentido contrário: ela se focava sobretudo nas limitações econômicas e políticas próprias do país.

Como vimos, um eventual retrocesso do Mercosul na direção de uma área de livre comércio, defendido por setores sociais significativos no Brasil, enfraqueceria o poder de barganha tanto do país quanto do Mercosul no sistema internacional. Uma maior institucionalização do bloco acarretaria custos para o Brasil (por exemplo, redução de sua autonomia internacional). No entanto, é fundamental considerar as desvantagens da não institucionalização e de uma situação indefinida, que tem prevalecido ao menos desde 1997, em nome de interesses econômicos e tarifários de curto prazo.

Nossa análise mostra a necessidade de acordos que viabilizem algum grau de supranacionalidade, ou seja, ações, regras e normas que garantam o aprofundamento do bloco. O governo Lula demonstrou não ser contrário a algumas medidas nesse sentido, mas isso implica o reprocessamento de conceitos fundadores da política brasileira – autonomia e diversificação de parcerias –, de modo que possam absorver os princípios da integração, inclusive a ideia de associação de objetivos (Nardin, 1987). Implica também a criação e a promoção de uma cultura que valorize ganhos de longo prazo e aceite alguns custos no curto prazo. Se o Mercosul, conforme os documentos e as declarações governamentais afirmam, é base da estratégia de inserção internacional do Brasil, seria necessário que o bloco alcançasse níveis maiores de institucionalização.

Políticas industriais e setoriais de integração, ações de apoio a cadeias produtivas regionais e o aperfeiçoamento de instrumentos institucionais – concebidos ainda nos anos 1980, quando foram assinados os 24 protocolos setoriais no âmbito do Programa de Integração e Cooperação Econômica (Pice)[5] de 1986 – atenuariam as assimetrias e favoreceriam a alocação de recursos onde há maior potencialidade de mercado.

---

[4] O Fundo foi criado pelo Conselho do Mercosul para financiar programas que promovam a convergência estrutural, a competitividade e a integração dos países da América do Sul.
[5] O objetivo do Pice era proporcionar um espaço econômico comum, com a abertura seletiva de mercados e o estímulo à complementação econômica de certos setores de cada país.

7
RELAÇÕES BRASIL–VENEZUELA

INTRODUÇÃO

Neste capítulo será examinada a relação do Brasil com a Venezuela. Por contar com um grande potencial energético e ser presidido por uma figura polêmica como Hugo Chávez, que esteve no governo ao longo dos dois mandatos de Lula, a Venezuela é um país importante para a política externa brasileira. Nesse período, Chávez se aproximou e divergiu do Brasil em diversas áreas, mas a relação amistosa entre os dois países não impediu a existência de divergências entre eles. Analisar essas relações é importante, pois permite ressaltar melhor as características específicas da política externa do governo Lula. As diferenças de interesses e estilos das políticas externas brasileira e venezuelana poderiam afetar a estratégia da autonomia pela diversificação iniciada por Lula, pois Chávez tem apresentado alternativas políticas diferentes, que influenciam alguns governos na América Latina. Na administração dele, a Venezuela vem praticando uma política externa que, segundo sua própria interpretação, promove "um socialismo do século XXI" (Urrutia, 2006, p.159). Ainda que o significado desse *slogan* não esteja claro, Chávez adota uma retórica extremada de autonomia pela distância com relação aos Estados Unidos (Zúquete, 2008). No que se refere ao Brasil, em virtude de aspectos que à primeira vista podem parecer uma parcial e limitada identificação ideológica entre Chávez e Lula, houve aproximação entre os dois países nos últimos anos do governo Lula, apesar de serem visíveis as divergências com relação às políticas externas dos dois países. A despeito disso, as relações econômicas intensificaram-se, seja nos aspectos comerciais, seja nos aspectos relativos a investimentos.

AS CINCO FASES DA POLÍTICA EXTERNA VENEZUELANA

Lima e Kfuri (2007) dividem a história da política externa venezuelana em cinco fases distintas. A primeira, de 1958 a 1967, foi um período de consolidação democrática e estabelecimento da Doutrina Betancourt, que definia o não reconhecimento, pelo governo da Venezuela, de governos não democráticos golpistas. No período, as relações diplomáticas foram rompidas com o Brasil, a Bolívia, a Colômbia, a Argentina e o Peru. Essa posição política, somada às demandas econômicas de comércio do petróleo, fez que a Venezuela estabelecesse uma relação especial com os Estados Unidos.

A fase seguinte, de 1967 a 1980, marcou o início da reversão da política isolacionista da Venezuela. O Brasil colaborou com a Venezuela ao apoiar a política petrolífera de preços altos, que reforçava o discurso da diplomacia venezuelana de valorização das matérias-primas do Terceiro Mundo. Isso ocorreu ao longo do governo Ernesto Geisel, de 1974 a 1978. Em contrapartida, em abril de 1978, a Venezuela assinou convênios de cooperação com o Brasil nos ramos do petróleo, da petroquímica, da mineração e da siderurgia. Nesse mesmo ano, o país aceitou que acordos regionais com o Pacto Andino, de natureza econômica, não eram incompatíveis com acordos de cunho político sobre a administração de recursos naturais, criando, assim, as condições necessárias para a assinatura do Tratado de Cooperação Amazônica, de iniciativa brasileira.

Há muito tempo os governos venezuelanos vêm usando o petróleo para exercer liderança com relação aos países andinos, a América Central e o Caribe (Villa, 2007; Villa, 2006; Serbin, 2006). Essa política foi implementada no primeiro governo Carlos Andrés Pérez (1974-1979), da Ação Democrática (AD), que mantinha proximidade com a social-democracia internacional. Naquela época, os preços do petróleo atingiram altas cotações. O chamado "milagre econômico brasileiro", período de rápido crescimento econômico do país, particularmente durante o governo Emílio Garrastazu Médici (1969-1973), havia despertado des-confiança por parte das elites venezuelanas, que anteviam disputas com o Brasil pela liderança nessas regiões. Ao contrário do projeto de autonomia política do governo brasileiro diante dos Estados Unidos, a política externa venezuelana, em quase todo o século XX até Hugo Chávez, definiu a parceria política do país com os Estados Unidos como estratégica. Essa parceria caracterizou a terceira fase da política externa venezuelana, que vai de 1980 a 1988. Nos fóruns internacionais, alguns governos venezuelanos, particularmente os da Ação Democrática (AD), destacaram-se por posições terceiro-mundistas, sem enfrentamento direto com os interesses dos países centrais, particularmente os Estados Unidos.

Nos anos 1980, foram implementadas ações cooperativas e de reciprocidade com a América Latina. O Brasil respondeu positivamente a uma antiga proposta venezuelana de criação de uma multinacional latino-americana do petróleo: a Petrolatina (Villa, 2006, p.70). Em Caracas, em 1981, o Brasil assinou com a Venezuela e o México um protocolo para dar início a essa proposta. Contudo, o projeto da Petrolatina permaneceu engavetado, voltando à agenda apenas na administração de Hugo Chávez, iniciada em 2 de fevereiro de 1999.

Com a redemocratização brasileira iniciada no governo de José Sarney, em 1985, uma nova ideia tomou corpo: a inserção mundial competitiva só seria possível por meio da integração regional sul-americana, como analisamos no Capítulo 2. Segundo o presidente brasileiro, a integração era o melhor caminho para atingir três objetivos: desenvolvimento nacional, defesa da democracia e inserção competitiva internacional. Ainda na gestão Sarney, o governo brasileiro assinou os Protocolos de Cooperação com a Argentina em 1986, e o Protocolo de Caracas com a Venezuela, em 1987, no governo de Jaime Lusinchi (1984-1988), da AD (Villa, 2006, p.71). Na administração Itamar Franco, foram firmadas algumas das bases do projeto brasileiro de integração sul-americana com Rafael Caldera, presidente venezuelano – este do partido Comitê de Organização Política Eleitoral Independente (Copei), de tendência democrata-cristã. Do lado venezuelano, fortaleceram-se o projeto de integração sub-regional andino e o de desenvolvimento nacional venezuelano, caracterizando a quarta fase da política externa venezuelana. Essa fase coincidiu com a crise do sistema político, na qual começaram a surgir sinais que apontavam para o fim do predomínio dos partidos AD e Copei, quando a Venezuela deu início à exploração da faixa de Orinoco (Lima e Kfuri, 2007). As mudanças na política externa sinalizavam que alguns países sul-americanos abandonariam os modelos nacional-desenvolvimentistas voltados para a ampliação do mercado interno e dariam início a uma cooperação regional guiada pela lógica da autonomia pela participação.

No que se refere ao debate sobre relações de integração, particularmente as voltadas à área de fronteira comum na Amazônia, o projeto Brasil–Venezuela tinha três metas principais:

1. Desenvolver ações de integração fronteiriça e energética.
2. Desenvolver os fluxos bilaterais de comércio.
3. Aumentar os investimento entre os dois países com a criação de uma zona de livre comércio sul-americana.

Com relação à iniciativa brasileira de "Desenvolvimento e Segurança na Região ao Norte das Calhas dos Rios Solimões e Amazonas – Projeto Calha Norte", a Venezuela responderia, em meados dos anos 1990, com o Proyecto de Desarrollo Sustentable del Sur (Prodesur). Ambos tinham objetivos comuns, como a melhora da qualidade de vida das populações locais, a proteção ao meio ambiente e o desenvolvimento da potencialidade econômica das regiões fronteiriças (Villa, 2006, p.72). No caso brasileiro, também havia preocupação no tocante à segurança. No segundo mandato de Fernando Henrique Cardoso foi reinaugurada a rodovia BR-174, cujo trecho Manaus–Santa Helena de Uairén (primeira cidade fronteiriça venezuelana) liga os dois países. A Venezuela já havia feito sua parte, inaugurando a BC-8, pela qual seria fornecida energia elétrica a Boa Vista, proveniente das usinas do rio Caroní venezuelano. Nesse momento, o Brasil já tinha como objetivo utilizar a integração regional como instrumento para maior inserção externa, característica da estratégia da autonomia pela participação que, no governo Fernando Henrique Cardoso, visava aumentar a presença sul-americana e a cooperação. Desde 1995, as relações comerciais entre o Brasil e a Venezuela vêm crescendo significativamente. Os fluxos comerciais aumentaram entre 1988 e 1995 (Cisneros et al., 1998, p.9). Em contrapartida, fazia parte da estratégia venezuelana atrair o Brasil como sócio de investimentos na Corporação Andina de Fomento – órgão financiador da Comunidade Andina de Nações (CAN).

A quinta e atual fase da política externa da Venezuela, inaugurada pela "revolução bolivariana" de Hugo Chávez, é uma reação tanto às políticas predominantes em toda a segunda metade do século XX e aprofundadas desde os anos 1980 quanto às frustrações com a forte dependência do país do mercado de petróleo dos Estados Unidos (Lima e Kfuri, 2007). As linhas gerais da política externa venezuelana foram traçadas pelo Plano Nacional de Desenvolvimento 2001-2007. Os objetivos desse plano são: promover a democratização da sociedade internacional e a integração latino-americana e caribenha, e fortalecer as relações Sul-Sul e a posição da Venezuela na economia mundial. Para implementar essas políticas, o petróleo seria utilizado como base para um projeto "socialista" de integração regional (Lima e Kfuri, 2007). Esse projeto tem três metas específicas: 1) confrontar os Estados Unidos com um movimento anti-hegemônico; 2) fortalecer as relações regionais para a construção da integração latino-americana; e 3) criar a Aliança Bolivariana para as Américas (Alba), uma proposta de integração regional de cunho socialista, surgida como contraposição à Alca.

Um instrumento importante para o governo Chávez alcançar seus objetivos é a ampla utilização da mídia; outro, também importante, é o petróleo. A mídia é o grande instrumento de Hugo Chávez para sua promoção política mundial. Os meios de comunicação fazem ressoar seus atos tanto positiva quanto negativamente, consolidando-o como personagem político do sistema internacional (Santoro e Valente, 2006). No caso brasileiro, o governo Lula foi acusado pelos partidos de oposição de agir no sistema internacional com posições que não corresponderiam ao poder econômico e político do país. Para eles, determinadas iniciativas de Lula não seriam sustentáveis, como a busca por uma cadeira permanente no Conselho de Segurança das Nações Unidas. Para a oposição venezuelana, sobretudo para os opositores da política de Chávez, suas palavras e ações nem sempre seriam convergentes:

Sabemos, por exemplo, que a facilidade com que Chávez ataca verbalmente os Estados Unidos é inversamente proporcional à dificuldade que teria em deixar de ser fornecedor de petróleo para aquele país. (Santoro e Valente, 2006)

A crise financeira de 2008-2009, quando o preço do petróleo no mercado internacional apresentou quedas bruscas, poderia dificultar uma política externa mais assertiva. As articulações do governo venezuelano, particularmente a partir de 2001, demonstram alguma influência, em especial ideológica, sobre alguns países da região, como Cuba, Bolívia, Equador e, mais recentemente, Paraguai e Nicarágua. A ação brasileira, com os impedimentos discutidos no Capítulo 6, "Os dilemas da integração regional para o Brasil: autonomia e diversificação de parceiros", apoiou-se em formulações econômicas que visavam à utilização racional dos recursos, como se pôde ver nas discussões sobre a criação de um Banco do Sul, de fomento ao desenvolvimento sul-americano.

A criação de uma zona de livre comércio sul-americana, incluindo a América Central e o Caribe, ganhou destaque na administração Chávez. Nessa direção, o Brasil passou a ocupar um lugar estratégico nas relações externas da Venezuela, contribuindo para o processo de aproximação do Mercosul. A diplomacia comercial venezuelana na gestão Chávez – dando continuidade às políticas iniciadas na segunda gestão de Rafael Caldera (1994-1998) – deslocou seu interesse integracionista para a região amazônica, especialmente com relação ao aprofundamento de seus vínculos comerciais, energéticos e políticos com o Brasil e o Mercosul. O relacionamento entre Venezuela e Brasil foi favorecido pelo interesse da administração Chávez em integrar o Mercosul (Ministério de Relações Exteriores de Venezuela, 2005). Na Reunião de Cúpula do Mercosul realizada em julho de 2004, depois de Bolívia, Chile e Peru, a Venezuela tornou-se o terceiro membro associado ao Mercosul da Comunidade Andina de Nações (CAN). Posteriormente, o país assinou o Protocolo de Adesão ao Mercosul em 4 de julho de 2006, tornando-se membro do bloco econômico que representa cerca de 75% do PIB da América Latina. Com isso, o país comprometeu-se a adotar a Tarifa Externa Comum (TEC) do Mercosul integralmente até janeiro de 2010, com exceção de produtos sensíveis (Sennes e Barbosa, 2007).

APROXIMAÇÃO E DIVERGÊNCIAS ENTRE VENEZUELA E BRASIL

A atitude do Brasil de condenação do fracassado golpe de Estado que tentou derrubar Chávez em abril de 2002, ainda durante o governo Fernando Henrique Cardoso, reforçou a relação entre os dois países. Esse gesto deve ser considerado "normal", pois reflete a tradição de respeito pela soberania de todos os Estados. Aprofundando a linha desenvolvida pelo governo Fernando Henrique Cardoso, a proposta do Grupo de Amigos da Venezuela, gestada exatamente no momento da transição para o governo Lula, em dezembro de 2002, colaborou para transformar três ideias negativas sobre o Brasil enraizadas na percepção das elites venezuelanas – expansionismo, desconfiança dos planos de integração regional do Brasil e uma visão periférica do país na política externa venezuelana –, em uma imagem positiva do país. Para a Venezuela sob a presidência de Chávez, uma posição de destaque significa mais do que a busca pelo confronto ideológico com os Estados Unidos e pelo desenvolvimento interno: trata-se da tentativa de construir um projeto de revolução bolivariana na região, conforme definição atribuída pelo próprio presidente. Nesse sentido, a estratégia de inserção na América Latina de Chávez é construída por meio do fornecimento da assistência para certos países. Uma iniciativa nessa direção foi o acordo com Cuba, por meio do qual a Venezuela se comprometia a fornecer petróleo em troca da prestação de serviços médicos cubanos em hospitais venezuelanos. Segundo o embaixador venezuelano na OEA:

> O petróleo pode ser, conforme nosso governo constata, uma alavanca poderosa para estimular o desenvolvimento, a integração, a cooperação, a solidariedade e a complementaridade econômica de nossos países. (Valero, 2005)

Com a PetroCaribe, fundada em 2005, a Venezuela se comprometeu a fornecer US$ 17 bilhões em petróleo subsidiado nos próximos dez anos. Esse programa colocou a ajuda venezuelana em pé de igualdade com países da OCDE, como Austrália, Bélgica, Dinamarca, Noruega, Portugal, Espanha e Suíça (Burges, 2007, p.1347). De outro lado, a Petróleos de Venezuela S.A. (PDVSA), empresa estatal de petróleo venezuelana, buscou parceria com a Petrobras, uma das maiores multinacionais do Hemisfério Ocidental.[1] Embora essa parceria possa potencializar a cooperação Brasil–Venezuela, o ambicioso projeto de criação de um "gasoduto ligando os países da América do Sul", com um "custo mínimo de US$ 20 bilhões", foi considerado por muitos empresários grande demais e de viabilidade duvidosa (Burges, 2007, p.1348). Com os recursos provenientes da venda de petróleo, a Venezuela também procurou oferecer apoio financeiro à Argentina, comprando US$ 1,3 bilhão em bônus logo depois de o presidente Néstor Kirchner reestruturar completamente o débito do país (*The Economist*, 2006). As relações entre Brasil e Venezuela no setor petrolífero fortaleceram-se com a manutenção dos investimentos da Petrobras em campos petrolíferos e o encaminha-

---

[1] No fim do primeiro trimestre de 2008, o valor de mercado da Petrobras estava avaliado em US$ 235 bilhões, atrás apenas da norte-americana ExxonMobil e da anglo-holandesa Shell entre as maiores companhias do setor (*Folha de S.Paulo*, 2008).

mento de negociações visando a diferentes formas de cooperação. Outras empresas brasileiras vêm atuando na Venezuela, particularmente grandes empreiteiras.

A relação entre o Brasil e a Venezuela é fortalecida pelas identidades positivas construídas nas últimas décadas entre os dois países. Tem sido muito importante o interesse de empresários brasileiros, especialmente do setor industrial, que percebem o mercado venezuelano como destino promissor de seus produtos. Por esse motivo, eles são favoráveis à incorporação definitiva da Venezuela como membro pleno do Mercosul, combatida no plano político e ideológico por algumas forças políticas e por parte da mídia. Alguma afinidade ideológica entre Chávez e Lula contribuiu para o relacionamento entre os dois países, mas pesquisas feitas na Venezuela indicam que essa relação não é apenas conjuntural, tendo-se desenvolvido, na elite venezuelana, um interesse pelos vínculos com o Brasil que provavelmente ultrapassam as conjunturas políticas.

O Brasil, no governo Lula, buscou promover certo equilíbrio diplomático, levando em conta as assimetrias existentes e procurando, na perspectiva da autonomia pela diversificação (Naím, 2009), contribuir para o reequilíbrio do sistema internacional, enfraquecendo o unilateralismo e as políticas hegemônicas. Assim, o país procurou defender o multilateralismo e a reforma das organizações internacionais, ao passo que a Venezuela tentou uma ação anti-hegemônica e colocou como objetivo central a articulação de um contrapoder perante os Estados Unidos. Em outras palavras, a perspectiva do Brasil no governo Lula foi a busca de mudanças no interior do sistema, ao passo que a Venezuela argumenta querer mudar o próprio sistema.

CONSIDERAÇÕES FINAIS

No Capítulo 6 discutimos a relação do Brasil com a Argentina, considerada o parceiro mais importante da América Latina nos aspectos políticos, econômicos e estratégicos. No entanto, isso não significa dizer que a relação com outros vizinhos não seja importante. O Brasil deverá olhar com crescente cuidado para outro importante país fronteiriço: a Venezuela. A relação com esse país, apesar de bastante próxima, vem sendo marcada, no governo Chávez, por algumas dificuldades pontuais geradas pela estratégia de confronto praticada em relação a alguns países, como o Peru e a Colômbia. O presidente venezuelano caracteriza-se por uma retórica de enfrentamento com relação aos Estados Unidos e pela busca de uma ação regional que muitas vezes é vista pelo governo brasileiro como o reflexo de posições ideológicas fortes. Ele se apresenta aparentemente sem a sustentação de um planejamento racional de longo prazo. O apoio de Chávez à nacionalização do gás boliviano no início do governo Evo Morales prejudicou os interesses da Petrobras e foi visto de forma bastante negativa pelas elites e pelo governo brasileiro. Apesar disso, a aproximação entre os dois Estados não parece um movimento conjuntural, baseado em algumas afinidades políticas, mas resulta de uma tendência histórica originada na convergência de interesses que vão além dos governos.

Conclusão

A tese central deste livro é que o Brasil, pelo menos desde meados da década de 1980 até hoje, tem privilegiado a manutenção de sua autonomia externa, ainda que realizando mudanças para preservar essa meta. Portanto, a autonomia assumiria três formas ideais: pela distância, pela participação e pela diversificação. Como formas puras, esses instrumentos para alcançar a autonomia (assim como a própria ideia de autonomia) nunca são encontrados de maneira perfeita no mundo real. Trata-se de categorias analíticas que apenas apontam para tendências, e mesmo que os formuladores da política externa brasileira e seus analistas pudessem defini-las com precisão, a realidade impõe obstáculos concretos para sua implementação. Esses obstáculos podem ser impostos por outros países ou mesmo por segmentos domésticos contrários aos que formulam a política externa brasileira. Essa é uma situação clássica, que pode ser encontrada em Estados fortes ou fracos. Deutsch afirma isso claramente em seu livro *Análise das relações internacionais* (1968).

No Capítulo 1, demonstramos que a noção de autonomia para os pesquisadores latino-americanos se diferencia da adotada por autores realistas e neorrealistas. Os últimos concebem a autonomia como a noção de que os Estados, inseridos em uma ordem internacional anárquica, são juridicamente reconhecidos como iguais. Por essa razão, eles privilegiam a noção de soberania. De outro lado, os autores latino-americanos compreendem a autonomia como a capacidade de determinado Estado praticar uma política externa com poucos limites impostos pelas potências globais. Portanto, autonomia é um conceito polar dentro de um *continuum* que vai da mais completa autonomia ao alinhamento automático com as grandes potências internacionais. Nesse sentido, acreditamos que há três instrumentos para buscar a autonomia, como foi amplamente discutido neste livro: pela distância, pela participação e pela diversificação. Alguns autores brasileiros desenvolveram esses conceitos dentro dessa perspectiva. Fonseca Jr. (1998; 2008) argumenta que o governo Fernando Henrique Cardoso (1995-2002) consolidou uma mudança na política externa brasileira que havia se iniciado nos anos 1980, com a transição democrática e o fim da Guerra Fria. Em outras palavras, Fernando Henrique Cardoso adotou a estratégia da autonomia pela participação em vez da autonomia pela distância, a última prevalecente como estratégia no Brasil desde os anos 1930, inclusive durante o período de governos militares, com exceção parcial do governo de Castello Branco (1964-1967), que se aproximou dos Estados Unidos nas questões vinculadas à política internacional.

A autonomia pela distância baseia-se em um desenvolvimento econômico voltado para a ampliação do mercado interno, guiado por práticas protecionistas e pelo distanciamento relativo dos grandes temas e regimes internacionais por meio de alianças Sul-Sul. A autonomia pela participação envolve maior inserção internacional, certa aproximação com a agenda dos países ricos e aceitação negociada das normas e dos regimes liberais. Por fim, a autonomia pela diversificação implica uma aproximação aos países do Sul para obter maior inserção em regimes internacionais liberais, apostando em soluções multilaterais e condenando políticas unilaterais praticadas pelos países poderosos, particularmente os Estados Unidos.

No Capítulo 2, constatamos que na administração Sarney o Brasil sofreu fortes pressões internacionais por parte do governo e de corporações norte-americanas. Tais pressões, aliadas às mudanças no sistema internacional (fim da Guerra Fria e aceleração da globalização econômica) e também domésticas (transição democrática), fizeram que o país transitasse gradualmente de uma estratégia guiada pela autonomia pela distância para uma norteada pela autonomia pela participação. Nesse capítulo, apresentamos quatro casos importantes para exemplificar as pressões contra o Brasil naquela época: a negociação da dívida externa, os contenciosos da informática e das patentes e as negociações para a inclusão de "novos temas" (propriedade intelectual, investimentos e serviços) nas negociações da Rodada Uruguai do GATT/OMC.

No Capítulo 3, mostramos que os períodos Collor e Itamar Franco caracterizaram-se por uma fase de transição na qual um "paradigma" da política externa brasileira não havia se esgotado totalmente e ainda não havia sido definido outro. Apesar de Collor não ter abandonado a tradição autonomista, a pluralidade de diretrizes adotadas (Cruz Jr., Cavalcante e Pedone, 1993) sugere que os rumos de sua ação externa não eram claros. Em seu primeiro ano de governo, o presidente Collor desejava romper com a tradição autonomista, alinhando-se sobretudo aos Estados Unidos e a outros países ricos por acreditar que a modernização seria conquistada por meio da abertura econômica. No entanto, o MRE procurava minimizar as ações mais radicais do presidente. Com a entrada de Celso Lafer no comando do Ministério, a política externa voltou a ser formulada pelo corpo diplomático. Após o *impeachment* de Collor, Itamar Franco continuou delegando ao Ministério das Relações Exteriores – chefiado por Fernando Henrique Cardoso – o processo decisório da política externa. Quando Amorim assumiu a chefia do Ministério (enquanto Fernando Henrique Cardoso passou a ocupar o posto de ministro da Fazenda), temas tradicionais da diplomacia brasileira foram resgatados, como uma posição mais autonomista, simbolizada pelo objetivo de ocupar um assento permanente no Conselho de Segurança da ONU. Nesse sentido, três personagens centrais – Lafer, Fernando Henrique Cardoso e Amorim – novamente ocupariam posições de destaque no cenário político do país, tendo, assim, uma segunda oportunidade para refinar os "paradigmas" apenas esboçados nos poucos meses ou anos em que cada um deles conduziu a política externa brasileira antes de 1995.

No Capítulo 4, defendemos que a administração Clinton, que coincidiu com seis anos da presidência de Fernando Henrique Cardoso (1995-2000) e com a política externa guiada pela lógica da autonomia pela participação, exprime a ideia da construção de regras e instituições multilaterais, embora essa expectativa não tenha sido confirmada em vários aspectos. Depois de 11 de setembro de 2001, já no governo George W. Bush, foi dada nova ênfase ao unilateralismo, focado na questão da segurança em diferentes partes do mundo, particularmente no Oriente Médio, dificultando ações alinhadas à estratégia da autonomia pela participação. O conceito de autonomia pela participação não foi totalmente invalidado no governo Fernando Henrique Cardoso, mas passou a assumir novas características. Como reação, sua administração aprofundou relações com China, Índia e África do Sul, mas manteve diálogo com os Estados Unidos nas negociações da Alca, particularmente entre as Cúpulas de Santiago (1998) e de Quebec (2001), e estimulou o relacionamento Mercosul–União Europeia. Em outras palavras, o conceito de autonomia pela participação, refinado e posto em prática de maneira mais bem acabada pela administração Fernando Henrique Cardoso, já se apresentava desgastado no fim de seus oito anos de governo. Isso permitiu ajustes e mudanças programáticas na política externa brasileira que acabaram sendo implementados no governo seguinte e chegando ainda mais próximo do nível de mudanças nas definições dos problemas (Hermann 1990).

No Capítulo 5, argumentamos que a política externa de Lula, em comparação à de Fernando Henrique Cardoso, teve elementos de mudança com continuidade, mas também de ajustes e mudanças programáticas, caracterizando-se por uma estratégia de autonomia pela diversificação. Essa mudança adicional – portanto sem rupturas – foi caracterizada principalmente pela mudança dos problemas e dos objetivos. Como marca de seu governo, o presidente Lula procurou a multilateralização do sistema internacional, a redução das assimetrias de poder e sua democratização. Seu governo foi resistente à lógica hegemônica e ao unilateralismo, contudo, mantendo diálogo e cooperação com os países centrais. A administração Lula não se afastou do princípio histórico da diplomacia brasileira, que se vê como instrumento de desenvolvimento econômico e de preservação da autonomia do país. Analisando as posições dos dois governos, percebemos que Lula buscou institucionalizar parcerias com países do Sul (por exemplo, IBSA e G20) para aumentar o poder de barganha do país em negociações internacionais. Aí reside sua maior diferença em relação a Fernando Henrique Cardoso, que procurou estabelecer um diálogo visando ao aumento do intercâmbio comercial, mas não parcerias institucionalizadas com países como China, Índia e África do Sul, entre outros. A tentativa de construir uma nova geometria de poder mundial, em que as relações são menos assimétricas, não implica confronto com os países ricos, em particular com os Estados Unidos, pois a diplomacia brasileira adota estratégias diferenciadas para diferentes áreas temáticas (segurança, comércio etc.). Portanto, a busca por diversificação de parcerias – e não apenas pela participação em instituições internacionais nas quais prevalecem os valores dos países desenvolvidos – foi um elemento importante de diferenciação da política externa de Lula, embora não seja uma estratégia consensual entre as elites e os formuladores da diplomacia brasileira.

É difícil dizer com certeza qual a direção que a política externa brasileira tomará nos próximos anos, mas provavelmente haverá um nível razoável de continuidade. A crise econômica internacional, que se iniciou em 2008 e continuou a afetar a economia mundial, é um dos elementos de incerteza. A eleição do democrata Barack Obama para a presidência dos Estados Unidos, parcialmente resultante da insatisfação pública com as políticas de George W. Bush, contribui em parte para tornar difícil elaborar prognósticos acurados a respeito do desempenho brasileiro na arena mundial. Mudanças de curso nos Estados Unidos, o país ainda mais poderoso do planeta, trarão mudanças globais com as quais o Brasil terá de lidar. Com a eleição de Dilma Rousseff, candidata de Lula, a política externa brasileira provavelmente manterá suas características principais de autonomia pela diversificação, com algumas adaptações exigidas pelos novos cenários internacionais. À luz dos grandes índices de aprovação do governo Lula em seu segundo mandato,[1] é provável que a nova presidente mantenha o legado deixado por ele. Embora alguns afirmem que a popularidade de Lula deve-se apenas às políticas domésticas de redução da pobreza e de redistribuição de renda que implementou, muitos fatos demonstram que as atividades externas do país têm sido bem-sucedidas nos últimos anos, realimentando seus índices de avaliação favorável. Por exemplo, o Brasil intensificou sua participação nos foros internacionais, como o foro financeiro G20 (que visa à reforma das intituições internacionais e procura soluções para as crises econômicas

---

[1] Seu governo foi avaliado como "excelente" ou "bom" por 70% dos eleitores em 2008 e 2009, de acordo com pesquisas de opinião conduzidas pelo Instituto de Pesquisa Datafolha – http://datafolha.folha.uol.com.br.

globais), e é um dos países menos afetados pela crise. Acrescente-se a isso o fato de hoje o país ser considerado um dos países emergentes promissores (depois da China e da Índia), e, junto com Rússia, Índia e China, integra o Bric, grupo de países em desenvolvimento que provavelmente assumirá papel importante na nova ordem mundial.

Também no cenário internacional o presidente Lula conseguiu manter imagem positiva. No fim de 2008, a revista *Newsweek* o colocou na 18ª posição em seu *ranking* de pessoas mais poderosas. Ele foi visto como, possivelmente, o presidente mais popular do mundo, de acordo com o editor internacional da revista, Fareed Zakaria.

No Capítulo 6, sustentamos que as aspirações brasileiras de *global trader* e *global player*, a ênfase na autonomia, a intensa busca pela diversificação de parcerias com grandes países em desenvolvimento, como China, Índia, África do Sul e Rússia, entre outros, constituem obstáculos potenciais para acordos de aprofundamento no âmbito do Mercosul e para concessões aos sócios do bloco regional – Paraguai, Uruguai e Argentina. Uma maior institucionalização da integração regional provocaria perda de soberania e de autonomia internacional por parte do Brasil. Com a diversificação de parcerias, o país concentraria seus recursos e esforços cooperativos em atores considerados mais estratégicos do que seus vizinhos do Mercosul. Isso não quer dizer que a integração regional não seja considerada necessária, mas importantes lideranças políticas e empresariais brasileiras hesitam em arcar com os custos da integração. Acreditamos que o principal obstáculo ao avanço da integração não seja o interesse egoísta do Brasil – ou seja, seu desejo de estabelecer uma liderança sem contrapartida para os países mais fracos –, mas suas próprias limitações econômicas e políticas decorrentes de sua condição de país em desenvolvimento.

Finalmente, nos capítulos 6 e 7 sugerimos que as estratégias desenhadas ao longo dos anos pelo Brasil – principalmente a autonomia pela diversificação – enfrentam desafios, muitas vezes impostos por parceiros e vizinhos de tamanho menor, como Argentina e Venezuela, mas o mesmo pode ser dito, de certo modo, do Paraguai e da Bolívia. Sucessivos governos brasileiros têm argumentado que procuram responder com maior cooperação, mas essa resposta enfrenta sérios empecilhos para se concretizar. Um dos maiores obstáculos para a integração da América do Sul é que a região é composta por países pobres com estruturas econômicas não complementares e quase sempre direcionadas aos mercados desenvolvidos tradicionais, que são grandes compradores das *commodities* dos países menos desenvolvidos. A China é um novo ator de grande importância, embora também um grande comprador de *commodities* – o que, portanto, não altera o padrão normalmente associado à dinâmica Norte-Sul.

Vimos também que são restritas a capacidade e a vontade brasileira de se tornar o *paymaster* da integração regional sul-americana e do Mercosul.

A estratégia brasileira encontra obstáculos ligados à estrutura do sistema internacional. A autonomia pela diversificação desenvolvida no governo Lula visou maximizar as capacidades do país, da mesma forma como outras estratégias também o desejavam. O êxito, como em qualquer situação política, não é predeterminado, nem sempre é totalmente claro mesmo *a posteriori*. Houve mudanças importantes em relação à política desenvolvida na década de 1990 pelo governo Fernando Henrique Cardoso; elas resultaram das relações políticas internas, nas quais houve maior peso de forças com origem na esquerda, e também pelo fato de que a economia parece ter ganhado razoáveis estabilidade e capacidade de sustentação no longo prazo. As mudanças também resultaram, como vimos ao longo do livro, da reformatação em grande escala do sistema internacional. O forte unilateralismo norte-americano no governo Bush, o crescente peso da China, o acesso a fóruns relevantes que o Brasil conquistou, como o G20 financeiro, o G8 + 5 etc., tudo isso permitiu que fizesse sentido para o Brasil sua vontade de participar da tentativa de reorganizar o sistema internacional visando fortalecer o multilateralismo em suas dimensões políticas, econômicas, estratégicas e culturais. Isso foi feito sem rupturas políticas, mantendo o diálogo com os mais diferentes interlocutores, com países tanto desenvolvidos quanto em desenvolvimento.

De um ponto de vista teórico, as três noções de autonomia (distância, participação e diversificação), em contraposição a uma política externa alinhada aos interesses das grandes potências, podem servir como uma estrutura analítica para estudar a política externa de uma série de países, especialmente de nações em desenvolvimento. Numerosos países podem se enquadrar em um desses tipos analíticos, embora esse esforço não tenha sido feito neste livro. O foco em determinadas estratégias ajuda os países a terem um mapa mais claro de suas ações futuras (o que é bom para os formuladores de políticas) e uma análise mais exata de suas posições passadas (o que é vantajoso para os acadêmicos). Muitas vezes os países adotam políticas externas que misturam tipologias (por exemplo, podendo ter elementos de autonomia pela distância e de autonomia pela participação), pois têm atuações diferenciadas em distintas áreas temáticas (segurança, comércio, direitos humanos etc.). Em outras situações, a política externa de determinado país não se enquadra em todas as tipologias desenvolvidas (por exemplo, apenas a autonomia pela distância, mas não pela participação ou pela diversificação). Contudo, defendemos que o *framework* (quadro de referência) deste trabalho pode ser útil para analisar outros casos, ainda que eles devam ser ajustados a diferentes realidades e trajetórias.

Apêndices

Apêndice 1
Presidentes e ministros das relações exteriores do Brasil 1985-2010

PRESIDENTES	MINISTROS DAS RELAÇÕES EXTERIORES
José Sarney (1985-1990)	Olavo Setúbal (março de 1985 a março de 1986) Roberto de Abreu Sodré (março de 1986 a janeiro de 1990)
Fernando Collor de Mello (1990-1992)	José Francisco Rezek (janeiro de 1990 a abril de 1992) Celso Lafer (abril a outubro de 1992)
Itamar Franco (1992-1994)	Fernando Henrique Cardoso (outubro de 1992 a maio de 1993) Celso Amorim (maio de 1993 a dezembro de 1994)
Fernando Henrique Cardoso (1995-1998)	Luiz Felipe Lampreia
Fernando Henrique Cardoso (1999-2002)	Luiz Felipe Lampreia (até janeiro de 2001) Celso Lafer (janeiro de 2001 a dezembro de 2002)
Luiz Inácio Lula da Silva (2003-2010)	Celso Amorim (janeiro de 2003 a dezembro de 2010)

APÊNDICE 2
Ministério das Relações Exteriores
Versão resumida do organograma, baseado no Decreto 5.979, de 6 de dezembro de 2006

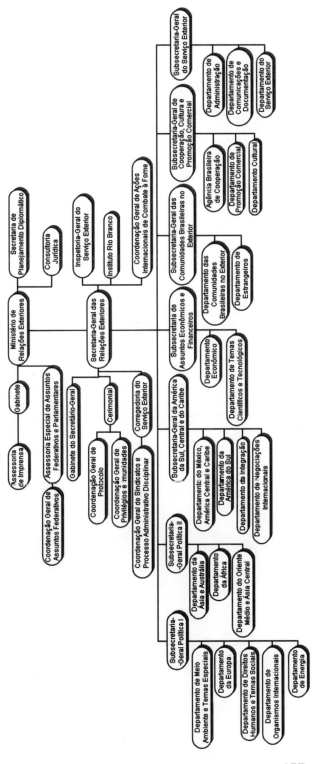

APÊNDICE 3
CRONOLOGIA

1985	
15 de março	José Sarney assume o governo da República com Olavo Egídio Setubal como ministro das Relações Exteriores
21 de abril	Morte de Tancredo Neves
21 de agosto	Criação do Grupo da Contadora para a pacificação da região centro-americana
7 de setembro	Governo norte-americano anuncia investigações no setor da informática brasileiro e retaliações no caso de descumprimento de direitos de propriedade intelectual, patentes de produtos farmacêuticos e pirataria de *software*
23 de setembro	Nova York – Pronunciamento do presidente da República na XL Assembleia Geral da ONU centrado no tema da dívida externa dos países latino-americanos
9 de outubro	Anúncio do Plano Baker para a questão da dívida externa
30 de novembro	Assinatura da Declaração de Iguaçu entre os presidentes da Argentina e do Brasil para cooperação pacífica em matéria de energia nuclear
1986	
14 de fevereiro	Roberto Costa de Abreu Sodré assume o cargo de ministro das Relações Exteriores
1º de março	Lançamento do Plano Cruzado
14 de julho	Brasil reata as relações diplomáticas com Cuba
10-11 de setembro	Visita do presidente José Sarney aos Estados Unidos para discussão das retaliações comerciais norte-americanas com o presidente Ronald Reagan
20 de setembro	Início da Rodada Uruguai do GATT
27 de outubro	Aprovada pela ONU a declaração da Zona de Paz e Cooperação do Atlântico Sul proposta pelo Brasil
11 de dezembro	Brasília – Assinatura da Ata de Amizade entre Brasil, Argentina e Uruguai

1987	
20 de fevereiro	Anúncio da interrupção do pagamento dos juros da dívida externa pelo ministro da Fazenda Dilson Funaro
15 de outubro	Brasil é eleito membro não permanente no Conselho de Segurança da ONU
1988	
13 de abril	Adotado o Sistema Global de Preferências Comerciais entre países em desenvolvimento pelo G77
22 de julho	Anúncio do USTR da aplicação de sanções contra o Brasil como previstas na Seção 301 da Lei de Comércio norte-americana em razão dos contenciosos comerciais entre os dois países
5 de outubro	Promulgada a Constituição brasileira
17-21 de outubro	Visita do presidente José Sarney à União Soviética com comitiva empresarial; assinatura de acordos de cooperação científico-tecnológica, integração pela paz e cooperação internacional
22 de dezembro	Assassinato de Chico Mendes
1989	
2 de fevereiro	Caracas – Encontro de Sarney com Fidel Castro
10 de março	Anúncio da proposta do Plano Brady
8 de maio	Estabelecimento de relações com a República Socialista do Vietnã
4 de junho	Declaração de repúdio à repressão do governo chinês aos manifestantes pró-democracia na praça da Paz Celestial em Pequim
7 de setembro	Belgrado – Criação da Cúpula dos Países não Alinhados, o Grupo dos 15
25 de setembro	Presidente José Sarney discursa na XLIV Assembleia Geral da ONU sobre os temas democracia e condenação da exploração econômica dos países pobres
1º de novembro	São Luís do Maranhão – I Cúpula dos Países Lusófonos; criação do Instituto Internacional da Língua Portuguesa em Cabo Verde
17 de dezembro	Vitória de Fernando Collor de Mello nas eleições diretas para a Presidência do Brasil
1990	
15 de março	Assume o MRE o jurista José Francisco Rezek; Zélia Cardoso de Mello anuncia novo plano econômico contra a inflação
6 de julho	Assinatura da Ata de Buenos Aires por Brasil e Argentina para a conformação de um mercado comum bilateral
22-30 de setembro	Participação na XLV Assembleia Geral da ONU com discurso promovendo políticas liberais e de desestatização
28 de novembro	Assinatura da Declaração sobre Política Nuclear Comum entre Brasil e Argentina
3 de dezembro	Visita do presidente dos Estados Unidos, George Bush, ao Brasil
20 de dezembro	Assinatura do Acordo de Complementação Econômica entre Brasil e Argentina
1991	
26 de março	Celebração do Tratado de Assunção para a Constituição do Mercado Comum do Sul

19 de junho	Conclusão do Acordo 4+1
18-19 de julho	Guadalajara – I Cúpula Ibero-Americana

1992

29 de janeiro	Firmado acordo entre Brasil e FMI para o reescalonamento da dívida externa
10-11 de fevereiro	Manaus – II Reunião de Presidentes de Países Amazônicos
7 de abril	Suspensão de projetos bilaterais em andamento no Peru por ocasião do "autogolpe" do governo de Alberto Fujimori
13 de abril	Assume o MRE o jurista e cientista político Celso Lafer
29 de maio	Conclusão do acordo de cooperação interinstitucional entre o Mercosul e a Comissão das Comunidades Europeias
3-14 de junho	Rio de Janeiro – Realização da Conferência da ONU sobre Meio Ambiente e Desenvolvimento, a RIO-92
23-24 de junho	Madri – II Cúpula Ibero-Americana
25 de setembro	Washington – Anúncio da adesão formal à Convenção Americana de Direitos Humanos
29 de setembro	*Impeachment* do presidente Fernando Collor de Mello
5 de outubro	Posse na Presidência da República do vice-presidente Itamar Franco, com Fernando Henrique Cardoso como ministro das Relações Exteriores
23 de outubro	Visita do presidente Itamar Franco ao Senegal para a II Cúpula do G15
2 de dezembro	Buenos Aires – Lançamento da Iniciativa Amazônica na VI Cúpula do Grupo do Rio

1993

1º de janeiro	Brasil assume assento não permanente no Conselho de Segurança da ONU
17 de fevereiro	Assinatura do contrato comercial de compra de gás natural boliviano na presença dos presidentes de ambos os países e início da construção do gasoduto Brasil–Bolívia
21 de maio	MRE passa a ser assumido pelo embaixador Celso Luiz Nunes Amorim; Fernando Henrique Cardoso vai para o Ministério da Fazenda
15-16 de julho	Salvador – III Cúpula Ibero-Americana
24 de setembro	Criação da Associação dos Países Produtores de Café
27 de setembro	Discurso de Celso Amorim na XLVII Assembleia Geral da ONU no qual critica os conceitos de dever de ingerência e boa governança

1994

15 de abril	Finalização da Rodada Uruguai e criação da Ata de Marrakesh da OMC para a substituição do GATT-1947
30 de maio	México – Adesão do Brasil ao Tratado de Tlatelolco
9 de junho	Belém – XXIV Assembleia Geral da OEA e aprovação da Convenção de Belém do Pará
1º de julho	Implementação do Plano Real
22 de setembro	Brasília – III Reunião da Zona de Paz e Cooperação do Atlântico Sul
9-11 de dezembro	Miami – I Cúpula das Américas com objetivo de criar a Área de Livre Comércio das Américas e assinatura da Declaração de Princípios de Miami
17 de dezembro	Aprovação do Protocolo de Ouro Preto para a instituição do Mercosul

	1995
1º de janeiro	Assume a presidência do Brasil Fernando Henrique Cardoso com o embaixador Luiz Felipe Lampreia como ministro das Relações Exteriores; entra em vigor a União Aduaneira do Mercosul com a adoção de uma tarifa externa comum
15 de setembro	Embaixador Rubens Ricupero se torna secretário-geral da Unctad
24 de outubro	Encontro especial de chefes de Estado e de governo para a comemoração dos 50 anos da ONU
	1996
10 de abril	Aprovada pelo Congresso a nova Lei de Propriedade Intelectual
17 de julho	Constituição oficial da Comunidade dos Países de Língua Portuguesa
24 de setembro	LI Assembleia Geral da ONU e assinatura do tratado de proibição completa de testes nucleares
6 de novembro	Francisco Rezek é eleito juiz da Corte Internacional de Justiça
17 de dezembro	Fortaleza – Entendimentos em torno da Área de Livre Comércio entre o Mercosul e a Bolívia, novo membro associado do bloco
	1997
6 de agosto	Lei do Petróleo decreta fim do monopólio da Petrobras na sua exploração
13 de outubro	Visita do presidente dos Estados Unidos, Bill Clinton, ao país
10 de dezembro	Aprovação do Protocolo de Quioto com adoção do Mecanismo de Desenvolvimento Limpo proposto pelo Brasil
	1998
16 de abril	Buenos Aires – Criação da Zona de Livre Comércio entre o Mercosul e a Comunidade Andina
1º de maio	O Brasil é retirado da Seção 301 da Lei de Comércio dos Estados Unidos
18 de maio	Renúncia do Memorando de Entendimento de cooperação para usos pacíficos da energia nuclear com a Índia, após testes nucleares pelo país e pelo Paquistão
8 de junho	Visita do presidente Fernando Henrique Cardoso ao presidente dos Estados Unidos, Bill Clinton, em Camp David; anúncio da criação da Secretaria Nacional Antidrogas em Assembleia Especial na ONU
12-13 de julho	Visita do secretário-geral da ONU, Kofi Annan, ao Brasil
17 de julho	Aprovação do Estatuto de Roma e da criação do Tribunal Criminal Internacional
22-23 de julho	Visita do presidente da África do Sul, Nelson Mandela, ao Brasil
4 de outubro	Fernando Henrique Cardoso é reeleito para segundo mandato na presidência da República
13 de novembro	Brasil assina novo acordo com o FMI para obtenção de ajuda financeira de US$ 41,5 bilhões
	1999
4 de janeiro	Brasil assume a presidência do Conselho de Segurança da ONU por um mês
13 de janeiro	Desvalorização da moeda nacional; volta a flutuação de câmbio, congelado desde 1994

9 de fevereiro	Inauguração do primeiro trecho do Gasoduto Brasil–Bolívia
30 de abril	Inclusão do Brasil na lista de observação da Seção 301 da Lei de Comércio dos Estados Unidos
28-29 de junho	Rio de Janeiro – I Cúpula América Latina e Caribe–União Europeia
25 de setembro	Criação do Grupo dos 20 financeiro entre o G7 e os países em desenvolvimento
14 de outubro	Taiyuan – Lançamento do primeiro satélite sino-brasileiro
13-16 de novembro	Visita do presidente Fernando Henrique Cardoso a Cuba; IX Cúpula Ibero-Americana
21 de novembro	Florença – Presidente da República participa da reunião "Governança Progressiva para o Século XXI"
2000	
7-9 de março	Visita do presidente Fernando Henrique a Portugal para as comemorações dos 500 anos da viagem de Pedro Álvares Cabral e assinatura do novo Tratado de Amizade, Cooperação e Consulta entre os dois países
31 de agosto	Brasília – I Reunião de Presidentes da América do Sul; lançamento da Iniciativa de Integração da Infraestrutura Regional Sul-Americana
6-8 de setembro	Nova York – Realização da Cúpula do Milênio
7 de dezembro	Abertura do Escritório de Representação do Itamaraty em São Paulo
15 de dezembro	Florianópolis – Visita do presidente sul-africano, Thabo Mbeki, ao Brasil; assinatura do Acordo-Quadro Mercosul–África do Sul
2001	
25-30 de janeiro	Porto Alegre – Primeira reunião anual do Fórum Social Mundial
29 de janeiro	Celso Lafer assume o cargo de ministro das Relações Exteriores
29-30 de março	Santiago – I Reunião de chanceleres do Foro de Cooperação América Latina–Ásia do Leste
3 de abril	Visita do presidente da Venezuela, Hugo Chávez, ao Brasil e proposta de adesão do país ao Mercosul
20-22 de abril	Quebec – III Cúpula das Américas; governo manifesta que Alca é "opção e não destino"
25 de junho	Retirada a queixa norte-americana da OMC sobre a legislação brasileira na área de patentes de medicamentos
8-11 de julho	Visita do comissário de Comércio Exterior da União Europeia, Pascal Lamy, ao Brasil
25 de julho	Apresentação na Comissão Internacional da Baleia de proposta de criação de santuário no Atlântico Sul
30 de julho-1º de agosto	Visita do primeiro-ministro da Grã-Bretanha, Tony Blair, ao Brasil
14 de agosto	Criação da Agência Brasileiro-Argentina de Aplicações da Energia Nuclear
30 de outubro	Discurso de Fernando Henrique Cardoso na Assembleia Nacional Francesa pede novo contrato internacional
9-13 de novembro	Doha – IV Conferência Ministerial da OMC; autorização brasileira à ameaça de quebra de patentes para medicamentos de HIV/Aids; lançamento da Agenda Doha para o Desenvolvimento
10 de novembro	LVI Assembleia Geral da ONU; presidente da República pede globalização solidária

	2002
14 de fevereiro	Declaração do apoio russo à entrada do Brasil como membro permanente do Conselho de Segurança da ONU; visita do chanceler da Alemanha, Gerhard Schöder, e sua manifestação de apoio ao Brasil como membro permanente no Conselho de Segurança da ONU; assinatura do tratado de cooperação financeira para a execução de projetos de preservação das florestas tropicais
1º de março	Visita do presidente de Angola, José Eduardo dos Santos, para tratar de assuntos de pacificação em Angola
22 de abril	Afastamento do embaixador José Bustani do cargo de diretor-geral da Organização para Proibição de Armas Químicas por pressão dos Estados Unidos
3 de julho	Visita do presidente do México, Vicente Fox, ao Brasil; assinatura do acordo de preferências tarifárias fixas entre Brasil e México
4-5 de julho	Buenos Aires – XXII Cúpula do Mercosul
5-7 de agosto	Brasília – I Reunião da Comissão Mista Brasil–África do Sul
25 de outubro	Paris – Firmado o Acordo de Cooperação Brasil–França para usos pacíficos de energia nuclear
1º de novembro	Brasil e Estados Unidos assumem a copresidência do processo de negociações da Alca para acordos comerciais
28 de novembro	Berlim – Inauguração do Centro de Promoção Comercial Conjunta do Mercosul no Exterior
	2003
1º de janeiro	Posse do presidente Luiz Inácio Lula da Silva, com Celso Amorim como ministro das Relações Exteriores
26 de janeiro	Davos – Participação do presidente Luiz Inácio Lula da Silva no Fórum Econômico Mundial
6 de junho	Criação do Fórum de Diálogo Índia, Brasil e África do Sul
18 de junho	Assunção – Apresentação da proposta de consolidação da união aduaneira do Mercosul – o Objetivo 2006
14 de julho	Declaração de apoio ao Brasil como membro permanente no Conselho de Segurança da ONU pela Grã-Bretanha
23 de setembro	LVII Assembleia Geral da ONU, com sugestão, por parte do presidente da República, de criação de um Comitê Mundial de Combate à Fome
16 de outubro	Visita do presidente Luiz Inácio Lula da Silva à Argentina; assinatura do Consenso de Buenos Aires em contraponto ao Consenso de Washington
23 de outubro	O Brasil é eleito membro não permanente do Conselho de Segurança da ONU pela nona vez
6 de novembro	Anúncio de apoio da China à entrada do Brasil com membro permanente do Conselho de Segurança da ONU
11-12 de dezembro	Brasília – Reunião Ministerial do G20 para a Rodada Doha da OMC
	2004
1º de janeiro	Adotados procedimentos de controle para entrada de cidadãos norte-americanos no Brasil em reciprocidade
20 de janeiro	Genebra – Reunião entre os presidentes Luiz Inácio Lula da Silva, Jacques Chirac, da França, e Ricardo Lagos, do Chile, com o secretário-geral da ONU, Kofi Annan, para a criação de fundo mundial de combate à fome e à pobreza

22-26 de maio	Visita do presidente Luiz Inácio Lula da Silva à China, com comitiva de empresários
28 de maio	Guadalajara – III Cúpula União Europeia–América Latina; partida para o Haiti do primeiro contingente brasileiro da Missão de Estabilização das Nações Unidas
13-18 de junho	São Paulo – XI Conferência Geral da Unctad com adoção do Consenso de São Paulo
11-16 de novembro	Visita do presidente da China, Hu Jintao, em virtude do reconhecimento da China como economia de mercado por parte do Brasil
16 de dezembro	Belo Horizonte – Acordo de comércio preferencial entre Mercosul e União Aduaneira da África Austral
17 de dezembro	Ouro Preto – XXVII Cúpula do Mercosul; formalização da adesão de Colômbia, Equador e Venezuela como Estados associados
2005	
19 de janeiro	Letícia – Encontro do presidente Luiz Inácio Lula da Silva com o presidente da Colômbia, Alvaro Uribe Vélez
14 de fevereiro	Caracas – Visita de trabalho à Venezuela; encontro com o presidente Hugo Chávez
23 de março	Brasília – Visita de cortesia do secretário da Defesa dos Estados Unidos, Donald Rumsfeld
26 de abril	Brasília – Visita de trabalho da secretária de Estado dos Estados Unidos, Condoleezza Rice
13-15 de julho	Visita oficial à França para as festividades do ano do Brasil na França
1º de agosto	Brasília – Visita de cortesia do secretário do Tesouro dos Estados Unidos, John Snow
11 de agosto	Visita de trabalho do presidente da Venezuela, Hugo Chávez
8 de setembro	Puerto Maldonado – Visita ao Peru, para início das obras da Rodovia Interoceânica
6 de novembro	Visita de trabalho do presidente George W. Bush
30 de novembro	Puerto Iguazú – Encontro comemorativo dos 20 anos do processo de integração Brasil–Argentina; assinatura de atos pelos presidentes Lula e Kirchner
8-9 de dezembro	Reunião de Cúpula do Mercosul, com decisão política pela aceitação da Venezuela como membro pleno do bloco
14 de dezembro	Visita de trabalho à Colômbia; reunião com o presidente Álvaro Uribe
15 de dezembro	Visita do presidente do Banco Mundial, Paul Wolfowitz
16 de dezembro	Porto de Suape – Visita de trabalho do presidente da Venezuela, Hugo Chávez, para o lançamento da pedra inaugural da futura refinaria binacional Abreu e Lima
2006	
10 de janeiro	Visita ao Brasil do diretor-gerente do FMI, Rodrigo Rato, para o pagamento antecipado do saldo de US$ 15,57 bilhões (10, 789 DES) devidos pelo Brasil como parte do pacote de ajuda contratado em 2003
12 de fevereiro	Viagem à República da África do Sul: participação na reunião de cúpula da Governança Progressista, com chefes de governo de outros 13 países

6 de março	Viagem de Estado ao Reino Unido; encontros com a rainha Elizabeth II e o primeiro-ministro Tony Blair
26 de abril	Encontro tripartite dos presidentes do Brasil, da Argentina e da Venezuela
15-17 de julho	São Petersburgo – Participação em reunião ampliada do G8
21 de julho	Córdoba – XXX Cúpula do Mercosul; reunião ampliada com chefes de Estado de países associados, com a presença do presidente Fidel Castro, para assinatura de acordo comercial do Mercosul com Cuba
13 de setembro	I Cúpula do Fórum de Diálogo Índia, Brasil, África do Sul – IBAS (G3), com a presença do primeiro-ministro da Índia, Manmohan Singh, e do presidente da República da África do Sul, Thabo Mbeki
19 de setembro	Nova York – Discurso na abertura do debate na 61ª Assembleia Geral da ONU; lançamento da Central Internacional de Compra de Medicamentos; cerimônia de entrega do prêmio "Estadista do Ano" pela Fundação Apelo à Consciência
2007	
17-18 de janeiro	Genebra – I Sessão Especial do Comitê Permanente sobre Direitos de Autor e Direitos Conexos da Organização Mundial da Propriedade Intelectual (Ompi)
2-3 de março	Georgetown – XIX Reunião de Cúpula do Grupo do Rio
8-9 de março	Visita ao Brasil do presidente dos Estados Unidos da América, George W. Bush
21 de março	Brasília – X Reunião da Comissão Mista Brasil–União Europeia
30-31 de março	Washington – Visita do presidente Luiz Inácio Lula da Silva aos Estados Unidos da América
11-13 de abril	Nova Délhi – Visita do ministro Celso Amorim à Índia para participar de reuniões sobre a Rodada Doha da OMC e da III Reunião da Comissão Mista Brasil–Índia
17-18 de maio	Bruxelas – Viagem do ministro Celso Amorim para participar de reunião do G4 sobre a Rodada de Doha da OMC
3-5 de junho	Nova Délhi – Visita de Estado do presidente Luiz Inácio Lula da Silva à Índia e Cidade do Panamá; Panamá – XXXVII Assembleia Geral da Organização dos Estados Americanos
4 de julho	Lisboa – Visita do presidente Luiz Inácio Lula da Silva a Lisboa, por ocasião da I Cúpula Brasil–União Europeia
30 de agosto	Brasília – I Encontro do Grupo de Trabalho Conjunto Brasil–China
25-27 de setembro	Nova York – Debate geral da 62ª Assembleia Geral da Organização das Nações Unidas
17 de outubro	II Cúpula do Fórum de Diálogo Índia, Brasil e África do Sul
11-13 de novembro	Brasília – Visita do secretário-geral das Nações Unidas, Ban Ki-Moon
2008	
6 de março	Brasileiros estão entre os maiores deportados da Espanha. O MRE estuda aplicar lei de reciprocidade
13-15 de março	Brasília e Salvador – Visita da secretária de Estado dos Estados Unidos da América, Condoleezza Rice
20-25 de abril	Acra – XII Conferência das Nações Unidas sobre Comércio e Desenvolvimento – Unctad XII

14 de abril	Relator da ONU, Jean Ziegler, inicia polêmica sobre a produção em larga escala do etanol brasileiro, biocombustível produzido a partir da cana-de-açúcar
16 de maio	Ecaterimburgo – Reunião Ministerial dos Brics
2 de junho	Vitória definitiva de painel sobre os subsídios ao algodão, na OMC, contra os Estados Unidos

REFERÊNCIAS BIBLIOGRÁFICAS

ABDENUR, Roberto. A política externa brasileira e o "sentimento de exclusão". In: FONSECA Jr., Gelson; CASTRO, Sérgio Henrique Nabuco de (Orgs.). *Temas de política externa brasileira II*. São Paulo: Paz e Terra, v.1, 1994.

ABREU, Marcelo de Paiva. *O Brasil e a Alca*: interesses e alternativas. Rio de Janeiro: Departamento de Economia, PUC-RJ, 1997 (*Texto para Discussão*, n.371).

_____. O Brasil, o GATT e a OMC: história e perspectivas. *Política Externa*, v.9, n.4, 2001.

ADLER, Emanuel. Ideological "guerrillas" and the Quest for Technological Autonomy: Brazil's Domestic Computer Industry. *International Organization*, v.40, n.3, 1986.

ADLER, Emanuel. *The Power of Ideology*: the Quest for Technological Autonomy in Argentina and Brazil. Berkeley: University of California Press, 1987.

ALBUQUERQUE, José Augusto Guilhon. De novo na encruzilhada: as relações internacionais do Brasil às vésperas do século 21. *Carta Internacional*, n.94/95, 2000.

ALDEN, Chris; VIEIRA, Marco Antonio. The New Diplomacy of the South: South Africa, Brazil, India and Trilateralism. *Third World Quarterly*, v.26, n.7, 2005.

ALMEIDA, Paulo Roberto de. Uma política externa engajada: a diplomacia do governo Lula. *Revista Brasileira de Política Internacional*, v.47, n.1, 2004.

AMADO, Rodrigo (Org.). *Araújo Castro*. Brasília: Editora Universidade de Brasília, 1982.

AMARAL, Ricardo. Brazil Bypasses Patent on Merck Aids Drug. *Washington Post*, 5 maio 2007.

AMORIM, Celso. Uma diplomacia voltada para o desenvolvimento e a democracia. In: FONSECA Jr., Gelson; CASTRO, Sérgio Henrique Nabuco de (Orgs.). *Temas de política externa brasileira II*. São Paulo: Paz e Terra, 1994, v.1.

_____. Entrevista a Alexandra de Melo e Silva. Rio de Janeiro: Fundação Getúlio Vargas/Centro de Pesquisa e Documentação de História Contemporânea do Brasil (CPDOC), 1997.

_____. Discurso do ministro de Estado das Relações Exteriores, embaixador Celso Amorim, por ocasião da cerimônia de transmissão do cargo de secretário-geral das Relações Exteriores, em Brasília. In: LULA DA SILVA, Luiz Inácio; AMO-

RIM, Celso; GUIMARÃES, Samuel. *A política externa do Brasil*. Brasília: Ipri/Funag, 2003.

AMORIM, Celso. Entrevista do embaixador Celso Amorim à *Revista CNI – Indústria Brasileira,* 2004. Disponível em: http://www.mre.gov.br/portugues/politica_externa/discursos/discurso_detalhe.as p?ID_DISCURSO=2175.

_____. Política externa do governo Lula: os dois primeiros anos. 2005. Disponível em: http://www.observatorio.iuperj.br/artigos_resenhas/ Artigo%20Celso%20 Amorim.pdf.

_____. Brasil e EUA: o sentido de uma visita. *Folha de S.Paulo*, 8 abr. 2007.

_____.; PIMENTEL, Renata. Iniciativa para as Américas: o acordo do Jardim das Rosas. In: ALBUQUERQUE, José Augusto Guilhon. *Sessenta anos de política externa brasileira (1930-1990)*. São Paulo: Cultura/Nupri – USP/Fapesp, v.II, 1996.

AYOOB, Mohammed. Inequality and Theorizing in International Relations: the Case for Subaltern Realism. *International Studies Review*, v.4, n.3, 2002.

AZAMBUJA, Marcos Castrioto de. A política externa do governo Collor. Palestra proferida na sede do Instituto de Estudos Avançados da Universidade de São Paulo, 19 out. 1990.

BATISTA, Paulo Nogueira. A política externa de Collor: modernização ou retrocesso? *Política Externa*, v.1, n.4, mar. 1993.

BELLUZZO, Luiz Gonzaga. Entrevista a Tullo Vigevani, 4 jun. 1991.

BRASIL. PRESIDÊNCIA DA REPÚBLICA. *Pronunciamentos do Presidente da República 1995*. Brasília, 1996.

BRESSER-PEREIRA, Luiz Carlos. A Brazilian Approach to External Debt Negotiation. *LASA Forum*, v.19, n.4, inverno 1989.

_____. Contra a corrente no Ministério da Fazenda. *Revista Brasileira de Ciências Sociais*, n.19, 1992.

BUCK, Ralph. Entrevista a Tullo Vigevani, 23 maio 1991.

BUENO, Clodoaldo. *Política externa da Primeira República:* os anos do apogeu – de 1902 a 1918. São Paulo: Paz e Terra, 2003.

BURGES, Sean W. Bounded by the Reality of Trade: Practical Limits to a South American Region. *Cambridge Review of International Affairs*, v.18, n.3, out. 2005.

_____. Building a Global Southern Coalition: the Competing Approaches of Brazil's Lula and Venezuela's Chávez. *Third World Quarterly*, v.28, n.7, 2007.

_____. *Brazilian Foreign Policy After the Cold War*. Gainesville: University Press of Florida, 2009.

CAMPOS MELLO, Flávia de. *Regionalismo e inserção internacional*: continuidade e transformação da política externa brasileira nos anos 90. São Paulo, 2000. Tese (Doutorado) – FFLCH-USP.

CANANI, Ney. *Política externa no governo Itamar Franco (1992-1994)*: continuidade e renovação de paradigma nos anos 90. Porto Alegre: UFRGS, 2004.

CARDOSO, Fernando Henrique. Política externa: fatos e perspectivas. *Política Externa*, v.2, n.1, 1993.

_____. *Política externa em tempos de mudança*: a gestão do Ministro Fernando Henrique Cardoso no Itamaraty. Brasília: Fundação Alexandre Gusmão, 1994.

_____. Entrevista com Brasilio Sallum Jr.: Estamos reorganizando o capitalismo brasileiro. *Lua Nova*, n.39, 1997.

CARDOSO, Fernando Henrique. Palestra do Senhor Presidente da República, Fernando Henrique Cardoso, no Centro Brasileiro de Relações Internacionais (Cebri). Rio de Janeiro, 14 set. 2000. Disponível em: http://ftp.unb.br/pub/UNB/ipr/rel/discpr/2000/2929.pdf.

_____. Discurso do Senhor Presidente da República, Fernando Henrique Cardoso, na abertura da III Reunião de Cúpula das Américas. Québec, 20 abr. 2001.

_____. *A arte da política*: a história que vivi. Rio de Janeiro: Civilização Brasileira, 2006.

CARDOZO, Sandra Aparecida; MIYAMOTO, Shiguenoli. Política externa brasileira em dois momentos: uma análise comparativa entre a política externa do governo Geisel e do governo Lula. Trabalho apresentado no 5º Encontro da Associação Brasileira de Ciência Política (ABCP), Belo Horizonte: UFMG, 26-29 jul. 2006.

CEPAL (Comisión Económica para América Latina y el Caribe). *Panorama de la inserción internacional de América Latina y el Caribe, 2000-2001*. Santiago: Cepal, 2003.

CERVO, Amado; BUENO, Clodoaldo. *História da política exterior do Brasil*. 2. ed. Brasília: Editora da Universidade de Brasília, 2002.

CISNEROS, Imelda et al. *El desarrollo del comercio y las inversiones entre Brasil y Venezuela*. Brasília: Fundação Alexandre Gusmão, 1998.

CONCA, Ken. Technology, the Military and Democracy in Brazil. *Journal of Interamerican Studies and World Affairs*, v.34, n.1, 1992.

CRUZ JR., Ademar Seabra de; CAVALCANTE, Antonio Ricardo F.; PEDONE, Luiz. Brazil's Foreign Policy Under Collor. *Journal of Interamerican Studies and World Affairs*, v.35, n.1, 1993.

DANESE, Sérgio. *Diplomacia presidencial*. Rio de Janeiro: Topbooks, 1999.

DEL DU BRÉSIL–GÉNÈVE – Rodada Uruguai: o estado atual das negociações e a postura brasileira, n.0041227332834. CPDOC/FGV. Ref. MMM METP 1991.06.14, doc. 26, p.2.

DEUTSCH, Karl W. *The Analysis of International Relations*. New Jersey: Prentice-Hall, 1968.

ESCUDÉ, Carlos. An Introduction to Peripheral Realism and Its Implications for the Interstate System: Argentina and the Cóndor II Missile Project. In: NEUMAN, Stephanie G. (Ed.). *International Relations Theory and the Third World*. Nova York: St. Martin's Press, 1998.

EVANS, Peter B. Declining Hegemony and Assertive Industrialization: US-Brazil Conflicts in the Computer Industry. *International Organization*, v.43, n.2, 1989.

_____. *Embedded Autonomy*: States and Industrial Transformation. Princeton: Princeton University Press, 1995.

FLECHA DE LIMA, Paulo Tarso. Dados para uma reflexão sobre a política comercial brasileira. In: FONSECA Jr., Gelson; LEÃO, Valdemar Carneiro (Orgs.). *Temas de política externa brasileira*. Brasília: Fundação Alexandre de Gusmão/Ipri/Ed. Ática, 1989.

FOLHA DE S.PAULO. Na Bolsa, ação da Petrobras pode ter perda indireta. 26 set. 2008.

FONSECA Jr., Gelson. *A legitimidade e outras questões internacionais*. São Paulo: Paz e Terra, 1998.

_____. *O interesse e a regra*: ensaios sobre o multilateralismo. São Paulo: Paz e Terra, 2008.

GARCIA, Marco Aurélio. Entrevista com Luiz Antônio Araujo e Rosane de Oliveira. *Zero Hora*, 13 mar. 2004.
GATT. United States–Import Restrictions on Certain Products from Brazil. Requisitado pelo Brasil (24 ago. 1988), Documento L/6386, 1988.
GAZETA MERCANTIL. Brasil e EUA retomam o diálogo., 11 set. 1986.
_____. EUA ainda estudam represálias. 20 jun. 1987.
_____. Brasil negocia na Rodada Uruguai em situação desfavorável.10 set. 1988.
_____. Brasil volta da reunião com trunfos nas mãos. 17 nov. 2008a.
_____. Crise põe o Brasil na mira da China. 21 set. 2008b.
GEDDES, Barbara; RIBEIRO NETO, Artur. Fontes institucionais da corrupção no Brasil. In: ROSENN, Keith S.; DOWNES, Richard (Orgs.). *Corrupção e reforma política no Brasil*: o impacto do *impeachment* de Collor. Rio de Janeiro: Editora FGV, 1999.
GENOÍNO, José. O declínio da diplomacia presidencial. *Carta Internacional*, n.71, 1999. Disponível em: http://www.genoino.org/1982_2002_ver.php?idOutro=184.
GIANNETTI, Roberto; MARCONINI, Mário. Inserção internacional e comércio exterior brasileiro. *Revista Brasileira de Comércio Exterior*, n.87, 2006.
GMC (Grupo Mercado Comum). V Reunión. Boletim de Integração Latino-Americana. Brasília: Ministério das Relações Exteriores, n.4, jan./mar. 1992.
GODIO, Julio. *El tiempo de Kirchner*: el devenir de una revolución desde arriba. Buenos Aires: Ediciones Letra Grifa, 2006.
GOERTZ, Gary. *Social Science Concepts*: a User's Guide. Princeton/Oxford: Princeton University Press, 2006.
GONÇALVES, José Botafogo; LYRA, Maurício Carvalho. *Aliança estratégica entre Brasil e Argentina*: antecedentes, estado atual e perspectivas. Rio de Janeiro: Centro Brasileiro de Relações Internacionais, ano 2, 2003 (Dossiê Cebri, v.2). Disponível em: http://www.cebri.org.br.
GUIMARÃES, Samuel Pinheiro. *Quinhentos anos de periferia*. 3. ed. Rio Grande do Sul: Editora da Universidade/Contraponto, 1999.
_____. Los tres años del gobierno del Presidente de Brasil Luiz Inácio Lula. La Onda Digital. Disponível em: http://www.uruguay2030.com/LaOnda/LaOnda/277/Recuadro2.htm. Acesso em: 12 maio 2006.
HERMANN, Charles F. Changing Course: When Governments Choose to Redirect Foreign Policy. *International Studies Quarterly*, v.34, n.1, 1990.
HIRST, Monica; PINHEIRO, Leticia. A política externa do Brasil em dois tempos. *Revista Brasileira de Política Internacional*, ano 38, n.1, 1995.
HURRELL, Andrew. *The Quest For Autonomy*: The Evolution Of Brazil's Role In The International System, 1964-1985. University of Oxford, 1986 (Ph.D. Thesis).
_____. The Politics of Amazon Deforestation. *Journal of Latin American Studies*, v.23, n.1, 1991.
INTAL (Instituto para a Integração da América Latina e do Caribe). *Informe Mercosul*: período 2001 – 2002. Informe Mercosul, ano 7, n.8, 2003.
JAGUARIBE, Hélio. Autonomia periférica e hegemonia cêntrica. *Estudios Internacionales*, v.46 (abr./jun.), 1979.
_____. Introdução geral. In: ALBUQUERQUE, José A. Guilhon. (Org.). *Sessenta anos de política externa brasileira (1930-1990)*: crescimento, modernização e política externa. v.1. São Paulo: Cultura Editores Associados/Nupri, 1996.

JANK, Marcos S. Revendo a política comercial brasileira. *O Estado de S. Paulo*, 18 out. 2006.
JORNAL DO BRASIL. Rezek nos EUA defende política de não confrontação. 13 maio 1990.
_____. Retórica do 1º mundo é abandonada. 26 ago. 1991.
KEOHANE, Robert O.; GOLDSTEIN, Judith. *Ideas and Foreign Policy*: Beliefs, Institutions, and Political change. Ithaca/London: Cornell University Press, 1993.
KEOHANE, Robert O.; NYE, Joseph S. *Power and Interdependence*. Boston: Scott, Foresman and Company, 1989.
KRASNER, Stephen D. *Structural Conflict:* the Third World Against Global Liberalism. Berkeley/Los Angeles/London: University of California Press, 1985.
_____. Compromising Westphalia. *International Security*, v.20, n.3, inverno 1995-6.
_____. *Sovereignty*: Organized Hypocrisy. Princeton: Princeton University Press, 1999.
KUME, J. A.; PIANI, Guida. Mercosul: o dilema entre união aduaneira e área de livre comércio. *Revista de Economia Política*, v.25, n.4 (100), out./dez. 2005.
LAFER, Celso. *Política externa brasileira*: três momentos. Série Papers da Fundação Konrad-Adenauer-Stiftung, n.4, 1993a.
_____. A política externa brasileira no governo Collor. *Política Externa*, v.1, n.4, 1993b.
_____. *A OMC e a regulação do comércio internacional*: uma visão brasileira. Porto Alegre: Livraria do Advogado, 1998.
_____. *A identidade internacional do Brasil e a política externa brasileira:* passado, presente e futuro. São Paulo: Perspectiva, 2001a.
_____. Alca não é destino, é opção. *O Estado de S.Paulo*, 3 mar. 2001b.
_____. Discurso pronunciado em sua posse como ministro de Relações Exteriores brasileiro. Brasília, 29 jan. 2001c.
_____. *Mudam-se os tempos:* diplomacia brasileira 2001-2002. Brasília: Funag/Ipri, v. I-II, 2002.
LAMPREIA, Luiz Felipe. Seminário sobre Mercosul. Resenha de *Política exterior do Brasil*. Brasília, ano 21, n.76, set. 1995.
_____. O consenso brasileiro em torno da Alca. *Política Externa*, v.5, n.4/v.6, n.1, mar./ago. 1997.
_____. *Diplomacia brasileira*. Rio de Janeiro: Lacerda, 1999.
_____. Discurso de despedida e passagem de cargo de ministro das Relações Exteriores a Celso Lafer. Brasília. Disponível em: http://www.radiobras.gov.br/integras/01/integra_2901_6.htm. Acesso em: 29 jan. 2001.
LEHMAN, Howard P.; McCOY, Jennifer L. The Dynamics of the Two-Level Bargaining Game – The 1988 Brazilian Debt Negotiations. *World Politics*, v.44, n.4, 1992.
LEÓN-MANRÍQUEZ, José Luís. China-América Latina: una relación económica diferenciada. *Nueva Sociedad*, n.203, maio/jun. 2006.
LIMA, Maria Regina Soares de. A economia política da política externa brasileira: uma proposta de análise. *Contexto Internacional*, n.12, jan./dez. 1990.
_____. Ejes analíticos y conflicto de paradigmas en la política exterior brasileña. *América Latina/Internacional*, v.1, n.2, 1994.
_____. Política doméstica determina atuação diplomática. *Carta Internacional*, n.35, jan. 1996.

LIMA, Maria Regina Soares de. Brazil's alternative vision. In: MACE, Gordon; BÉRANGER, Louis (Orgs.). *The Americas in transition*. Boulder/London: Lynne Rienner, 1999.

_____. Na trilha de uma política externa afirmativa. *Observatório da Cidadania*, Rio de Janeiro: Ibase, 2003.

_____. A política externa brasileira e os desafios da cooperação Sul-Sul. *Revista Brasileira de Política Internacional* (Magazine), v.48, n.1, 2005.

_____.; HIRST, Mônica. Brazil as an Intermediate State and Regional Power: Action, Choice and Responsibilities. *International Affairs*, v.82, n.1, 2006.

LIMA, Maria Regina Soares de; KFURI, Regina. Política externa da Venezuela e relações com o Brasil. *Papéis Legislativos*, n.6, out. 2007.

LULA DA SILVA, Luiz Inácio. Discurso do Senhor Presidente da República, Luiz Inácio Lula da Silva, na Sessão de Posse, no Congresso Nacional, em Brasília. In: LULA DA SILVA, Luiz Inácio; AMORIM, Celso; GUIMARÃES, Samuel. *A política externa do Brasil*. Brasília: Ipri/Funag, 2003.

_____. Discurso do Presidente da República no Congresso Nacional, Sessão de Posse, Mandato de 2007-2010. Presidência da República, 1 maio 2007.

LYRIO, Maurício Carvalho. *O contencioso das patentes farmacêuticas e as relações entre Brasil e Estados Unidos*. Rio de Janeiro, 1994. Dissertação (Mestrado) – IRI/PUC-RJ.

MALAMUD, Andrés. Mercosur Turns 15: Between Rising Rethoric and Declining Achievement. *Cambridge Review of International Affairs*, v.18, n.3, 2005.

MARIANO, Marcelo Passini. *A política externa brasileira, o Itamaraty e o Mercosul*. Araraquara, 2007. Tese (Doutorado) – Unesp – Programa de Pós-Graduação em Sociologia.

MATTLI, Walter. *The Logic of Regional Integration*: Europe and Beyond. Cambridge: Cambridge University Press, 1999.

MINISTERIO DE RELACIONES EXTERIORES DE VENEZUELA. *Inserción protagónica de Venezuela*, 2005.

MOURA, Gerson. *Autonomia na dependência*. Rio de Janeiro: Nova Fronteira, 1980.

_____; KRAMER, Paulo; WROBEL, Paulo. Os caminhos (difíceis) da autonomia: as relações Brasil-EUA. *Contexto Internacional*, n.2, ano 1, 1985.

MRE (Ministério das Relações Exteriores). *Boletim de Integração Latino-Americana*. Brasília: Ministério das Relações Exteriores, Subssecretaria-Geral de Assuntos de Integração, Econômicos e do Comércio Exterior, Grupo de Estudos Técnicos, 1991.

_____. *Inserção internacional do Brasil*: a gestão do Ministro Celso Lafer no Itamaraty. Brasília: Funag/Ipri, 1993a.

_____. *Reflexões sobre a política externa brasileira*. Brasília: Funag/Ipri, 1993b.

_____. *A palavra do Brasil nas Nações Unidas*: 1945-1995. Brasília: Funag/Ipri, 1996.

NAÍM, Moisés. The Axis of Lula vs. The Axis of Hugo. *Foreign Policy*, mar. 2009. Disponível em: http://www.foreignpolicy.com/story/cms.php?story_id=4780.

NARDIN, Terry. *Lei, moralidade e as relações entre os Estados*. Rio de Janeiro: Forense Universitária, 1987.

NEUMAN, Stephanie G. International Relations Theory and the Third World: an Oxymoron? In: NEUMAN, Stephanie G. (Ed.). *International Relations Theory and the Third World*. Nova York: St. Martin's Press, 1998.

NOVAES DE ALMEIDA, João Lucas Quental. *A política externa brasileira nas negociações de propriedade intelectual no GATT.* Rio de Janeiro, 1994. Dissertação (Mestrado) – PUC.

O ESTADO DE S. PAULO. EUA são o parceiro fundamental, diz Fernando Henrique Cardoso. 24 set. 1995.

_____. FH fala das aspirações brasileiras. 1 set. 1996.

_____. FHC propõe eixos estratégicos para o País. 30 jan. 2000.

O'DONNELL, Guillermo. *Delegative Democracy?* Notre Dame: Kellogg Institute, 1992 (Working Paper 172). Disponível em: http://kellogg.nd.edu/publications/workingpapers/WPS/172.pdf.

PEÑA, Félix. O Mercosul e suas perspectivas: uma opção pela inserção competitiva na economia mundial. Bruxelas, 1991 (mimeo).

PEREIRA, Analúcia Danilevicz. *A política externa do governo Sarney:* a Nova República diante do reordenamento internacional (1985-1990). Porto Alegre: Editora UFRGS, 2003.

PIERSON, Paul. The Path to European Integration: a Historical-Institutionalist Analysis. In: SANDHOLTZ, Wayne; SWEET, Alec Stone (Eds.). *European Integration and Supranational Governance.* Nova York: Oxford University Press, 1998.

PINHEIRO, Letícia. 1997: O ano que não terminou. *Carta Internacional*, n.59, jan., 1998.

_____. Traídos pelo desejo: um ensaio sobre a teoria e a prática da política externa brasileira contemporânea. *Contexto Internacional*, v.22, n.2, jul./dez. 2000.

PMA. Petition for Relief Pursuant to Section 301 of the Trade Act of 1974, as amended – Denial by the Government of Brazil of Fair and Equitable Provision of Adequate and Effective Protection of Intellectual Property Rights. 1987.

PRATES, Daniela Magalhães. A inserção externa da economia brasileira no governo Lula. *Política Econômica em Foco*, n.7, nov. 2005/abr. 2006.

PRESIDENTIAL DOCUMENTS. *Proclamation 5885: Increase in the Rates of Duty for Certain Articles from Brazil.* Federal Register, v.53, n.205, 24 out. 1988.

PT. Programa de Governo 2002. Disponível em: http://www.lula.org.br/assets/programadegoverno.pdf. 2002.

PUIG, Juan Carlos. *Doctrinas internacionales y autonomía latinoamericana.* Caracas: Instituto de Altos Estudios de América Latina, Universidad Simón Bolívar, 1980.

_____. Introducción. In: _____. (Ed.). *América Latina:* políticas exteriores comparadas. Buenos Aires: GEL, 1984.

REAGAN, Ronald. Presidential Radio Address – 7 de Setembro 1985. Disponível em: http://en.wikisource.org/wiki/Presidential_Radio_Address_-_7_September_1985.

RICUPERO, Rubens; DIDONET, Evandro. A abertura comercial brasileira. In: MRE/SGIE/GETEC. *Boletim de Diplomacia Econômica*, n.19, 1995.

ROSATI, Jerel. A Cognitive Approach to the Study of Foreign Policy. In: HEY, Jeanne A. K.; HANEY, Patrick J. (Eds.). *Foreign Policy Analysis:* continuity and change in its second generation. Nova Jersey: Prentice Hall, 1995.

ROSENBERG, Justin. *The Empire of Civil Society.* A Critique of the Realist Theory of International Relations. Londres: Verso, 1994.

RUSSELL, Roberto; TOKATLIAN, Juan Gabriel. From Antagonistic Autonomy to Relational Autonomy. *Latin American Politics and Society*, v.45, n.1, 2003.

SANTORO, Maurício; VALENTE, Leonardo. A diplomacia midiática do governo Hugo Chávez. Rio de Janeiro: Observatório Político Sul-Americano, 2006. Disponível em: http://observatorio.iuperj.br/artigos_resenhas/Diplomacia_Midiatica_Governo_Chavez.pdf.

SARNEY, José. Brazil: a President's Story. *Foreign Affairs*, v.65, n.1, 1986a.

_____. Discurso proferido na cerimônia de aprovação do Primeiro Plano para Informática e Automação. Brasília: Palácio do Planalto, 17 abr. 1986b.

SCHMITTER, Philippe. Still the Century of Corporatism? In: SCHMITTER, Philippe; LEHMBRUCH, Gerhard (Orgs.). *Trends Toward Corporatist Intermediation*. Beverly Hills: Sage Publications, 1979.

SECEX (Secretaria de Comércio Exterior), Ministério do Desenvolvimento, Indústria e Comércio Exterior. *Boletim Informativo*. Brasília, janeiro 2007.

SEIXAS CORRÊA, Luiz Felipe de. *Da confrontação à confrontação:* as relações EUA--URSS, o Brasil e as superpotências. Brasília: Instituto Rio Branco, 1981 (Teses do CAE).

_____. *A palavra do Brasil nas Nações Unidas*. Brasília: Funag, 1995.

_____. A política externa de José Sarney. In: ALBUQUERQUE, José Augusto Guilhon (Org.). *Sessenta anos de política externa brasileira*. Crescimento, modernização e política externa. São Paulo: Cultura Editores, 1996.

SELL, Susan. The Origins of a Trade-Based Approach to Intellectual Property Protection: the Role of Industry Associations. *Science Communication*, v.17, n.2, 1995.

_____. Intellectual Property Rights. In: HELD, David; McGREW, Anthony (Eds.). *Governing Globalization*: Power, Authority and Global Governance. Cambridge: Polity Press, 2002.

SENNES, Ricardo; BARBOSA, Alexandre Freitas. *Avaliação do potencial econômico da relação Brasil-Venezuela*. Rio de Janeiro: Observatório Político Sul-Americano, 2007 (Papéis Legislativos, n.5).

SERBIN, Andrés. Cuando la limosna es grande: el Caribe, Chávez y los limites de la diplomacia petrolera. *Nueva Sociedad*, n.205, set./out. 2006.

SHUKLA, S. P. From the GATT to the WTO and beyond. In: NAYYAR, Deepak (Ed.). *Governing Globalization*: Issues and Institutions. Oxford: Oxford University Press, 2002.

SILVA, Carlos Eduardo Lins da. Política e comércio exterior. In: LAMOUNIER, Bolivar; FIGUEIREDO, Rubens. *A era FHC*: um balanço. São Paulo: Cultura, 2002.

SOUTO MAIOR, Luiz Augusto P. Dois anos de presença soberana: uma reflexão sobre a política externa do Governo Lula. *Cena Internacional*, v.6, n.2, 2004.

SOUZA, Amaury de. *A agenda internacional do Brasil*: um estudo sobre a comunidade brasileira de política externa. Rio de Janeiro: Centro Brasileiro de Relações Internacionais, 2002.

SUNS ON-LINE. Third World Dissatisfied with Uruguay Round Processes. 29 set. 1988.

TACHINARDI, Maria Helena. *A guerra das patentes*: o conflito Brasil x Estados Unidos sobre propriedade intelectual. São Paulo: Paz e Terra, 1993.

The Economist . The Chávez Play. 26 out. 2006.

TICKNER, Arlene. Seeing IR Differently: Notes From the Third World. *Millenium – Journal of International Studies*, v.32, n.2, 2003.

UNITED STATES. Trade Act of 1974. In: JACKSON, John H.; DAVEY, William J.; SYKES Jr., Alan O. *Documents Supplement to Legal Problems of International Economic Relations*. Minnesota: West Group, 2002a.

_____. Omnibus Trade and Competitiveness Act of 1988. In: JACKSON, John H.; DAVEY, William J.; SYKES Jr., Alan O. *Documents Supplement to Legal Problems of International Economic Relations*. Minnesota: West Group, 2002b.

URRUTIA, Edmundo González. Las dos etapas de la política exterior de Chávez. *Nueva Sociedad*, n.205, set./out. 2006.

VADELL, Javier. *América do Sul recebe o dragão asiático*. San Francisco: International Studies Association (ISA), 2008 (Paper).

VALERO, Jorge. Petróleo, democracia y cooperación hemisférica. Washington DC, AOS/Ser. G CP/INF. 5252/05, 29 set. 2005.

VALLADÃO, Alfredo da Gama e Abreu. A autonomia pela responsabilidade: o Brasil frente ao uso legítimo da força. *Res-Publica*, v.1, 2005.

VALOR ECONÔMICO. Empresários defendem um passo atrás no Mercosul., 16 nov. 2004.

_____. Apoio à entrada da Rússia na OMC em troca de nada. 19 out. 2005.

VAZ, Alcides C. *Cooperação, integração e processo negociador*: a construção do Mercosul. Brasília: Ibri, 2002.

VEIGA, João Paulo Candia. *Dívida externa e o contexto internacional*: os limites à formulação de política para a dívida externa na gestão da ministra Zélia Cardoso de Mello. São Paulo, 1993. Dissertação (Mestrado) – Faculdade de Filosofia, Letras e Ciências Humanas da Universidade de São Paulo, Departamento de Ciência Política.

VELASCO E CRUZ, Sebastião. *Trajetórias*: capitalismo neoliberal e reformas econômicas nos países da periferia. São Paulo: Unesp (Programa San Tiago Dantas de Pós-Graduação em Relações Internacionais), 2007.

VIGEVANI, Tullo. La via del pragmatismo responsabile: la politica estera del Brasile. *Política Internazionale*, v.11-12, nov./dec. 1974.

_____. *Questão nacional e política exterior*. Um estudo de caso: Formulação da política internacional do Brasil e motivações da Força Expedicionária Brasileira. São Paulo, 1989. Tese (Doutorado) – Universidade de São Paulo.

_____.; MARIANO, Marcelo Passini. A Alca e a política externa brasileira. *Cadernos Cedec*, n.74, 2005.

VIGEVANI, Tullo; OLIVEIRA, Marcelo Fernandes de; CINTRA, Rodrigo. Política externa no período FHC: a busca de autonomia pela integração. *Revista Tempo Social*, v.15, 2004.

VILLA, Rafael Duarte. Política externa brasileira: capital social e discurso democrático na América do Sul. *Revista Brasileira de Ciências Sociais*, v.21, n.61, 2006.

_____. Limites do ativismo venezuelano para América do Sul. *Política Externa*, v.16, n.2, set./nov. 2007.

WALTZ, Kenneth N. *Theory of International Politic*. Massachusetts: Addison-Wesley Publishing Company, 1979.

_____. Structural Realism After the Cold War. *International Security*, v.25, n.1, 2000.

WANDERLEY, Luiz Eduardo; VIGEVANI, Tullo (Orgs.). *Governos subnacionais e sociedade civil*: integração regional e Mercosul. São Paulo: Educ/Editora Unesp/Fapesp, 2005.

WEBER, Max. *Economia e sociedade:* fundamentos da Sociologia Compreensiva. Brasília: Editora UnB, 1991.

WENDT, Alexander. Collective Identity Formation and the International State. *American Political Science Review*, v.88, n.2, jun. 1994.

_____. *Social Theory of International Politics.* Cambridge: Cambridge University Press, 1999.

WEYLAND, Kurt. The Rise and Fall of President Collor and its Impact on Brazilian Democracy. *Journal of Interamerican Studies and World Affairs*, v.35, n.1, 1993.

_____. The Fragmentation of the Business in Brazil. In: DURAND, Francisco; SILVA, Eduardo (Eds.). *Organized business, economic change, and democracy in Latin America.* Miami: North-South Center Press, 1999.

ZÚQUETE, José Pedro. The Missionary Politics of Hugo Chávez. *Latin American Politics and Society*, n.50, primavera 2008.

Outros Títulos da Coleção Estudos Internacionais

A geografia do dinheiro
Benjamin J. Cohen

Acordos comerciais internacionais: o Brasil nas negociações do setor de serviços financeiros
Neusa Maria Pereira Bojikian

Brasil no mundo, o
Sebastião Carlos Velasco e Cruz

Conflitos internacionais em múltiplas dimensões, os
Reginaldo Mattar Nasser (Org.)

Controle civil sobre os militares: e política de defesa na Argentina, no Brasil, no Chile e no Uruguai
Héctor Luis Saint-Pierre (Org.)

De Clinton a Obama: políticas dos Estados Unidos para a América Latina
Luis Fernando Ayerbe

Economia, poder e influência externa: o Banco Mundial e os anos de ajuste na América Latina
Jaime Cesar Coelho

Educação superior nos Estados Unidos: história e estrutura
Reginaldo Carmello Correa de Moraes

Linhas cruzadas sobre as relações entre os Estados Unidos e a Alemanha
Sebastião Carlos Velasco e Cruz

Negociações econômicas internacionais: abordagens, atores e perspectivas desde o Brasil
Luis Fernando Ayerbe e Neusa Maria Pereira Bojikian (Orgs.)

Novas lideranças políticas e alternativas de governo na América do Sul
Luis Fernando Ayerbe (Org.)

Novas perspectivas sobre os conflitos internacionais
Reginaldo Mattar Nasser (Org.)

O direito de voto: a controversa história da democracia nos Estados Unidos
Alexander Keyssar

O peso do Estado na pátria do mercado: os Estados Unidos como país em desenvolvimento
Maitá de Paula e Silva e Prof. Reginaldo Carmello Corrêa de Moraes

Organização internacional e mudança industrial: governança global desde 1850
Craig N. Murphy

Os Estados Unidos no desconcerto do mundo: ensaios de interpretação
Sebastião Carlos Velasco e Cruz

Pensamento neoconservador em política externa nos Estados Unidos, o
Carlos Gustavo Poggio Teixeira

Petróleo e poder: o envolvimento militar dos Estados Unidos no Golfo Pérsico
Igor Fuser

Sob o Signo de Atena: gênero na diplomacia e nas Forças Armadas
Suzeley Kalil Mathias (Org.)

Sociologia das crises políticas: a dinâmica das mobilizações multissetoriais
Michel Dobry

Trajetórias: capitalismo neoliberal e reformas econômicas nos países da periferia
Sebastião Carlos Velasco e Cruz

SOBRE O LIVRO

Formato: 16 x 23 cm
Mancha: 26 x 48,6 paicas
Tipologia: Stempel Schneidler Std 10,5/12,6
Papel: Off-white 80 g/m² (miolo)
Cartão Supremo 250 g/m² (capa)
1ª edição Editora Unesp: 2011
2ª edição Editora Unesp: 2016

EQUIPE DE REALIZAÇÃO

Assistência Editorial
Olivia Frade Zambone

Edição de Texto
Regina Machado (Copidesque)
Renata Siqueira Campos (Preparação de original)
Jean Xavier (Revisão)

Capa
Andrea Yanaguita

Editoração Eletrônica
Eduardo Seiji Seki

Impressão e Acabamento
FARBE DRUCK
gráfica e editora ltda.